高校新媒体工作理论与实务

赵宁　彭晶　编著

群言出版社
QUNYAN PRESS
·北京·

图书在版编目（CIP）数据

高校新媒体工作理论与实务 / 赵宁，彭晶编著 . -- 北京 : 群言出版社，2017.8

ISBN 978-7-5193-0035-7

Ⅰ . ①高… Ⅱ . ①赵… ②彭… Ⅲ . ①高等学校－传播媒介－研究－中国 Ⅳ . ① G206.2

中国版本图书馆 CIP 数据核字 (2017) 第 183115 号

策划编辑： 马　丽 唐文立
责任编辑： 李　群
封面设计： 张青立

出版发行： 群言出版社
地　　址： 北京市东城区东厂胡同北巷1号（100006）
网　　址： www.qypublish.com（官网书城）
电子信箱： qunyancbs@126.com
联系电话： 010-65267783　65263836
经　　销： 全国新华书店

印　　刷： 北京鹏润伟业印刷有限公司
版　　次： 2017年9月第1版　2017年9月第1次印刷
开　　本： 710mm × 1000mm　1/16
印　　张： 17
字　　数： 280千字
书　　号： ISBN　978-7-5193-0035-7
定　　价： 45.00元

编审委员会成员

序言①

当前，网络新媒体的发展已经呈现不可逆转之势，对各行各业特别是高校党建及事业发展的冲击和影响超乎了人们的想象。高等教育的知识信息传播方式、传播效果、学校声誉评价等方面都在互联网时代发生变化。网络媒体自诞生伊始就迅速显露出自身的优越性，深受大学生网民喜爱。当代大学生生来就是互联网空间的“土著居民”，互联网思维方式和特点更明显，网络新媒体信息几乎已经渗透到大学生的学习和生活的所有空间。

面对这些从没有过的时代变化，高校该何去何从？一方面，我们要在国内外进行广泛的实践考察，借鉴高校利用互联网开展教育教学管理的成功经验；另一方面，我们也要更全面地开展理论研究和知识更新，基本把握国内最新的研究成果，特别是对网络新媒体的认知和使用特点进行学习。在此基础上，我们今后可以开设关于网络新媒体方面的系列课程，与更多从事高校教育教学管理的同行分享我们的心得体会。

习近平总书记指出，共青团要紧跟党走在时代前列、走在青年前列；团的工作要把握住广大青年的脉搏。因此，在网络空间践行群众路线、开展青年群众工作是当前高校共青团组织的必修课而非选修课。安徽省学校共青团新媒体工作研究中心设立已有一年多时间，在党的十九大即将召开前夕，汇集全省共青团工作干部、专家、学者的集体智慧，编著出版这本《高校新媒体工作理论与实务》，认真总结和系统梳理了近年来安徽省乃至全国高校的实践经验，这种做法十分具有创新价值，也非常有意义。

这本书结构清晰，实战性强，内容既有基础理论知识，又有丰富的高校案例和经验，相比枯燥深奥的传播学、营销学、社会心理学等书籍，它抛弃了大量学术用语，通俗易懂，非常适合高校网络新媒体平台的运营人员或对网络新媒体感兴趣的其他人员阅读使用，同时也可以作为校园新媒体专业运营公司或大中专院校开设的网络新媒体相关课程教材。

（安徽理工大学党委书记　郭永存）

序言②

中共中央办公厅印发的《共青团中央改革方案》指出：大力实施“网上共青团”工程，以“智慧团建”和“青年之声”为重点，建设工作网、联系网、服务网“三网合一”的“网上共青团”，形成“互联网+共青团”格局，实现团网深度融合、团青充分互动、线上线下一体运行。共青团中央书记处第一书记秦宜智指出，面对经济社会的深刻变革，面对网络技术的迅猛发展，面对当代青年的成长特点，我们必须以改革创新精神全面推进团的各项工作创新。

正是在这样的背景下，成立于2015年7月的安徽省学校共青团新媒体工作研究中心编著了这本带有综合性、指导性、可操作性的《高校新媒体工作理论与实务》。全书以翔实的信息和实用的文风为高校共青团组织、团学工作干部和校园网络新媒体爱好者解答了如何推进高校共青团工作网络新媒体战略转型这一现实课题。

需要特别指出的是，这本书与其他工作指南类书籍相比，最大的特点和价值在于：书中的网络新媒体工作室建设、网络文明志愿者队伍建设、网络新媒体攻略等章节，部分甚至全部来源于团中央学校部、全国学校共青团新媒体运营中心和安徽省学校共青团新媒体工作研究中心，可以说是对全国各地各类高校网络新媒体工作案例、经验的集中“提炼”，凝聚了学校共青团战线整体进军网络新媒体的生动实践，记录了各地各高校共青团在网络新媒体时代锐意进取、改革创新、线上线下服务大学生成长成才的实际行动。

让我们一起把网络新媒体工作作为重要抓手和载体，更好地贴近青年、贴近时代。希望同学们在这本书的陪伴下，形成人人争做“校园好网民”、弘扬主旋律、传播正能量的良好氛围。希望团学工作干部们在这本书的陪伴下，总结工作经验，改进提高网络新媒体工作本领，把团学干部的工作思维理念、方式方法推向互联网时代，做好网上思想引导，构建清朗网络空间。

（共青团安徽省委副书记　杨正）

前　言

2015 年以来，安徽省学校共青团战线在学习贯彻落实党中央的群团工作会议精神，学习贯彻习近平总书记关于青年和青年工作的一系列重要讲话精神和《共青团中央改革方案》精神的过程中，高度重视“网上共青团”建设，成立了安徽省学校共青团新媒体工作研究中心，整合“政、企、校”三方资源，立足安徽，放眼全国，围绕学校共青团新媒体工作理论和实践中的热点问题，组织力量开展应用对策研究，搜集汇编高校共青团新媒体工作在队伍、平台、内容等方面的优秀案例和典型做法，助推各地各高校形成“互联网 + 共青团”格局，在服务大学生群体成长成才方面推出了一系列有影响、有成效、可推广的工作举措，运用网络新媒体拉近了共青团与大学生群体的距离。

《高校新媒体工作理论与实务》的编写，是安徽学校共青团战线服务和帮助青年大学生融入新媒体时代、认知网络舆论、完善能力结构的有力举措，是引导各级团学组织树立互联网思维、运用互联网手段提升各项工作成效的有力举措。该书着眼于综合性、指导性、可操作性的总体定位，选编了大量来自于网络新媒体工作基础较好的高校案例，并配以理论解析、经验介绍、平台攻略、领导讲话、重要文件等丰富内容，力求为高校共青团组织、团学工作干部和校园网络新媒体爱好者带来思想之源、精神之光、行动之基。

全书分为新媒体的概念与运用、高校网络新媒体工作室建设、高校网络文明志愿者队伍建设、高校常用网络新媒体攻略等篇章，对高校网络新媒体工作中的热点话题、重点问题、实际难题进行了全面而深入的解答，理论联系实际，是一部广大高校思想政治工作者和学生骨干做好网络新媒体工作的参考教材。

由于缺乏经验，如果书中内容出现错误，个别观点或引用的内容与其他著作如有雷同，责任由编者承担，联系电话 0554-6668969，欢迎相关人士来信来函沟通交流。

编 者

2017 年 3 月

目录
Contents

第三章　高校网络文明志愿者队伍建设

第四章　高校常用网络新媒体攻略

附　录

第一章

新媒体的概念与运用

自 2000 年以来，新媒体已经从精英掌握的高端资源向多数人具备的基本能力转变，人们不再讨论“某个网站诞生了”，而是交流“某个网站有多流行”。2009 年 8 月，新浪率先推出了新浪微博。2010 年，网易、搜狐、腾讯等门户也相继推出了微博服务。从开心网到微博，从网络到手机，新媒体对我们生活的影响正在日益增大。微博等新媒体的快速兴起与广泛运用促成一系列旧有情境界限的打破，形成新的传播情境，带来了传播模式上的改变，也提出了一系列新的问题。

第一节　新媒体的基本概念

新媒体（New media）概念是1967年由美国人戈尔德马克率先提出的。美国《连线》杂志对新媒体的定义是“所有人对所有人的传播”。事实上，对新媒体的概念本质进行界定有多个纬度。从时间纬度来看，它是一个相对的概念，是一个动态的、不断发展的概念。当新媒体发展成熟时，“新”媒体也就成为了“旧”媒体，一旦有更新的媒体出现，那么现在所称的新媒体也就变成了传统媒体。正如未来学家托夫勒所说：“第三次浪潮就这样开始了一个真正的新时代——非群体化传播工具时代，一个新的信息领域与新的技术领域一起出现了。“从传播技术的角度来界定，它是利用数字技术、网络技术，通过互联网和宽带局域网，以电脑、手机和数字电视等终端，向用户提供信息和娱乐服务。而从新媒体的特征进行界定，新媒体则应该称为‘数字化互动媒体’。”

一、新媒体定义的界定

一些传播学期刊上设有“新媒体”专栏，但所刊载文章的研究对象也不尽相同，有数字电视、移动电视、手机媒体、IPTV等，还有一些刊物把博客、播客等也列入新媒体专栏。那么，到底什么是新媒体？

新媒体是相对于传统媒体而言的，是在报刊、广播、电视等传统媒体以后发展起来的新的媒体形态，是利用数字技术、互联网技术、移动通信技术，通过互联网、无线通信网、卫星等渠道，以及电脑、手机、数字电视机等终端，向用户提供信息和娱乐服务的传播形态。如：Facebook、Twitter、网络电视、网上即时通信、虚拟社区、博客、播客、搜索引擎、RSS、电子邮箱、门户网站、手机短信、手机游戏、手机电视、手机广播、手机报纸、数字电视、IPTV、移动电视、楼宇视频等。

因此，从广义上说，新媒体是相对于报纸、杂志、广播、电视四大传统意义上的媒体以外的所有传播媒介。所以，新媒体常被形象地称为“第五媒体”。从狭义上说，新媒体是20世纪中后期以计算机的发明和网络技术的应用为支撑体系下出现的媒体形态，如数字杂志、网络、桌面视窗、数字电视、触摸媒体等。

二、学者对于新媒体的不同定义

在百度搜索“新媒体”，大约可获得9 880万条结果。在中国知网以“新媒体”为关键词进行跨库检索，可以从数百篇学术论文中得出学者们对新媒体的不同定义。《中国新媒体发展研究报告（2006—2007）》中互联网实验室将“新媒体”定义为：新媒体是基于计算机技术、通信技术、数字广播等技术，通过互联网、无线通信网、数字广播电视网和卫星等渠道，以电脑、电视、手机、个人数字助力（PDA）、视频音乐播放器（MP4、MP5）等设备为终端的媒体。这与本书的定义基本接近。而多数学者在相关文章和论述中都表示新媒体的定义很难界定。在Steve Jones主编的《新媒体百科全书》中，他认为：“什么是新媒体？这是一个很难简单回答的问题。”在学者们对新媒体的定义中，比较有代表性的观点、派别有如下几个。

（一）媒介类型论

按照类型学的划分，列举某一种或者几种媒介类型为新媒体。比如：联合国教科文组织定义说：“新媒体就是网络媒体。”

迄今为止，被当作新媒体内容和被用作新媒体概念的新东西不下二三十种：门户网站、搜索引擎、虚拟社区、网络游戏、电子邮箱、网络电视、网络文学、博客、播客、楼宇电视、数字电视、直播卫星电视、移动电视、IPTV、手机短信（彩信）、手机电视、手机报纸、手机电台，只要是你能想到的任何一种有别于报刊、广播、电视等传统媒体的媒介创新形式，都被纳入了新媒体的研究范畴。

（二）模式论

以传播过程的某些特征模式作为区分。华纳兄弟总裁施瓦茨威格说："新媒体就是非线性播出的媒体。"

（三）物质技术论

从媒体形式的角度，新媒体是从旧有媒体的基础上发展而来的，是一种信息载体的创新，是在媒体形式上的进化，就像广播之于报刊，电视之于广播一样。新技术的产生推动了媒体形式的创新。印刷术的发明，使得大规模复制成为可能，这是大众化报纸产生的技术基础；无线电技术的发明，造就了广播的产生；声、像同步传播的模拟技术催生了电视媒体。随着科学技术进步的步伐，媒体形式的演进发展到了互联网。科技创新的不断实现，使得这种演进也一代代继续，新媒体就是这些发展阶段的一部分。

代表性的观点如：中央电视台新闻中心《焦点访谈》制片人余伟力："第一代是烽火、信鸽之类的物媒体，第二代是书籍报刊之类基于印刷技术的纸媒体，第三代是广播电视之类基于电子技术的电子媒体，近年新出现的基于新技术如互联网、手机等衍生媒体都应纳入新媒体范畴。"中国传媒大学传播学院院长雷跃捷："新媒体是指互联网、手机和其他新技术装备起来的媒体总称，是和报纸、广播、电视等传统媒体相对应的一个概念。"北京大学艺术学系教授俞虹："除了传统媒体外，近年依托高科技而生成的大众传播工具。"

（四）相对划分论

相对于传统媒体的"新"的媒体就是新媒体。作为媒体演进发展的延续，新媒体是基于各种技术和传播模式的，其中当然也包括传统媒体的基本传播方式，因此，新媒体往往兼具多种媒体的特征与特长。新媒体既是一个相对概念，也是一个排除性概念。

国家新闻出版广电总局副局长胡占凡：“凡与老媒体如报刊、广播、电视等不同者，皆可谓新媒体。”清华大学新闻与传播学院副院长熊澄宇在2003年就指出：“新媒体是一个相对的概念。媒体是信息载体，新是相对旧而言。一种新出现的信息载体，其受众达到一定的数量，这种信息载体就可以称为‘新媒体’。”中国传媒大学教授吴水平：“从发展阶段上划分，公共的、免费的广播电视之后出现的都叫新媒体，从媒介形态上说，以互联网、手机为主。”

（五）多维论与一言难尽论

新媒体定义有广义上的、狭义上的，应该多角度、多层面综合定义。目前很难给新媒体下确切的定义，需系统研究。正如英国学者理查德·豪厄尔斯所言：“最可怕的事情莫过于静候作者对新媒体的论述。”

近年的研究中，一些研究者对于新媒体进行了限制性的定义，比如，“以数字技术为基础的媒体就是新媒体”，“狭义的新媒体指的就是互联网”等。还有研究者提出“媒体定义回归论”，认为媒体的本质应该是大众传播机构，因此新媒体应该定义为新的大众传播媒体；“规模论”认为当新的传播形态达到大众传播的规模，即是新媒体；　等等。

三、新媒体的类型

与定义相比，新媒体的类型相对容易界定，通常包括：互联网新媒体、手机新媒体和电视新媒体。

（一）互联网新媒体

1995年，“联合网络委员会”通过了一项关于“互联网定义”的决议：“互联网”指的是全球性的信息系统。1998年5月，联合国新闻委员会把互联网正式列为继报纸、广播、电视之后出现的“第四媒体”。2006年网络新闻作品正式进入中国新闻奖的评选范畴，这一举措正是对经历10多年发展的网络媒体“主流”身份的认可。

中国互联网的发展可划分为六个阶段：

1. 博客

“博客”一词是从英文单词Blog翻译而来的。Blog是Weblog的简称，而Weblog则是由Web和Log两个英文单词组合而成。Weblog就是在网络上发布和阅读的流水记录，通常称为“网络日志”，简称为“网志”。博客实现了多重的传播效果，横跨人内传播、人际传播和大众传播三种类型。

2. 播客

“播客”，即Podcasting，这一概念最早出现在2004年2月12日英国《卫报》的一篇题为《听觉革命：在线广播遍地开花》的文章中。

2004年8月13日，IPOD的发明者美国人亚当·科利开通了世界第一个播客网站——www.dailysourcecode.com（每日源代码），亚当·科利被称为“播客之父”。

2004年底，播客进入中国，播客网站、频道开通，播客队伍日益壮大。

戴维·舒舍尔提出播客的三个条件：必须是独立的、可下载的媒体文件；文件的发布格式为RSS2.0 enclosure feed；接收端能自动接收、下载并能将文件转移到便携式播放器等其他地方。博客代表了便携式多媒体播放器和数字广播技术的结合。

3. 维客

“维客”的原名为Wiki（也译为维基），据说wiki一词来源于夏威夷语的“WeekeeWeekee”，原意为“快点快点”。维客概念始于1995年，当时在PUCC（Purdue University Computing Center）工作的沃德·坎宁安（Ward Cunningham）建立了波特兰模式知识库（Portland Pattern Repository），这一工具方便了社群交流，他也因此提出了Wiki这一概念。

Wiki其实是一种新技术，一种超文本系统。这种超文本系统支持面向社群的协作式写作，同时也包括一组支持这种写作的辅助工具。而参与创作的人，也被称为维客。从写作角度上来看，维客是一种多人协作的写作工具，支持面向社群的协作式写作，为协作式写作提供必要帮助。从技术角度上来看，wiki是一种超文本系统，是任何人都可以编辑网页的社会性软件。从使用者角度上来看，Wiki是一种多人协作的写作工具系统，属于一种人类知识的网络管理系统。

4. 网络电视

网络电视即WebTV，是指采用IP协议、通过互联网、以计算机为终端的视频传播模式。在美国，YouTube成立一年达到每天2000万独立访问者，超过7000万的视频和超过6万的用户上传。随着网络电视迅猛发展，商业视频网站上开辟页面广告和视频嵌入广告的情况已经比较普遍。

5. 网络广播

网络广播是指采用IP协议、通过互联网、以计算机为终端的音频传播模式。目前中国国内的网络电台主要分为三种类型，一为政府网络电台，二为商业网络电台，三为个人网络电台。

6. 网络报刊

网络报刊是通过互联网发行和传播的报刊，它将多媒体技术、网络技术和通信技术应用到报刊出版、发行、利用的全过程。网络报刊有网络报纸和网络杂志。通常是指完全以计算机技术、电子通信技术和网络技术为依托而编辑、出版和发行的报纸、杂志，以flash为主要载体独立于网站存在。

（二）手机新媒体

手机极大地改变了人们的沟通和信息传播方式，它不仅仅是一种通信工具，而且已成为继报纸、广播、电视、网络之后的“第五媒体”。目前中国已经毫无争议地成为全球最大移动通信市场，中国手机用户已经超过全欧洲国家手机用户总和。手机在语音信道之外有了专用的数据信道，使手机在数据通信速率上获得较大幅度的提高。

1. 手机报

手机报是依托手机媒介，由报纸、移动通信商和网络运营商联手搭建的信息传播平台，用户可通过手机浏览当天发生的新闻，因而手机报被誉为“拇指媒体”和“影子媒体”。它的实质是电信增值业务与传统媒体相结合的产物。具体来说，手机报是将传统媒体的新闻内容通过无线技术平台发送到手机上，从而在手机上开发发送短信新闻、彩图、动漫和 WAP（上网浏览）等功能。

手机报有两种模式：一种是彩信手机报模式。这种模式类似于传统纸媒，就是报纸通过电信运营商将新闻以彩信的方式发送到手机终端上，用户可以离线观看。另一种是 WAP 网站浏览模式。这种模式是手机报订阅用户通过访问手机报的 WAP 网站，在线浏览信息，类似于上网浏览的方式。

2004 年 7 月，《中国妇女报》推出了全国第一家手机报——《中国妇女报 · 彩信版》，随后中央和地方的不少报社也相继开通手机报。2007 年手机报量发行获得重大进展，《浙江日报》《广州日报》等报社手机报的付费用户突破 15 万，开始给报社带来经济收益。

2. 手机电视

手机电视，指以手机等便携式手持终端为设备，传播视听内容的一项技术或应用。手机电视具有电视媒体的直观性、广播媒体的便携性、报纸媒体的滞留性以及网络媒体的交互性。

手机电视业务的实现方式主要有两种：第一种是通信方式，利用移动通信技术、通过无线通信网（如 3G、GPRS、CDMA1X 等）向手机点对点提供多媒体服务，如美国的 Sprint、我国的中国移动和中国联通公司已经利用这种方式推出了手机电视业务，这种手机电视互动性强，属于“一对一”传播，手机是唯一的接收终端。第二种是广播方式，即移动多媒体广播，利用数字广播电视技术，通过地面或卫星广播电视覆盖网（如地面的 T-DMB、DVB-H、MediaFLO，卫星的 S-DMB 等）向手机、PDA、MP4、MP5、数码相机、笔记本电脑以及在车船上的小型接收终端点对面提供广播电视节目，其特点是“一对多”传播，传输带宽大、图像质量高、覆盖面广、经济实用、接收终端广泛，手机只是诸多接收终端中的一种。

（三）电视新媒体

1. 数字电视

数字电视（Digital TV，DTV），指节目信号的摄取、记录、处理、传播、接收和显示均采用数字技术的电视系统，包括了节目采集、节目制作、节目传播到用户端接收的全过程。

其具体传输过程是：由电视台送出的图像及声音信号，经数字压缩和数字调制后，形成数字电视信号，经过卫星、地面无线广播或有线电缆等方式传送，由数字电视接收后，通过数字解调和数字视音频解码处理还原出原来的图像及伴音。因为全过程均采用数字技术处理，因此，信号损失小，接收效果好。

数字电视可以按以下几种方式分类：按信号传输方式，可以分为地面无线传输（地面数字电视 DVB-T）、卫星传输（卫星数字电视 DVB-S）、有线传输（有线数字电视 DVB-C）三类。目前在我国推行的电视数字化主要是有线数字电视化。按产品类型，可以分为数字电视显示器、数字电视机顶盒、一体化数字电视接收机。按清晰度，可以分为低清晰度数字电视（图像水平清晰度大于 250 线）、标准清晰度数字电视（图像水平清晰度大于 500 线）、高清晰度数字电视（图像水平清晰度大于 800 线，即 HDTV）。VCD 的图像格式属于低清晰度数字电视（LDTV）水平，DVD 的图像格式属于标准清晰度数字电视（SDTV）水平。按显示屏幕幅型，可以分为 4 ∶ 3 幅型比和 16 ∶ 9 幅型比两种类型。按扫描线数（显示格式），可以分为 HDTV 扫描线数（大于 1000 线）和 SDTV 扫描线数（600 ～ 800 线）等。

随着美国、欧洲、日本、韩国和中国陆续开播数字电视和强制规定模拟电视终结时间表，数字电视市场正在快速崛起，数字电视用户正在逐渐增长。

2．IPTV

IPTV 全称是 Internet Protocol Television，中文名称是互联网协议电视，也叫交互式网络电视。按照国际电联的定义，IPTV 是指通过可控、可管理、安全传送并具有质量保证（QoS）的无线或有线 IP 网络，提供包含视频、音频（包括语音）、文本、图形和数据等业务在内的多媒体业务；其中，接收终端包括电视机、掌上电脑（PDA）、手机、移动电视及其他类似终端。现阶段我国的 IPTV 特指通过可控制、可管理、具有质量保证（QoS）的有线 IP 网，提供基于电视终端的多媒体业务。IPTV 的播出终端主要有三种：一是 PC，二是电视，三是以手机为主流的个人移动终端。

20 世纪 90 年代中期，美国在线即开始了 IPTV 的尝试，加拿大传统电信公司曼尼托巴电信和萨斯喀萨温电信开通网络电视业务，法国电信在 2003 年底开始 IPTV 服务。到目前为止，世界上最大的区域仍是欧洲地区，其 IPTV 用户数在 2007 年就超过了 690 万，占全球总数的 57%。

在中国，运营 IPTV 业务需获得国家新闻出版广电总局颁发的《信息网络传播视听节目许可证》。目前正在运行的 IPTV 存在三种模式：一是上海模式，即由上海文广百视通与网通、电信部门合作的模式；二是杭州模式，即由杭州华数公司（股份制公司）在五类线和 HFC 两张网上同时开展 IP 交互式业务和数字广播式业务的模式；三是河南的党员教育网模式。其中上海模式、杭州模式运行情况较好。

3. 移动电视与户外新媒体

移动电视以数字技术为支撑，通过无线数字信号发射、地面数字接收的方式播放和接收电视节目。我国内地已有上海、北京、广州、武汉、长春、南京等 10 多个城市开始在公交车上播放移动电视。对于公交移动电视来说，“强迫收视”是其最大的特点。

户外新媒体是指安放在人们一般能直观看到的地方的数字电视等新媒体。数据显示，户外广告的增长主要是来自户外视频、户外 LED。对于户外新媒体来说，“无聊经济”是其最大的特点。2005 年 7 月 13 日，中国户外电视传播网络创建群分众传媒 (Focus Media) 登陆美国纳斯达克市场。此后，聚众传媒、互动传媒、框架传媒、航美传媒等传媒公司如同雨后春笋般出现在我们的生活中。目前，分众传媒、航美传媒和华视传媒是三家在纳斯达克上市的中国户外新媒体经营商。

第二节　新媒体的基本特征

与传统媒体相比，新媒体具有许多新的特点。从新媒体的十大传播特征而言，新媒体已然颠覆了很多传统观念。随着新媒体的继续发展，一个真正属于受众的新媒体时代必然到来。

一、新媒体的五个特点

（一）交互性和跨时空的特点

无论是博客、微博还是 RSS，都具有很强的交互性。而新媒体的跨时空特点，主要体现在跨媒介强大功能。随着三网合一的呼声日高，在技术问题上得到新的突破和进展，现在，手机电视、互联网视频的快速发展，使传统的报纸、电视媒体在互联网、移动互联网的合力推动下如虎添翼。新媒体给媒体行业带来了许多新的理念和模式，彻底改变了人们的传播思维和精神产品的制作和传播模式。

（二）强大的消解力量

新媒体消解了传统媒体（电视、广播、报纸、通信）之间的边界，消解了国家与国家之间、社群之间、产业之间的边界，消解了信息发送者与接收者之间的边界。随着广播、电视、互联网和其他电子媒介的出现，随着各种现代交通方式的飞速发展，人与人之间的时空距离骤然缩短，整个世界紧缩成一个“村落”。加拿大传播学家 M. 麦克卢汉 1967 年在他的《理解媒介：人的延伸》

一书中首次提出地球村（Global Village）的概念。在麦克卢汉看来，“地球村”的主要含义不是指发达的传媒使地球变小了，而是指人们的交往方式以及人的社会和文化形态发生了重大变化。

今天，他所预言的地球村已经变成了现实。交通工具的发达曾经使地球上的原有“村落”都市化，人与人之间的交往被迫直接中断，由直接的、口语化的交往变成了非直接的、文字化的交往。而电子媒介又实施着反都市化，即“重新村落化”，消解城市的集权，使人的交往方式重新回到个人对个人的交往。

（三）传播状态的改变：由一点对多点变为多点对多点的传播

就传媒而言，新媒体有四个特点——每个人都可以进行大众传播；“信息”与“意义”无关；受众的主动性大大增强；大众传播的“小众化”，完全个性化的信息可以同时送达几乎所有的人。所以，在这种情况下，新媒体的权威性被质疑，传统媒体与新媒体一旦组合，其权威性亦被稀释。受众在阅读纸版的报刊时，对其发布的信息深信不疑，而对于该报刊的数字媒体发布的信息，就有可能会问上一句“是真的吗”再次确认。

（四）近乎于零费用信息发布，对受众多为免费

这个特点对传统媒体的新闻产品制作成本带来挑战。新媒体依赖数字技术，其发布成本几乎所有为零，二度传播、抄袭、更改等显得轻而易举。受众既然能免费获得信息，就不可能再另外花钱去购买这类信息。但是辩证地看，正因为信息发布的费用几乎为零，所以大量垃圾信息也夹杂在重要信息里，一时泥沙俱下，给受众带来辨别信息和筛选信息的困难，增加了阅读的时间成本，并对受众的传媒素养提出新的挑战。

（五）信息的控制弱化

新媒体的每个参与者，不论是出版者、传播者，还是消费者，对内容拥有对等的和相互的控制。这固然免除了人际媒体和大众媒体的缺点。当传播者想向每个接受者个性化地交流独特的信息时，不再受一次只能针对一人的限制。但当传播者想向大众同时交流时，当然就不再能够提供针对每个接受者的个性

化内容。因为信息传播的准入门槛降低了，所以，信息的质量大幅下降，信息传播呈现强制性，容易引起接受者的抵抗。不仅如此，反动的、低俗的甚至黄色信息也不断滋生，并且因为监管的困难，这类信息难以在短时期内根除。

二、新媒体与传统媒体之间的差异

（一）市场差异

传统媒体目前是国家垄断性的，要有“准运证”。垄断带有保护性，能赚钱，能带来高利润。而互联网却是没有垄断保护的，互联网一产生，它就处在激烈的市场竞争中。

（二）受众差异

传统媒体是“主导受众型”，而网络媒体是“受众主导型”的。在网络媒体那里，受众有更大的选择权。

（三）管理差异

传统媒体发展至今已经有非常清晰的管理机制和结构。编辑至上，轻视市场。而网络媒体的管理机制相对模糊。网站的负责人是总经理而不是总编。对技术的重视也有区别。在网站决策层中技术人员的分量重，传统媒体则不然。

（四）内容差异

传统媒体分级管理，网络媒体的编辑职权相对大于传统媒体的编辑。记者—编辑—总编辑，这样一种“三审制”，没办法在网站上实行。总编把关的模式很难在网站实现，一天滚动发 2000 条新闻，凭总编辑一个人哪里看得过来？所以网站编辑的职权大，也要求其有更强的把关意识。

（五）时效差异

传统媒体有明确的发布时效、时段，定时定量。这种传播时效，决定了受众的关注也有了时段性：每天有一次性的关注。而网络媒体 24 小时在滚动，每天必须N次关注，才不会漏掉重要新闻。滚动新闻这种形式，对于习惯了每天一次性关注的受众来说，很可能会漏掉重要新闻。

（六）版面差异

报纸有版面的规律，报纸版面的轻重、主次，标题的处理、版面区域的安排，在网站上不存在。网络媒体是以时间流分配信息的，没有平面布局的概念。网络媒体还没有形成像报纸一样成熟的版面语言。

（七）写作差异

网络新闻文稿要求是速度快，文章要短。几千字的新闻稿，在网上是行不通的。网络标题的制作是大白话，直截了当，突出重点。标题的对仗、平仄、工整、文采，这些已不再是最关键的。

（八）采访差异

网络媒体基本是编辑为主，少量的采访新闻，少量的原创。而传统媒体是以自己采访为主。一个特派记者，花多少时间、多少费用写的稿子，如果到网上一发，全给人抄走了。

如表1所示，新媒体与传统媒体在传播方面各具特点。

表1：新媒体与传统媒体在传播方面的特征比较

	新媒体	传统媒体
强制性	强制介入，但容易引起受众抵抗	非强制介入，传播信息的规模和深度容易受到限制
互动性	互动性强，更容易接近受众	互动性弱
传播状态	多点对多点	一点对多点
传播信息的规模	信息容量大，延伸面广，受众广泛	受众人群相对狭窄
传播信息的深度	针对受众精准传播，印象深刻	受传播信息量影响，深度有限
成本	低	高

三、新媒体的十大传播特征

（一）全时传播

信息传播的时效性有四个发展阶段：定时、即时、实时、全时，全时传播指的是信息随时可以进行发布。

（二）全域传播

地域和空间限制越来越少，只要有设备和传输信号，就可以发布信息。

（三）全民传播

传播不再是机构、媒体单位的事情，每一个民众都可以参与其中，谁都可能是记者、编辑。

（四）全速传播

传播速度比传统媒体快，在事件发生的同时就能够进行传播活动。

（五）全媒体传播

传播信息不单是文字或者图片，还附有音频、视频等多触觉通道。

（六）全渠道传播

客户端多样化，比如电脑、手机等都可以进行信息发布。

（七）全互动传播

新闻的线索搜集、采访、发行等一系列活动，所有用户都有机会参与进去，并且在事后可以发表评论。

（八）去中心化传播

不存在类似于“头版头条”这样的状况，不同受众可以选择出很多主题进行讨论，另一方面也说明了新媒体使新闻多元化。

（九）去议程设置传播

信息传播不再是比较固定的用词模式，不同的消息发布人可以用自己使用语言的习惯进行传播。

（十）自净化传播

虽然在新媒体的传播过程中，负面信息传播面积是正面信息的若干倍，但是一般小道消息都会有相关人员出面澄清，所以造成的误会基本可以得到有效遏制。

第三节　新媒体的传播模式

媒体的进化从手抄小报发展到今天的信息网络新媒体，其承载的信息数量、质量，传播的速度、方式，受众的多少、范围都在不断变化中生长。新媒体的产生基于传统媒体内容新的传播需要，建立在对传统媒体形式某个或某几个方面的创新。新媒体的出现并未及时伴生相应的传播内容。在相当长的时期内，新媒体仍将围绕传统媒体内容生存。新媒体的传播模式发生改变，从被动走向互动，从线性走向网状，从“中心发言制”走向“去中心发言制”。

一、新媒体形式与传统媒体内容的创新和结合

（一）新的传播者

1．受众成为传播者

互动性是新媒体定义研究的主要共识之一。自Web2.0诞生以来，新媒体颠覆了传播者对传播过程的垄断控制，大量的普通受众从单向被动地接受信息转而加入信息的生产加工和传输过程。就受众个体而言，自主选择信息的过程摆脱了传统传播模式的强加，受众的主动性部分替代了传播者的功能。就受众群体而言，受众可以发布信息，影响其他受众，而不单纯依赖专业媒体机构的信息生产。

2．新传播组织

新的传播者加入传播活动，使得传播潜力点发展为新媒体。许多面向公

众的企业或事业单位，存在大量的传播接触点即潜力点。在一定的动因驱使下，大量企业单位加入到大众传播队伍中，使潜力点变成切实的新媒体。如交通运输部门将公交、铁路、民航等开发为媒体；电影院在电影放映间隙播放广告；通信企业利用短信进行经营活动等都称为新媒体。

新传播组织的加入多为经济利益驱使，这一类型的新媒体在内容上多以广告为主。

（二）新的传播内容

1．媒体体验成为媒体内容

这一类型包括手机蓝牙、液晶触摸屏等。受众在接收信息的过程中，与传播者或媒介展开互动。受众主体在这一过程中得到获得个性化的定制型内容，提高了受众的参与兴趣和媒介好感。

就信息内容而言，此类新媒体与传统媒体不无二致，受众通过反复点选得到的信息，甚至可以通过最简单的纸本流程图实现。但媒体使用过程的简明体验、被关注的主体感受、新技术带来的新鲜感都成为这一类媒体的传播优势。

2．传播内容的交换

传统媒体在保留原有传播内容为主体的基础上从其他媒体转移内容形式形成新媒体，如电影贴片广告移植电视广告的内容和经营形式，正成为影视公司、院线企业争相推广的新媒体。

植入式广告是这一类型的典型代表。在影视、游戏领域的植入正逐渐进入公众视野。如电影《天下无贼》《命运呼叫转移》《非诚勿扰》等影片中在不影响情节展开的同时加入大量的商品广告镜头而获得更好的媒体经济效益。国际型大广告主也正在积极地进行游戏广告植入的尝试。

（三）新的传播渠道

1．新的传播空间

新媒体挖掘旧媒体不能覆盖的传播盲角，寻找新的受众接触点。新渠道是当今新媒体最广泛的发展方向。如全球零售业巨头沃尔玛自 1998 年起开始打造的卖场电视网络。尼尔森对其电视网的价值评估，每个走进超市的顾客平均要观看 7 分钟左右的电视节目。依托大量的人流，该媒体已发展为美国第五大电视网。卖场电视在中国刚刚起步，但渠道类型新媒体已广泛出现，如超市的收银小票、购物袋的印刷广告，餐饮娱乐业在为客户提供的卫生纸上印刷广告等。

将报纸杂志、电视广播等置于新的接触空间形成新媒体。半封闭的公共空间成为此类媒体扩张的首选。公交车、地铁、飞机、火车等交通工具受众人群大、接触时间长，企业充分挖掘旅客注意力价值，发展出地铁报纸、航空杂志、移动电视、候车厅 LED 等大量的新媒体。

2．新的传播工具（发射器和终端）

新的传播手段是最能体现新媒体特色的一环。第一，传统媒体的数字化。数字化使大量的传统媒体摇身一变加入新媒体阵营。这一改变体现在媒体内部的技术革新和媒体形态的革新两个方面。就媒体内部而言，体现为办公数字化、制播数字化，大大提高了媒体的效率和效果。就媒体形态而言，传统媒体呈现给受众的方式发生变化。网络电视、网络广播、电子杂志原封不动地移植了传统媒体的内容和呈现方式，但都借助了新的媒体技术。各种电子形态的出现使传统媒体在传输便捷性、接收能动性方面的劣势大为改观。第二，新技术催生新媒体。由新技术催生的新媒体最易理解。在受众看来，对新媒体的感性体验就是看得见摸得着的信息设备。其主要包括：计算机、LED 触摸屏、户外 LED、移动多媒体（短信、彩信、手机游戏、手机电视、手机电台、手机报纸）等。此类新媒体在移植传统媒体内容的同时按照自身的传播特点开发媒体内容。如网络在对新闻、视频、音频进行传输的同时研发出虚拟社区等前所未有的内容，LED 触摸屏将游戏内容与广告信息相结合等。

（四）新的受众细分

细分受众是当今媒体的改革要务，传统媒体推行频道专业化、版面专业化，在激烈竞争中寻找突破口。传统的粗放式经营已经不适应时代的发展，任何一个媒体都不可能得到所有受众的青睐。

传统媒体为开发新市场将内容转化为细分受众喜爱的形式，同时在媒体形态上进行调整。例如，CCTV 为满足高端用户需要，开辟了付费电视频道，包括：足球频道、老年频道、音乐风云频道、书画频道、第一剧场频道等。将排斥广告的电视观众从广告中解放出来，采用观众付费方式经营，形成新媒体。

当受众市场被传统媒体瓜分而形成相对稳定的媒体格局之后，新媒体必须在缝隙中寻找渗透点，专对某一特定受众群细心耕耘。小而精的经营方式提高了新媒体经营的灵活性和专业度，也提高了传播的精准性。

国内最早提出分众概念的分众传媒致力于开发传统媒体无法触及的传播机会，其拥有大量的子公司媒体业务服务不同的细分受众：楼宇电视网面向高端住宅；卖场终端联播网面向终端购买力；电梯广告网面向高级写字楼白领；城市彩屏联播网面向休闲人群……其传播内容并未脱离传统电视媒体的形式，却因为受众细分成就了巨大的媒体创意影响力。

二、新媒体的传播模式

（一）从被动走向互动

新媒体最大的特点之一就是它的交互性。新媒体强调参与、互动和转发，更了解用户、更有黏性。新一代的用户对新技术和新媒体更熟悉、更青睐。受众参与性大大加强后，媒体不仅仅影响着受众，同样也受到受众的影响。传统的媒体如报纸、电视主要以单向传播为主，带有比较浓厚的“宣传”意味。而新媒体在传播信息的同时，可以最大限度地得到人们的反馈，真正实现了新闻的“传播”功能。受众的欣赏口味、价值取向，正在改变着媒体的报道风格。新媒体为普通民众提供了足够的表达机会和平台，现在的网络新闻不仅每条后面都有“评论栏”，而且还为人们提供了极大的自由表达的空间，如博客、个人空间、微博。人们不仅可以对新闻事件进行自由评论，还可以上传图片、视频，充分展现个人风采。

（二）从线性走向网状

从传播的方式来讲，传统媒介是一种线性的传播，受到时空的限制。传统媒介在传播方式上各有其优劣，如报纸携带比较方便、易保存，对事件的评论深刻而全面，但是信息量相对较小，时效性要差些。电视给人强烈的现场感，但是转瞬即逝，收视上又受到时间的限制。“速度”是新媒体很重要的特性之一，无论是互联网还是移动网络，都使得通信变得“即时”起来。传播的速度越快，信息在空间运动的时间越短，所跨越的空间距离也越大。正如马克思所说，时间消灭空间，是现代交往手段给现代物质和精神交往带来的革命性的现实。新媒体打破了传统媒体单一线性的传播模式，充分借助碎片化、偶发性的非线性排列组织形式，建构起内容信息随机触发式的“网状—链式传播新系统”。新媒体完全打破了时空的局限，既能看书读报，又可以观看视频和高清图片，而且完全不受时间和地域的局限，既可以横向跨平台阅读，又可以纵向追踪了解事件报道，实现了受众与媒体的零距离接触，深刻变革了人类的信息传递，重塑了人类交往及社会关系。

（三）从“中心发言制”走向“去中心发言制”

新媒体受“把关人”的限制越来越少，传播者与接受者也越来越个性化。虽然当今的电视，在许多重大事件上使用了“现场直播”技术，使新闻从过去的“TNT”（Todays News Today）变为“NNN”（Now News Now），但是在许多普通新闻或者突发新闻的处理上，依然要通过一系列的采播发的程序才能与观众见面。而新媒体则会在事件发生后的最短时间内播出。如2008年的汶川大地震、2010年的玉树地震后两分钟，网络上就出现了相关的新闻，比报纸、电视、广播等传统媒体的时效性要强得多。传统媒体受到多重把关，传播的信息因被多次阐释与组合已经变成了意义而不再单纯是信息，而对新媒体而言，“把关人”以“隐性”的身份出现，其对意义的解说由前台转向后台，以“去中心发言制”代替传统媒体的“中心发言制”。

新媒体在信息的传播上为人们提供了一定程度上的话语自由，但由于新媒体传播的“去中心化”（以Web2.0模式为最显著的代表），越来越多的人参与到大众传播的结果就是传播中的信息日益趋近碎片化，人际关系日益碎片化、边缘化、表面化。

三、案例分享

（一）“微博打拐”：迈向人性与正义

百度搜索数据统计显示，拒绝冷漠、随手拍照解救乞讨儿童、随手拍照救助流浪小动物等 2011 年搜索量最大的网络话题几乎全部由微博发起或最终以微博作为最主要传播平台。微博是一个多元文化交流的场地，难免会出现反映非主流价值观和意识形态的博文和言论，这体现了新媒体对意见的包容。2011 年春节期间，“微博打拐”成了一起全民关注的公共事件。在“微博打拐”活动里，民众却显示出“一边倒”的态度，强烈谴责拐卖儿童并迫使其行乞的罪恶行为，也从实际行动中积极支援参与“打拐”行动。

事件起于微博网友所发的“随手拍照解救乞讨儿童”微博，经社会名人和热心网友不断转发，形成强大的舆论传播力量，并吸引了各方媒体的跟进与关注。不仅有大量民众参与街拍，还有多个慈善基金会参与进来，以求建立数据库和培训志愿者，各地警方也接连出警调查核实，公安部以及许多地方公安机关都明确表态支持这样的民间行动，部分全国政协委员还表示准备在“两会”上就此提案。各种社会力量结合在一起，形成了不可小视的力量，微博促成政府与民间行为的合力，共同推进“打拐”行动的发展。截至目前，新浪微博中的相关微博已有近 200 万条，其中的文字图片言论，维护了人间正义，更是展现出无尽的人性。

（二）引起共鸣：呼唤人间之大爱

能让社会力量这么快速地集结在一起，首先是基于人的情感与文化的需要。拐卖儿童，逼迫未成年人行乞，是人性之大恶。失子之痛绝不只是零散的个体伤痛，而是亲情伦理引领下的社会共同情感。这是“微博打拐”最重要的情感、伦理和文化的支撑。从人性、人情出发，以人性化的写作手法描述最真实的情感和形态，在这起事件中更能收到良好的社会传播效果。

在关于“打拐”的微博中，热心网友上传或转发街拍乞讨儿童的照片，并配以简单的文字描述地点和孩子外貌特征；受害者家属上传失散孩子照片和失散过程。微博文本的“微小”性，把强烈的助益之心和失子之痛高度浓缩在短短的100多个字和每篇一张的图片中，没有华丽的语言，却能引起人们心中的共鸣，让个体之痛蔓延成社会的整体之痛，引发社会大众对弱势群体和受难者的深切同情，以及对残害儿童之暴行的痛恨憎恶。

例如，重庆某位用户在微博上发文：“@随手拍照解救乞讨儿童：在重庆解放碑凌晨1点！！小孩冷得瑟瑟发抖！旁边有个大人跟着。”寥寥数十字，却发出了每个社会成员心底的呼喊。文中配以拍下的照片：一名大约六七岁的男孩，蜷缩在脏湿的街道上，身上只穿单薄的破旧衣裳，身边摆放一个乞讨用的放着零钱的纸盒。微博一发布，便有无数热心网友积极转发并呼吁、评论。有网友转发评论说：“大家不要放弃他，请给他温暖的机会吧。请重庆看到这个孩子的人报警，请告知警察的处理情况，让关心这个孩子的人了解进展，谢谢。”类似的博文和评论不胜枚举，反映出在处理公共事务过程中涌现的不可小视的民间力量，正是这种力量，在督促、帮助警方加大对“打拐”的重视与投入，而不只是袖手旁观。微博也将舆论汇成大流，发出群众的声音，呼唤人间之大爱。

（三）发起倡议：凝聚群体之爱心

拐卖儿童罪恶行为由来已久，我们不难发现，自微博在中国兴起以来，关于对失散儿童的“寻人启事”也偶有在微博上传播，但只是停留在零星的转发评论行为上，并未形成统一有组织的行动。2011年1月25日，有人开通“随手拍照解救乞讨儿童”的新浪微博，倡导以微博之力解救乞讨儿童，数日上传上千张照片；2月2日发起倡议，使“微博解救乞讨儿童”的大行动不断升温。引用姚晨的一句话说：“让微博之力汇聚起来！带孩子们回家！”道出了每位“微博打拐”倡议者的心声。名人效应在此时发挥了重要作用，让“打拐”行动马上得到以几何倍数增长的关注度。

社会人士的切实行动也使“打拐”成为全民参与的自觉行为。韩红在微博中写道：“我们的队伍越来越强大了……心里荡漾着无限温暖与力量！我们的提案主旨已基本确定：（1）立法严惩；（2）解救收容；（3）开放福利院的创办规定；（4）提高低保人群的福利待遇。我们会一直乐观地坚持下去……”表明作为全国政协委员她将在全国“两会”上就此提案，并着力于对相关社会福利事业的改善。随着行动的进行，不少被拐儿童获得解救，这与名人的积极倡议行动和社会大众的热心参与密切相关。这一系列连锁反应，验证了社会力量的强大与智慧——民众力量与公权部门强制资源的相结合，使“打拐”行动朝着有利于“解救”方向进展。

（四）“微博打拐”：用技术维护人间正义

2011年2月6日，随着传统媒体的介入，“随手拍照解救乞讨儿童”微博被更多粉丝所熟知。微博粉丝呈现爆发式增长，5天内该微博就吸引20多万名网民关注，网友随手街拍乞讨儿童照片已近3000张。但是，上传的乞讨儿童照片虽多，上网找孩子的父母却很少，很多受害者家属都不知道微博这个寻子渠道。随着传统媒体的火速跟进，不少失踪儿童家长也纷纷运用微博进行寻子。在此，传统媒介诸如央视、《人民日报》等具有全国公信力的媒体，发挥了其核心媒体的引领作用，引起更广泛的关注。

作为发起人的于建嵘教授在新浪微博发文指出：“谢谢媒体对‘随手拍照解救乞讨儿童’的关注，但我希望媒体特别是平面媒体降降温。这是一件长久的事业，需要理智而有序地推进。我们近期将进行数据库建设和解救规程的制订及志愿者队伍的培训，以更好地保护孩子；并争取就乞讨儿童的解救和教护等问题在‘两会’上提出议案和提案，促进国家的制度建设。”

“微博打拐”是微博传播史上值得铭记的事件。它更多地折射出人性与正义的光辉。我们有理由期待，微博能在最大程度上为我们的社会进步作出更大的贡献。

第四节　新媒体环境下的信息管理

新媒体的快速发展，在加快信息传递、加强人际沟通的同时，也给高校管理者提出了信息管理的挑战。本节将具体探讨信息管理的概念、新媒体环境下信息传播与信息管理的特点、新媒体环境下高校的信息管理策略。

一、信息管理的概念

信息管理是人对信息资源和信息活动的管理。信息管理是指在整个管理过程中，人们收集、加工和输入、输出信息的总称。

信息管理的过程包括信息收集、信息传输、信息加工和信息储存。信息的传播可以分为三个层面，即处于最基础地位的事实信息的传播，最具煽情性和感染力的情感信息的传播及最具深刻影响力和深层煽动性的思想信息的传播。当一个新闻事件发生后，最直白的事实信息可以满足受众的好奇心和知情权，而具有震撼力的重大公共突发事件必然诱发受众情感的强烈共鸣，在情感极度张扬状态下蔓延的情绪、形成的看法，和在通过简单过滤后产生的观点、升华的思想，都将迅即形成一种强大的舆论。

在重大公共突发事件发生之后，加强信息管理，使正规信息及时、公开、有序地传播显得十分重要，这既是做好舆论引导的基础和前提，也是舆论引导的基本思路。与此同时，做好舆论引导、稳定社会人心也应该成为特殊状态下信息管理的目的和检阅信息管理是否科学、有效的重要标准。

二、新媒体环境下信息传播与信息管理的特点

新媒体环境下的信息传播至少具有以下四个显著特点：

（一）信息传播的快捷性

新媒体环境下信息传播的快捷具有两个方面的含义：第一，信息的传播速度快。汶川大地震的发生是在2008年5月12日14时28分，新华网在18分钟后即在当日的14时46分就向公众发布消息，全国各大门户网站和地方新闻网站随即纷纷以头条消息重推新闻，各大城市的手机报也纷纷在第一时间抢发信息，广播、电视等传统媒体也都发挥各自优势，向公众传播最新地震信息，央视和凤凰卫视等纷纷对灾区最新消息进行滚动、实时直播。第二，信息的更新速度快。重大公共突发事件一旦发生，有关这一事件的所有信息都被强烈关注，汶川大地震发生后，公众急于了解大量的各方面的真实信息；同时来自政府部门的权威信息很多，信息更新的速度也很快，尽最大努力尽可能满足公众特别是灾区群众的最新信息需求，从而收到了良好的信息传播效应，极大地稳定了人心。

（二）信息流通的海量性

在新媒体环境下，信息的传播流向是全世界的，同时，信息的传播流向又是全历史的，从过去到现在再到未来，所有的信息都可以长期保存供受众查询。面对网络新媒体海量过剩的庞大信息，受众只要借助于搜索引擎就能便捷地找到对自身有用的价值信息。我们在百度里输入“汶川地震”，立即就会出现“百度一下，找到相关网页约21 300 000篇，用时0.001秒”。

（三）信息通道的互动性

在互联网上，一条信息的发布随即会引来知情人发布的相关信息，也会引来网民对于这条信息的反馈与评说，这些相关信息和评说同样会引发网民的

延伸信息和延伸评说，并且这些新闻信息及其评论可能被移植到论坛、博客、微博，甚至通过QQ群等强大的互动即时聊天工具广为传播。在网络新媒体里，大众传播、人际传播和群体传播交叉重叠、相得益彰，网络新媒体环境下的信息传播是多通道的，并且每个通道内和各个通道间都在频繁发生信息互动和信息碰撞。

信息传播具有多向流通和循环互动的特点。人民网首页“互动留言”开设“我向灾区寄祝福”“网友讲述：亲历地震”等栏目；天涯社区发出“请你通报四川震区最新消息”的帖子；打开新浪的地震专题新闻，网友评论高达300多万条。新浪、搜狐还分别启动“绿丝带”和“橙丝带”行动，通过网络新闻和人际传播的良性互动，发动亿万网民给灾区献爱心。截至2008年7月底，腾讯网募集网友捐款高达2 350多万元。2012年春运期间，“2012铁路春运”发起“春运失物大家帮”活动，为旅客提供失物招领微博平台，该话题共得到3 770 577次回应，不少旅客财物失而复得。

（四）信息表达的立体性

新媒体传播融合了报纸、广播、电视等传统媒体的诸多优势，信息表达形式多样，可以采用“文字＋图片”“文字＋图片＋音频”“文字＋图片＋音频＋视频”等多种排列组合来加以完成，信息传播是“海、陆、空”立体交叉组合的多媒体、多样式传播。在汶川大地震的信息传播中，除传统的文字报道外，视觉（即图片和视频）传播直击现场，使受众如身临其境。信息公开全面、真实、生动，极大地凝聚了公众，正确地引导了舆论。

由于网络新媒体具有上述有别于传统媒体的显著特点，从理论上讲，一条重大公共突发事件的信息可以在瞬间传播到世界的任何一个角落，并迅即引发信息的海量繁衍和瞬间爆炸，加上网络的放大效应和信息发布的隐匿性特征，迅速衍生的信息群组会同时渗透着众多非理性的情绪和观点，这是网络新媒体信息汇总强大职能的显现。而在互联网这个高度开放的信息空间里，“个人和组织能够凭借电脑化的大规模信息交流系统建立多向的相互联系”，“在这张分散型的传播巨网里，任何一个网结都能够发布信息，所有网结生产发布的信息都能够以断续相间的非线性方式流入网络的经纬之中”。即是说，在“每一个拥有互联网的人都可能成为一个没有执照的电视台”的新媒体时代，自媒体博客和播客成为互联网发展最为迅猛的一道奇观，人人都可能成为传播者和受传者。在这样的传播生态下，信息源头和流向的无序和不确定性，新旧信息和真假信息的并存混杂和难以甄别，都为信息管理带来极大的难度。正如诺依曼所说，舆论是社会的皮肤，舆论如果经常处于无序的混沌状态，社会就会失去中心和方向，信息就会出现混乱局面。如果舆论过于分散，将不利于社会的整合，舆论的极度混乱甚至可能带来社会的崩溃。鉴于新媒体环境下信息传播的诸多特点和互联网正在成为世界性的信息交流与舆论扩散制高点的新型重要大众媒介，也成为民意表达的重要平台的客观现实，信息管理也必然与时俱进，走出简单控制、硬性封堵的误区，以透明、开放、自信的姿态，更加巧妙、隐蔽地进行管理，从而艺术地潜移默化地引导舆论。

针对“5・12”汶川大地震这一震惊世界的特大公共突发事件，政府没有封锁消息，而是按照2008年5月1日正式实施的《政府信息公开条例》的要求，及时主动公开信息；新闻主管部门也尊重大众传播规律，没有武断地控制和阻挠信息的自由传播，还积极通过正规媒体加以引导，满足公众知情权；大众媒体以敏锐的新闻嗅觉和社会责任感，及时、全面、客观、公正、负责地传播信息，有效地消除恐慌、凝聚人心、引导舆论，仅以重庆为例，就有《重庆晨报》《重庆时报》两家报纸当即决定在12日晚推出号外，次日又分别以3—30版和3—24版的版面强势进行了报道，华龙网则迅即发挥手机报新媒体优势，及时传递主流权威信息，把握重大灾难面前信息传播主渠道的主导作用，有效地遏制了谣言，稳定了人心。

第五节　新媒体环境下的舆论引导

随着人们对新媒体使用的日渐广泛与频繁，新媒体在满足用户基本信息获取需求的同时，已日渐成为一个集信息、观点、民意于一身的舆论平台。新媒体的快速发展，不断改变着社会舆论的生成、存在与传播方式，不断对既有的社会管理模式和高校管理模式提出新的挑战。近年来发生的一系列社会热点事件不断表明，新媒体对于舆论的影响力正在迅速增强。在突发事件和敏感问题上缺席、失语、妄语、诳语，甚至想要遏制网上的众声喧哗，既不能缓和事态更不能化解矛盾。在本节中，探讨高校舆论引导技巧的前提是要首先明确掌握这些技巧的最终目的是要正视问题，解决、构建和谐的网络舆论环境。

一、新媒体对舆论的影响

所谓舆论，是公众关于现实社会以及社会中的各种现象、问题所表达的信念、态度、意见和情绪表现的总和。舆论引导亦称舆论导向，是运用舆论操纵人们的意识，引导人们的意向，从而控制人们的行为，使他们按照社会管理者制定的路线、方针、规章从事社会活动的一种传播行为。坚持舆论导向正确，唯此为大，这是中国媒体工作者和高校管理者必须严格遵循和践行的准则。

随着互联网、手机等新媒体的发展，传播技术上的革命正在促成一种新的信息传播方式，每个人都可以成为信息的生产者和传播者，不再仅仅依靠大众传媒，社会公众拥有了更多的知晓权、话语权，每个人都可能成为信息渠道，都可能成为意见表达的主体，借助网络等新媒体自主设置公共议题，并迅速形成公众舆论，这改变了由政府完全掌控的信息传播格局。

在新媒体环境下，重大公共突发事件、社会热点问题、危机事件等方面的信息传播与扩散十分迅速，被转载率和被重复、放大传播的频度高，受关注的广度和强度大，并且能够迅速形成某种或某几种草根化、自由化、多元化的强势舆论。同时，新媒体舆论呈现出迥异于传统舆论的一些特征：舆论主体的匿名性与参与渠道的广泛性、传播空间的无界性与意见汇聚的实时性、议题生成的自发性与舆论发展的不确定性、价值观念的多元性与价值取向的批判性、意见表达的失范性与群体行为的极化性。这些特征，都对舆论产生了深刻而广泛的影响。

（一）互联网成为社会舆论的集散地

互联网丰富了信息传播的手段和渠道，逐步成为公民发声、表达诉求的重要平台。新媒体时代的到来，使信息传播更加顺畅，为民众表达意愿和利益诉求，甚至参与决策制定提供了快捷的渠道，为公民更好地行使知情权、参与权、表达权与监督权提供了条件，也为更好地推动社会民主政治进展提供了一个方便快捷的民意直通车。

互联网正在逐渐成为消解大众不满情绪的解压阀。随着新媒体的出现，传统媒体解压阀的功能逐渐被以互联网和手机为代表的新媒体工具所取代。特别是在社会热点事件中，人们利用手机或者网络媒体，获取自己所需的信息，缓解情绪，或者利用新媒体交互性与开放性，表达自己的不满与压力，从而满足心理上的需求。在某种程度上，互联网“社会解压阀”的作用，可以缓解我国在社会转型过程中面临的结构性压力。

（二）手机媒体成为独特的舆论放大器

无线通信技术以及手机的便携性使信息传播打破了时空障碍。作为离人最近的传播工具，手机已经被很多使用者内化成自身的一部分。在突发公共事件中，人们许多时候是通过手机在第一时间获取信息。特别是在危机事件中，受众对人际传播信息的需求比在日常生活中要高出很多。手机的人际传播模式实际上是人借助手机这种媒介，延伸了人与人之间的交流。

手机媒体提供的个性化信息，使用户具有高度互动性与参与性。手机的传播模式是一个开放的体系，人人皆可为传者的前提，决定了手机传播信息主题的多样性与信息的海量性。传播信息不断糅合进传播者的主观意念，使得信息不能够按照既定的规则或者逻辑发展下去，而是以某一关键词为中心，发出另外许多话题，从而造成信息的指向性和针对性更强，传播效果也更显著。手机信息的传播过程即从一点出发，以关键词为节点，从中不断转移到另外的焦点。在整个传播过程中，手机媒体传播点对点的精准性与及时性，决定了信息在每一个传播节点，都可以被全面而准确地发送，并进行及时的交互与反馈，从而实现传播效果的最大化。手机媒体独特的传播模式，打破了传统传播模式中，传播主体的权威性，实现了传受双方对于信息接受和传播的对等性。多个传播主体的出现，使得信息节点中的每个人都能深度参与到信息传播的过程中。因此，手机媒体的传播是一种高度整合的社会性传播。

（三）微博成为公众“参政议政”的重要平台

微博的诞生改变了国内的舆论格局。2011 年的数起重大舆情事件中，如“7·23”甬温线特别重大铁路交通事故、郭美美事件、故宫“十重门”等，都是网民率先在微博首发报道。网民通过微博真正实现了在任何时间、任何地点发表感想。从国家大事到民计民生，从政治改革到文化创新，从医患矛盾到城管治理，网友可就任意感兴趣的事件或话题提供事实素材或发表意见，这些信息通过微博扩散，在短时间内就能得到他人的反馈。

微博对舆论有快速的聚合作用，可以在短短几天内聚合高达数亿条对同一事件或话题的热议信息，缩短了从信息源发布到信息传播的路径和时间，从而实现了信息传播的零时间。正是因为即时性保证了瞬时传播，高度的互动性才成为可能。交互性使信息接收者在传播活动中的地位得以极大提升，不仅刺激了发表者的积极性，更赋予了公众更多可以自由选择的议题。

微博带来了人与人、人与组织、人与社会之间的更多互动，甚至每一个人都可以成为一个传播、表达的媒体平台，微博为社会与民主的进步搭建起更广阔的平台，成为更多人“参政议政”的有效通道。我国党政部门已经认识到微博的重要性，充分发挥微博服务社会和引导舆论的积极作用，2011年“两会”期间，众多代表委员们开通微博，倾听网民意见和建议，与网民互动沟通，营造了引导网民借助微博关注两会的热烈氛围。

二、新媒体舆论的发展趋势

从新媒体舆论的发展现状及其发展特点可以清晰地看到，新媒体对社会舆论的形成与发展起着关键的作用，同时，也使社会舆论的生成、演化、发展产生了巨大的变革。可以说，社会舆论的生成与强化，与新媒体的发展有密不可分的关系，特别是在当前全媒体时代，很难区分不受媒介影响、呈原生态的舆论，也很难出现不产生舆论影响的媒介活动。总之，新媒体与舆论的生成已经天然交融，新媒体成为舆论的发酵场，而舆论与公众参与行为的互动又推动媒介技术、媒介交互方式的进步。

（一）新媒体舆论形成与传播的载体不断丰富

首先微传播移动化的传播媒介将成为舆论传播的基本通道。以微博为代表的微内容传播工具以极快的速度和极宽的覆盖被公众广泛接受，这种微内容、微型化的工具特别适合于舆论的传播，成为天然的社会舆论发酵场。同时，以手机为代表的移动媒体实现了人与人之间的即时沟通与联络，还使信息获取和信息表达在移动中合一，视觉信息与听觉信息发送和接收合一，因而能够有效联结社会舆论主体，并承担传播信息的功能。

其次，媒介融合将为舆论传播打造更多的发布平台。各种媒介越来越呈现出多功能一体化的趋势，其终极目标是打破传播媒介的形态差异，而走向媒介形态的大融合。在未来，公众可以通过无处不在的网络、用无所不能的移动化终端，获取各自所需要的服务、传递各自不同的意见。各种不同媒体之间的互动与整合，对社会舆论形成与传播的格局产生了重大的影响。越来越多的普通网民扮演起了“报道者”的角色。在这种情况下，舆论形成与传播的非中心化越来越明显，每一个人都可能成为舆论的散播源，每一个人都可能成为搅动舆论海啸的那只蝴蝶。

（二）新媒体意见领袖的作用更加关键

网络意见领袖的“利益无关性”使其更能得到公众的信任。网络的跨地域性质使网络意见领袖与网民有着疏离的距离，正是这种距离使意见领袖不具有得到直接利益的目的，意见领袖发布信息全凭“一片热心”，这种非功利性使网络意见领袖更受网民信任，从而更具有说服力。同时，身份经历的接近性与认同性使网络意见领袖更易得到公众的认可。网络环境中人们对于网络身份的在意程度以及被网络中孤立的恐惧远远小于现实生活。网民对于网络意见领袖的信任少了权力、利益等外界压力，而更加真实、更加本性、更加天然，这使得网络意见领袖对网上公众的影响也更加有力、更加深入人心。

网民知识结构决定了网络意见领袖的影响力将长期存在。根据中国互联网络信息中心之前的报告，中国网民的主体是 30 岁及以下的年轻人，这个群体占到网民总数的 68.6%；从文化程度看，高中学历比例最大，占 39%。这一组数据表明，网民的年龄和文化程度低于报纸等传统媒体的受众，根据传播学中的说服理论，文化程度较低的人更容易受到别人的影响，更容易被说服。同时，网民搜索信息的自主性使网民也更加信任自主搜索获得的内容，因此更容易接受信息，受到意见领袖的影响。

未来新媒体将会更加深刻地嵌入人们的生活、学习、工作中，对人们思维方式、行为模式、行为习惯产生越来越深入的影响，网络意见领袖对人们的影响也将越来越起到决定性的作用，甚至会超越现实世界的意见领袖对人们的影响。同时，现实中的意见领袖也会不断利用新媒体传播工具使自己成为成功的网络意见领袖，使得现实中的意见领袖不断与网络意见领袖重合。

（三）网络冲突与网络暴力现象日益突出

以互联网、手机为代表的新媒体，以其匿名性与快速传播性极易成为谣言的“助推器”和“放大器”。畅通的言论通道与开放型舆论环境给人们交流思想提供了极大的便利，但同时，一些蔓延于网络的“情绪型舆论”，有时产生的负面影响也很大，从而加剧了群众的盲从与冲动，也使网络冲突与网络暴力现象日益突出。

“网络暴力”在未来将会长期存在。低学历的网民在我国网民结构中占有较大比例，这决定了我国大量网民的思想认识水平及对事物的认识深度与广度是有局限性的。未来一段时期，网络暴力行为还将长期存在，特别是在有效管理手段和监管技术没有成熟之前，在相关的规制体系和公民有序参与的各种行为规范没有建立之前，这种“网络暴力”现象会成为一种常态。

“媒体审判”影响舆论导向与司法公正。新闻媒介对审判机关进行舆论监督是一种特殊的民主监督形式，随着新媒体技术的发展，公众通过新媒体平台行使政治和公共事务监督权能力得到极大提升，各种新媒体舆论监督“越位”的现象也越来越多。通过新媒体平台产生的“媒体审判”，给社会公平、公正、平等的司法进程造成了不容忽视的影响。网络审判会在网民中自发进行，甚至演化为现实中的侵扰，从而影响事件的进程和司法判断，导致不公正的处罚。由于我国法制化建设自身面临的问题，同时公民的素质也有待进一步提升，因此，“媒体审判”所带来的负面影响还会长期存在，对舆论导向和司法公正也会产生一定的影响。

（四）虚拟空间对现实世界的影响逐渐增强

以互联网为代表的新媒体已经影响并且深刻地改变着我们的生活，其在我们现实生活之“中”，而非之“外”，创造了一个新的空间——“虚拟空间”或“虚拟世界”。在观念变化、人际变化和现实社会感知变化上，虚拟空间已经介入到人们常态生活之中，而随着新兴媒体技术的不断进步，虚拟空间与现实空间的互动性不断增强，相互作用、相互影响。

信息传递与现实行动间的时间差急剧缩短。今天，互联网的触角已经伸到了世界的每一个角落，信息在网上的流通已经不再受时间和空间的限制。网络传播的分众化使受众的反馈行为更加及时，新媒体的传播具有“靶向性”的特点，使得能够达到“精准传播”的效果。这增加了受众对信息的反馈动力，也提升了用户参与行为的频率，使得受众接受信息的反馈行为更加及时，同时也提升了虚拟空间与现实世界的互动性。

在新媒体环境下，网民可以更容易“群”聚，聚集到专门为有共同兴趣爱好的人们所建的网上虚拟社区。与此同时，现实世界的各种社群也建立了基于网络空间的虚拟社群。这些社群通过虚拟空间和现实世界的互动来达到一定的目的。一名叫“信天谨游”的北京网民通过网络募捐在云南贫困山区建造了第一所小学校舍后，其行为受到网友的关注，通过 HI-PDA 网站，他组建了一个筹款小组，所筹集的款项先后在云南贫困山区建造了 6 所小学。可以预见，随着社会民主的推进、新媒体技术的发展，未来虚拟社群与现实社群的重叠与交融的趋势越来越明显，从而使虚拟世界和现实世界的边界越来越模糊，虚拟世界和现实世界的互动越来越频繁。

三、新媒体环境下舆论引导的方法

习近平同志在任上海市委书记时，明确要求上海新闻宣传战线要深入研究新形势下社会舆论的趋势和走向，处理好服务群众与引导群众的关系、客观真实与价值取向的关系、正面报道与舆论监督的关系，“不断提高舆论引导能力”。他的要求彰显了舆论引导在信息时代的重要性。从面对重大公共突发事件的“舆论控制”到“舆论引导”，从“硬性堵截”到“软性疏通”，这是媒体主管部门面对新闻舆论问题在认识论上的一个飞跃。

反观“5·12”汶川大地震中的信息传播和舆论引导，我们可以欣喜地看到这样一个简单而清晰的路径，即以信息公开尊重和保障公民的知情权——以权威主渠道及时传播权威主流信息、服务公众赢得公信力——以正面引导稳定人心、鼓舞士气凝聚和整合社会力量与社会资源。在具体操作中，国家地震局在震后 10 分钟即通过新华社等媒体公布信息，受地震波及的各地地震局亦迅速公开信息，让真实、权威的信息跑在谣言前面，将错误信息扼杀在摇篮中，稳定社会情绪。灾难发生后，地震灾区的伤亡报告就出现在人们的视野中，迅即扼杀了不实传闻的“传播动力”。灾情信息的全面披露并没有引发传统思维下担忧的“混乱”和“恐慌”，倒是唤醒了公众防灾减灾的危机意识，和众志成城的民族责任感与使命感，舆论引导呈现出主动、积极、良性的态势。

因此，面对重大公共突发事件的舆论引导的方法应该是：

（一）及时公开信息，切忌堵截遮掩

新媒体出现之前，传统的社会管理方式存在着被动、反应速度慢等制约因素，难以满足人们的需求。新媒体推动了政务信息公开的进程，也对政务信息公开提出了快速、及时、准确、权威的新要求。不仅要使公民高效参政议政成为可能，而且还要有效帮助政府尽快向网民公布政府信息，充分保障公众的知情权、监督权与表达权，提升公众的承受力，相信公众的责任感。

同时，管理部门还要与时俱进，及时吸纳新出现的新媒体热门应用形式推进政务公开，并根据此应用的具体特点，利用其发布特定的政务信息，了解网民共同关注的热点问题。通过充分了解网络民意，真正实现问政于民。

国家保密局与民政部早在 2005 年就共同发布了《关于因自然灾害导致的死亡人员总数及相关资料解密的通知》，决定推动重大灾情信息公开，2008 年 5 月 1 日《政府信息公开条例》正式施行。信息的公开、透明和共享，是政府尊重公众知情权、接受民众监督的必需之举，也是政府给公众吃的一粒“定心丸”。

（二）通过权威渠道，传播主流声音

要告诉公众真的发生了什么，党、政府和社会各界在做什么，未来会怎么样。通过信息传播引导舆论要注重真实、全面、客观、公正，同时要现场、权威、主流，用贴近受众的语言和方式进行传播。

有效利用新媒体的传播渠道。首先要提高使用者的新媒体素养，了解新媒体应用的相关知识，学会利用新媒体快速、便捷、海量的特性搜索信息，了解舆情。同时，要善于利用新媒体解读舆论中深层次意义，参与舆论表达，传播主流声音，进行舆论引导。此外，要在尊重网络民意的同时，提高对网络民意的甄别能力。既不能阻碍新媒体舆论的传播渠道，又要防止被网络民意所挟持。

（三）坚持正面引导，发挥意见领袖功能

正面引导、稳定鼓劲是舆论引导的总要求，但一定要抓住典型实施及时的舆论引导。这样，可以震慑负面言行，确保积极、良性的公众舆论持续恒久。要培养“专业型”意见领袖，改变“大而全”的策略，走精准化路线，集中力量打造特定领域的民意主导者，在保证其拥有基本社会道德的基础之上，更加重视他们在专业的、特定的领域内的权威。

此外，意见领袖之间还要通过互动形成合力，从而对舆论产生更大影响。当“信息流”可以更为畅通地到达受众时，“意见流”的传播就显得更为重要，发挥这些网络“意见领袖”的作用，重视对这些网络“意见领袖”的培养与引导，能够收到事半功倍的效果。

（四）整合资源需求，贴心服务公众

最好的舆论引导寓于对公众的服务之中，媒体是个强大的整合平台，明确公众和社会各自的资源和需求之后，要通过信息传播渠道将其组织、整合起来，让公众真正感受到雪中送炭的温暖，并顺势引导舆论。

第六节　新媒体环境下的在线培训

随着互联网新媒体技术的快速发展，它在社会政治、经济、文化、教育等各方面也扮演着越来越重要的角色。面对激烈的市场竞争和复杂的社会环境，无论是高校，还是个人，都迫切需要接受继续教育，更新知识，不断充电。利用网络进行在线培训的方法正在打破传统的继续教育模式，在线培训（Online Training）这一新的培训方法开始被越来越多的高校所采用。在线培训无论是对于高校管理者来说还是对受教育的高校学员来说，都存在无法抗拒的吸引力。

一、在线培训的优势

在线培训是指在网络环境下，以现代教育思想和学习理论为指导，充分发挥网络资源优势，通过向培训者和学生提供一种网络教和学的环境、传递数字化教学内容而开展的以学员为中心的非面授培训活动。与传统的面授培训方法相比，在线培训具有以下优势：

（一）高校管理者的五大优势

1．可以降低高校培训成本

在线培训虽然在软硬件配备方面需要大量的投资，但这种投资一劳永逸。可谓一次投入终身受益，虽然每年需交一定数额的管理费用，但与高校自己组织培训相比，培训成本要低得多，而且享受的是经过精心设计的精品课程，其回报远远超出投入本身。假设高校有新员工、新学生 1 万余名，如果通过传统培训形式授课，同类课程需要十几名甚至上百名讲师同时授课，而采用在线培训则只需几位指导顾问就可以解决问题，这将大大降低培训成本。目前，许多大学都开通了在线培训，通过互联网开展学历教育和职业培训以及各类管理培训。

2．可以满足学员个性化需求

传统培训虽然能够做到对学员培训需求的关注，但在实际培训中也只能做到适应学员的普遍需要，而对学员的个别培训需求则很难照顾到，在培训内容方面，学员的选择性不强，培训的时间安排和地点也容易与工作发生矛盾，在线培训则很好地解决了这些问题。学员可以根据自己的需要来选择适合需要的课程，而且将有机会按照自己的速度和时间安排应学的内容。因此，学员在学习时拥有更多的自主权。比如 IBM 在全球有一个网上学校，称之为 Global-Campus，里面有 2 000 多种课程，全球每个员工可以根据自己的需要在这个 GlobalCampus 进行学习。使用 Intranet 这样的网络可以使管理培训在无疆界的虚拟环境下实现。在这个方面，对未来的展望可以称之为实现“在全球化虚拟教育环境下的按需培训”。

3．可以提高培训效率

一方面传统培训受到培训空间的局限很大，多的也超不过几百人，大部分情况下在 30 ～ 40 人之间，一般不超过 40 人，否则就会影响培训效果。但通过网上在线培训就可以大大提高培训效率，在不同的网络终端，同时可以有上千人、上万人，甚至有几十万人、上百万人参加同一项培训，培训信息资源得到最大限度的共享。另一方面同传统的课堂讲授相比，受训者在相对较长的时间内集中精力学习的能力可以从传统讲授形式的 21 分钟提高到多媒体学习形式的 54 分钟，也就是说是原来的 250%，同时学习者记忆所学内容的能力也从传统讲授形式下的 59%提高到 75%。可见，培训效率大大提高。

4．可以长期储存培训信息

传统培训授课内容的正确性受授课教师的影响比较大，授课教师的水平和实践经验直接影响培训效果，虽然授课教师的授课内容可以通过录音或录像的形式得以保存，却不具备灵活性，修改调整困难。而在线培训的课程经过培训顾问团论证后就可以保证其正确性，修改也容易操作，并且课程内容可以长期储存，学员在接受培训过程中能够随时记录并储存，学员在培训过程中遇到困难，可以随时进行在线咨询或查阅学习指导资料。

5．学习形式更加丰富

在线培训可将各种不同的媒体，例如文字、图表、图像、动画、声音等通过多媒体技术制作成精品课件，使学习过程变得更加生动、形象，更具吸引力，极大激发学员的学习兴趣。

（二）对高校学员的五大好处

1．可以享有更多信息

学员不仅可以在全方位的课程系统中检索自己需要的培训课程。查阅大量的有关课程的辅导资料，通过相互沟通和交换信息来解决生活、工作中的实际问题。而且还可以参阅同事的学习经验和培训心得，从而帮助自己取得更好的学习效果。

2．可以增强培训的互动性

培训的互动性在在线培训中体现的更加灵活，学员可以随时咨询和请教授课教师或辅导老师，可以随时参与讨论得甚至是面对面（通过网络视频实现）的讨论，也可以通过E-mail、QQ群、微博等即时互动软件进行有关问题的商榷。

3．可以降低学习成本

虽然国内高校员工参加岗位培训、适应性培训等各类短期培训的培训费、交通费、住宿费很少由个人支付。但学员参与培训所花费的时间成本已经很高，而且还要比正常工作期间支付更多的额外花销。有的高校组织培训活动的学员来自全国四面八方，去掉正常上课的时间，有大部分时间都浪费在路上。而通过在线培训，不仅高校的培训成本会明显降低，而且培训个人的成本也将大幅度下降。

4．可以提高自学能力

在线培训系统配有辅助自学的软件，为学员提供丰富的自学指导，学员可以根据自身的需要和实际情况，量体裁衣，定做适合自己的学习课程，这充分体现了学员个性化发展的需求和主动学习的特点。同时，在线培训的操作过程全部由学员动手完成，无形中对网络技能进行了锻炼，提高了高校学员的自学能力。

5. 可以实现学员的终身教育目标

借助丰富的网络资源，在线培训可为每个学员提供不断丰富知识的可能性，网络系统能够为学员提供有针对性的学习建议，学员能够随时随地通过网络学习紧跟知识更新的速度，从而为实现学员可持续发展的终身教育目标准备条件。

二、高校在线培训体系的构建

构建高校在线培训体系，需要考虑课程项目、数据库和讲师库三个方面的问题。

（一）课程项目

1. 基础培训

这是对于新员工和新生而言，为基本胜任岗位工作和熟悉学校校园文化而必须进行的基础性学习。基础培训至少应包含高校基本情况、高校办学文化与基本制度。这部分培训基本上在新员工和新生的岗前培训、入学教育中，通过统一的人员讲课、集中阅读文献完成，可通过问答、笔试进行考核。

基础培训项目一部分应在新员工上岗和新生入学时完成，一部分可在日常培训和教学中采用滚动式讲座的方式进行，主要应以日常观察、现场交流、提交书面心得等方式评估学习结果。

2. 专业技能深化培训

因高校自身的技术或管理水平和要求的发展，或专业领域的知识更新、社会整体对专业知识和技能要求的提高，新员工和新生也需要不断地更新和提升自己的知识水平。除了新员工和新生的自我学习外，高校也需要有意识通过在线培训，提供与专业技能深化有关的课程。

3. 职业发展培训

高校在帮助新员工和新生不断胜任本岗位的工作之外，还应有意识地为新员工和新生提供发展个人职业生涯的培训，一方面体现公司对新员工和新生个人发展的关注，一方面也是为高校、为社会有针对性地培养人才，建立人才的“资源池”。这类在线培训包括一般性社会技能培训、跨专业的知识培训、专项的课题讲座等。

（二）数据库

一是课程需求库，即课程体系；二是课件库，包括课程的标准讲义、相关的学习资料、文件等；三是新员工和新生的培训记录管理数据库。

高校新员工和新生可以通过课程需求库查询到自己应接受哪些培训，已经完成了哪些项目的学习，还应接受什么培训，以及如果想发展到每个学业、职业阶段，应选择参加什么培训。在这样一个整体架构清晰的基础上，新员工和新生对于培训的参与，目标将更明确，动力也将更直接。

（三）讲师库

包括外部讲师和高校内部的可承担课程讲授的内部讲师。对于讲师库的管理，主要是一个资格识别确认的过程。外部讲师可以通过推荐、直接参加外训试听评估等方式确定，一旦识别出优秀的外部讲师，应建立长期的联系。内部讲师来源于两部分：一部分为学校教学机构聘任的专职讲师，根据高校不同专业、学科需要开发新课程；一部分为各实习实训企事业单位在某个专业上比较精通的专家，平时从事本职工作，需要时承担起对新员工和新生的专业培训工作。

为节省培训费用，提高培训效率，高校应有意识培养内部讲师，具体工作包括实施“培训讲师的精品培训课程”、帮助建立标准化的课件等。应尽量使每个课程至少有两名讲师可以胜任。如果基础设施允许，在课程需求库中，新员工和新生应可以直接点击链接查看讲师的基本资料、讲课记录，以及课程的讲义、参考资料等。

三、在线培训系统介绍

（一）天柏在线培训系统

天柏在线培训系统（Timber Training System）专门针对高校和政府机构设计的新一代网络学习平台，天柏在线培训系统在承接传统教育的基础之上充分实现了在线学习的设计理念，它为现代学习型组织提供了卓有成效的学习与培训方案，能够通过在线学习、在线考试和在线评估的方式轻松完成针对员工制订的培训计划。

（二）七易云计算网络教育平台

云计算是一项互联网技术，把传统的机房、服务器、带宽、软件系统、数据资源乃至技术资源等作为一项服务通过互联网提供给用户。“云”中的一切是可以无限扩展的，随时按需获取，免除维护，节约成本。用户想获得前述的一切，借助“云”将变得无比简单和高效。

七易云计算网络教育平台，能够使高校无须高昂的授权费用和技术、硬件投入，就能经济有效地提供高质量的网络教育服务。

第七节 网络新媒体的发展历程和趋势

一、网络新媒体的发展历程

短短十几年间，中国的网络新媒体得到了迅猛的发展，其发展历程大体上可以分为以下三个阶段，即萌芽探索阶段（1995—1998 年）、发展壮大阶段（1999—2004 年）、规模效应阶段（2005 年以来）。

（一）萌芽探索阶段

我国网络新媒体的发展历程：首先网络化尝试的是《杭州日报》，真正走上互联网媒体的是《神州学人》，到 1995 年 10 月开播演示的《中国贸易报》，到 12 月底开通的《中国日报》，再到 1998 年搜狐网和新浪网的成立，是中国网络传播活动的萌芽探索阶段。这期间，中国互联网媒体完成了从无到有，从简单翻版到商业应用的转型。国家对互联网的管理也逐步重视，出台了一些相关的专门文件，行业化趋势越来越明显。

网络新媒体的萌芽应该追溯到我国互联网的诞生。“1994 年 4 月 20 日，中国与国际互联网相连的 64K 网络信道开通，从此中国正式加入了互联网国际大家庭。”1995 年 1 月 12 日，当时国家教委主管主办的《神州学人》杂志通过中国教育和科研计算机网（CERNET）进入国际互联网，向广大在外留学人员及时传递新闻和信息，成为我国第一份中文电子杂志，开创了我国网络媒体的先河。

《神州学人》作为我国第一家走上互联网的媒体，永远被载入了史册。这标志着我国网络新媒体的发轫。继《神州学人》杂志进入互联网之后，1995年12月，《中国贸易报》电子版发轫也走向了国际互联网。紧接着，1995年12月，《中国日报》网站开通，开创了全国性日报办网站的先河。网络媒体开始进入千家万户。1995年中国媒体陆续上网正式揭开了中国网络新媒体发展的序幕，此后三年，中国网络新媒体数量激增，网络新媒体向前发展势头迅猛。1996年到1998年，中国媒体形成了第一次“上网热”。这股热潮充分说明互联网在中国日益普及，媒体开始探寻新的发展道路。

1996年张树新创办的瀛海威信息通信公司的运营和1995年美国人尼古拉斯·尼葛洛庞帝让人们看到了网络新媒体的光明前景，许多中国媒体开始摩拳擦掌，都想在数字化时代的比特世界中一显身手。到1996年底，已有《中国贸易报》《人民日报》《金融时报》等30余种报纸在互联网上发行电子版。《经济与信息》《证券市场》《北京周报》等20余家杂志在互联网上发布电子版。此外，专门在网上出版发行而不再以印刷品形式出版发行的电子刊物也有所增加。1997年1月1日，《人民日报》正式推出网络版，标志着中国主流媒体开始重拳出击互联网。此后，中国网络新媒体发展在全国呈现蔓延发展之势。包括中国互联网新闻中心、新华通讯社网站、中央电视台、光明日报网站等在内的国家八大重点新闻网站相继建成，河南报业网等地方媒体也陆续入网。在这种形势下，中国政府正式出台了对新闻媒体上网实施管理的第一个文件。文件指出，“由国务院新闻办公室对利用国际互联网开展对外新闻宣传实行归口管理，统筹协调新闻宣传进入国际互联网的有关问题，该文件还对从事互联网新闻宣传的资格和手续等进行了相关规定”。①

1998年10月，国务院新闻办和新闻出版总署再次联合发文，“新闻单位获准入网后，将信息链接到中央外宣信息网的同时，可以申请独立的域名，建立自己的网站”。这一规定为中国网络新媒体的真正发展打开了方便之门。在这个阶段，媒体上网的形态较为简单，大多数媒体网站的发展思路还不很明晰，但是，以《人民日报》为代表的主流媒体的上网，充分表明中国媒体对于互联

① 国务院新闻办公室文件《利用国际互联网络开展对外宣传工作暂行规定》

网的发展信心满满。而新浪等商业网站也跃跃欲试，也给中国网络新媒体提供了一个新的元素和契机。

网络新媒体作为一个新生媒体，在发展过程中日益受到国家有关领导部门的关注。相关的政策陆续出台，说明中国网络新媒体已经开始在政策法规的框架下运行。

中国网络新媒体的萌芽探索阶段应该是非常艰辛的。作为萌芽期的 1995 年，中国媒体上网的主要目标是借助网络改善发行状况，提高自己在海外的影响力，但从形式与内容上，还显得十分粗糙，网站界面也非常简单，内容多是印刷版的翻版，且更新不及时，几乎没有多媒体功能、交互功能和查询功能。此后，虽然 1996 年网络新媒体的发展规模不错，但 1997 年网络新媒体的总体发展情况并不如人们预料的那么乐观。在“1997 全国电子报刊经营与发展趋势研讨会”上，与会者感到中国报刊在互联网上的地盘还很小，声音还很弱。1997 年中国的电子报刊数量基本没有增加，造成这种状况的原因很多，既有技术方面的制约，也有观念等因素的限制。特别是后期发展滞后，大多是由于报刊上网是盲目跟风，没有做好充分的准备工作。电子报刊不仅数量少（占纸质报刊总数不到 1%），而且质量差，调阅人数少，产生的影响也较弱。但不管怎样，在 1995 年至 1998 年间中国传媒网站和商业网站都做了有益的尝试，网络新媒体经营思路更加清晰，管理也日趋规范，中国网络新媒体的艰难探索终于完成，为下一个发展壮大阶段奠定了坚实的基础。

（二）发展壮大阶段

在经过艰难的探索之后，1999 年中国网络新媒体进入发展壮大阶段，这一过程一直延续至 2004 年，其发展壮大主要表现在三个方面。首先，表现在网络新媒体的经营管理上。网络媒体大多都是经济实体，要想发展必须注重经营管理，在这方面，网络新媒体比较突出的做法有三点。

1. 注重广告投入

2000 年，广东康赛市场服务有限公司对互联网在主要传统媒体的广告投入进行跟踪监测结果表明，“1999 年第一季度，互联网站在全国 340 个主要电视频道上投放了 1 025 万元的广告费，次年第一季度，又投入 8 700 万元的广告费在全国 360 份报刊刊登广告。尽管当时灯箱广告的费用昂贵，每个价位都在 3 000 ～ 21 800 元之间，但是在京沪穗三地，中国人、搜狐、艺龙、人人、易趣、新浪几大网站仍然不惜血本，成为户外灯箱广告曝光率最高的网站。”不惜血本投放广告充分说明网站希望吸引受众的急切心情，尽管相当一批网站后来的挫折中难以为继倒下了，但是这股网络热潮的的确确在相当程度上影响了网民的生活。

2. 纷纷上市融资

更彰显网络新媒体疯狂扩张的事件是中国三大门户网站的上市。2004 年 4 月，纳斯达克科技股一泻千里，但中国的三大门户网站新浪、网易、搜狐，仍然逆风而行，在纳斯达克上市，然而都不尽如人意，一路跌跌撞撞，在很长一段时间徘徊在垃圾股的边缘。在这一动荡中，许多网站经营开始陷入困境，倒闭潮、并购潮声声不断，网站裁员之风也随之飙升。但是这股寒潮并没有持续多久，在 2001 年至 2002 年网络经济进行短暂的痛苦挣扎之后，很快就普遍复苏，很多网站经营者看到曙光，加大投入，新浪、搜狐、网易三大门户网站盈利数字不断攀升，股价涨幅都在几十倍，创税都突破亿元，当时年仅 32 岁的网易总裁丁磊成为中国富豪排行榜的首富。

3. 多元化

在 2001 年以前，中国的主要网站都是沿用“雅虎模式”经营，即以内容、搜索引擎吸引网民上网，增加网页的点击率，以此吸引在线广告。吸引眼球，提高点击率成为网站经营的最大目标。

2C01 年 2 月底，新华社网站全方位升级改版，向海内外网民提供更及时广泛的新闻报道和多方面的网上服务。改版后，新闻量增加了 30%，内容更丰富，可读性更强。这次改版增加了新闻直播频道，并推出主题新闻、中外关系、新闻排行榜等一批栏目。此后，新华网相继推出了“发展论坛”和“统一论坛”，新华网多媒体频道等。2001 年 4 月 5 日，美国微软公司创新了一个新的盈利模式，将微软网站（MSN）、微软百科全书和个人理财等方面的内容整合后有偿提供给消费者，开设了一个提供订阅收费的新网站。此后，中国的新浪、搜狐等网站受此启发，也开始通过各种方式在邮箱上收费，开发出了许多新的盈利模式，架构了新的业务发展框架。其次，表现在媒体业务上。网络新媒体的迅速崛起与其在新闻业务上的精益求精是分不开的。经过多年的探索，网络新媒体从业人员渐渐把握了这种新媒体的特点和规律，业务能力不断提高，制作越来越精妙，其突出表现就是网站改版。

2002 年 1 月，新华网再次改版，这次改版升级，吸收了网络新媒体研究的最新成果，形成了以新闻中心、专题、视听、动漫为主体的新闻区，以财经、体育、科教、IT 等为主体的专业频道区，以发展论坛、统一论坛为主的访谈区，以政府在线、VIP 专区为主体的政务区，以短信、汽车、房产等为主体的服务区和建成国内领先水平的搜索引擎区。新华网的这次改版实现了“格局、内容、形式、功能和技术”上的五大突破，并且在保持官方网站权威性的前提下，尽量让内容风格贴近普通网民。在新华网改版的同时，人民网、千龙新闻网等大型网站也不断推陈出新，为网络新媒体的发展增添了动力。网站的改版为网络新媒体提高其新闻传播的竞争力，扩大其发展的空间找到了出路。值得注意的是，网站栏目的推陈出新在网络新媒体吸引更多的网民中功不可没。

2003 年，门户网站与重点新闻网站纷纷推出传媒频道是一道新的景观。如 1 月 17 日，新浪网传媒观察频道开通；3 月 6 日，千龙传媒频道由原来的“新闻社区”全新改版推出；3 月 18 日，搜狐传媒频道开通；6 月 2 日，新华网传媒频道全新改版推出；6 月 12 日，人民网传媒频道开通等。这些传媒频道定位于观察传播媒介、报道业内资讯，关注行业热点、解析传播现象，交流学术观点、提供实用服务，为业界和学界人士搭建起了共享、互动、开放的交流平台，并成为网站的一个特色专业频道。

最后，表现为国家对网络新媒体的重视上。2001 年 2 月 7 日，中宣部原部长丁关根考察了新华网，并指出要增强紧迫感，加快发展我国的网络新闻事业，尽快建成有规模、有影响、有中国特色社会主义的网络新闻宣传体系。2001 年 6 月 22 日，“首届中国网络媒体论坛”在青岛开幕，来自全国 100 多家网络媒体的代表及有关专家、学者近 300 人参加了这次论坛。论坛以推进中国网络媒体的发展为宗旨，组织、联系新闻单位和网络新闻机构汇总从事网络传播的部门与单位开展业务交流，人员培训、学术研讨、专题活动等，每年至少举办一次年会，由各媒体网站轮流承办。国家对网络新媒体的重视为网络新媒体的壮大提供了肥沃的土壤。

当然，网络新媒体的发展如此迅猛，也是离不开其客观现实基础的。这些年国为外许多重大事件给了网络新媒体更多的操练机会与表现舞台。在 2003 年 3 月 20 日打响的伊拉克战争中，中国网络新媒体全面出击，继续表现出与传统媒体一比高低的勇气。在非典疫情报道上，抑或在奥运会的报道中，网络新媒体让人们认识到了它难以替代的作用。

人们对网络新媒体似乎产生了一种依恋的感情，特别是在大道消息与小道消息传播中，人们对网络新媒体的作用给予了更深的思考。在“孙志刚”事件中，网络新媒体的报道和评论，加速了案件的侦破，扩大了社会影响，促使了一个不合理的制度（《城市流浪乞讨人员收容遣送办法》）的终止。湖南湘潭的“黄静事件”，正是由于网络新媒体的呼吁，才使这个无辜的生命得到公正的对待，使司法公证得到更多的关注。有人说“如果没有网络，黄静的案子肯定是另一个样子。更多的团体个人通过网络新媒体加入到社会事务的处理过程中，最终的决策将更加公正”。网络在民意表达与舆论形成方面，发挥的重要作用更是有目共睹。

（三）规模效应阶段

在经历了几年的发展壮大之后，从 2005 年开始，中国网络新媒体跨入规模效应阶段。这一时期，网络新媒体不再是单纯的媒介组织行为，它已经与整个社会的方方面面构成了千丝万缕的联系，网络新媒体的规模效应和扩散功能进一步放大，对社会的影响越来越大。这个阶段有如下几个显著特征：

1.Web 2.0 广泛应用，为网络新媒体加速发展注入了技术力量

Web 2.0 指的是一个利用 Web 的平台，由用户主导而生成的内容互联网产品模式，为了区别传统由网站雇员主导生成的内容而定义为 web 2.0。Web 2.0 的应用可以让人了解到目前万维网正在进行的一种改变——从一系列网站到一个成熟的、为最终用户提供网络应用的服务平台。这种概念的支持者期望 Web

2.0 服务将在很多用途上最终取代桌面计算机应用。Web 2.0 并不是一个技术标准，不过它包含了技术架构及应用软件。它的特点是鼓励作为信息最终利用者通过分享，使得可供分享的资源变得更丰盛；相反的，过去的各种网上分享方式则显得支离破碎。

Web 2.0 模式下的互联网应用具有以下显著特点：

（1）用户分享。在 Web 2.0 模式下，可以不受时间和地域的限制分享各种观点。用户可以得到自己需要的信息也可以发布自己的观点。

（2）信息聚合。信息在网络上不断积累，不会丢失。

（3）以兴趣为聚合点的社群。在 Web2.0 模式下，聚集的是对某个或者某些问题感兴趣的群体，可以说，在无形中已经产生了细分市场。

（4）开放的平台，活跃的用户。平台对于用户来说是开放的，而且用户因为兴趣而保持比较高的忠诚度，他们会积极地参与其中。

Web2.0 最具代表性的应用要数博客了。这种媒介的典型特点是门槛低，点击率高，互动性好，内容广泛。它一经出现立即受到大众的欢迎，发展相当迅速。据《2006 年中国博客调查报告》的数据显示，“截至 2006 年 8 月底，注册博客数量为 3 400 万”。“截至 2008 年 6 月底，中国博客数量已超过 1 亿。”短短三年的时间，博客的数量就翻两三番。之后，升级版的微博大行其道，到 2013 年 2 月 20 日，新浪微博公布数据表明，截至 2012 年 12 月底，新浪微博注册用户已超 5 亿，同比大幅增长 74%，日活跃用户数达到 4 620 万。作为社会化媒体的重要类型，微博已成为继新闻网站、论坛、博客之后，网络舆论生成的主要载体。据不完全统计，仅用一年多时间，全国的微博用户数已突破两亿。当前，微博正以迅猛速度发展成为主流的网络媒体，在推动突发事件、设置公共议题、聚集社会资源、生成公共舆论等方面发挥重要作用。

除了 Web2.0 技术的应用外，我国互联网基础设施的快速铺建和电脑、手机产业的快速发展也为网络新媒体提供了坚实的硬件基础。随着我国经济的持续稳定发展，家庭电脑和手机普及率越来越高，网络技术越来越便捷，使用者的门槛也越来越低，这将不断提高使用者的创造力，促进互动，扩大网络传播的能量，中国网络新媒体的力量将更加强大。另外，媒介组织与分散网民相互作用，使网络新媒体的舆论先锋作用更加突出，甚至在许多方面还超过了传统媒体。

2. 网民规模急剧扩大，为网络新媒体的发展提供了受众基础

据统计，“截至2005年6月30日，中国网民总数突破1亿，达到1.03亿；宽带上网人数首次超过网民的一半，达到5 300万人”。2016年8月3日上午，中国互联网络信息中心（CNNIC）发布了第38次《中国互联网络发展状况统计报告》。该《报告》显示，截至2016年6月，中国网民规模达7.10亿，其中手机网民规模达6.56亿，占比达92.5%。同时，2016年上半年，中国网民人均周上网时长为26.5小时。这意味着，网民每天平均上网接近3.8小时。

根据艾瑞整理CNNIC最新数据显示，截至2015年12月，我国互联网普及率达到50.3%，超过全球平均水平3.9个百分点，超过亚洲平均水平10.1个百分点。

在经常使用的媒体形态中，使用视频类网站、客户端、APP的网络新媒体用户从5年前的24.7%，提高到最近3个月的64.9%；新闻客户端从五年前的15.1%提高到近3月的58.6%；相比之下，纸质报纸、杂志，电视，广播电台等传统媒体的用户使用比例下跌明显；60.8%的网络新媒体用户将微信，微博等社交媒体作为近3个月中获取新闻资讯的主要方式，用户日益养成依赖社交媒体获取信息以及表达诉求的习惯，同时58.9%的用户将手机新闻客户端作为获取新闻资讯的主要方式，42.6%的用户将电视新闻作为获取新闻资讯的主要方式。网络新媒体用户数量飙升，用时大为缩短，网络新媒体正在迅猛崛起。

3. 新媒体跨屏使用行为普遍，多屏互动有较大发展

艾瑞调研数据显示，68.5%的新媒体用户在观看视频的同时“玩手机”，38.5%的新媒体用户选择同时使用笔记本电脑或者台式电脑。看电视时“多任务”现象的普遍存在，在观看视频的同时，互联网用户会用其他设备进行在社交网络交流等行为。艾瑞分析认为，针对电视媒体和视频的多任务现象，相关行业可以创造方式实现多屏互动，比如可以在社交网络上广泛传播，通过互动等方式吸引观众注意力，从而提高媒体的触达率。

网络新媒体的快速发展让人目不暇接，它对社会的影响已经渗透到我们

生活的方方面面。网络新媒体正在成为当今中国的主流媒体，它的社会影响力不断扩大和深化，已经不再局限于新闻传播的效率上，最重要的是在促进社会的透明度、促进民众的参与度等方面产生了全面的积极影响。而且，在民意表达方面，作用更为突出，这种表达不仅是及时的，而且是充分的、全方位的。网络新媒体的巨大社会功能引起了国家机关的密切关注，党中央对加强网络文化建设和管理做出了一系列重要指示，要求网络新媒体紧紧围绕党和国家工作大局，牢牢把握正确舆论导向，认真落实“三贴近”要求，在网上形成了赞和谐、谋发展、盼强大的强大舆论声势。

二、网络新媒体的发展趋势

作为当前发展热点的网络新媒体，如何把握网络新媒体内在发展的规律，关乎着网络新媒体的发展方向，关乎着人们社会生活的方式，更牵动着中国经济的走向。近两年来，网络新媒体的发展呈现出这样几个具体的趋势：“互联网 +”效应显著，网络新媒体的经济引擎作用更为突出；互联网用户普及率达到50%，网络新媒体用户增速放慢；4G取得爆发式增长，促进移动网络应用发展。2014 年底中国 4G 用户总数已接近 1 亿，2015 年用户将有爆发式增长，并将进一步促进移动网络应用的发展；媒介融合提速，传统媒体不断采用新技术；新媒体法治进入常态化和精细化发展阶段。自 2014 年 7 月出台“微信十条”之后，2015 年 2 月网信办出台“昵称十条”（《互联网用户账号名称管理规定》），同年 4 月出台“约谈十条”（《互联网新闻信息服务单位约谈工作规定》），新媒体传播立法在提速，并进入精准化发展阶段；移动金融、移动教育、移动医疗、移动出行等移动行业成为热点。

就人与新媒体的关系而言，如果我们把网络新媒体看作是一种工具，那么人与网络新媒体的关系就是主体与客体的关系，其实质是目的与手段的关系；如果我们把网络新媒体看作是一种环境，那么人与网络新媒体的关系就是人与环境的关系，其实质是适应与被适应的关系。环境与工具的最大差别就在于工具对于主体不具有包围性，主体可以较为容易地摆脱工具；而环境对于主体具有较强的包围性，主体不是随心所欲地可以摆脱环境的。成为环境的网络新媒体其实是作为一种新颖工具的网络新媒体普遍化、日常化的结果，网络亦是新媒体的发展方向和趋势。网络新媒体技术及应用创造了人的新的生存状态、交往空间和发展条件，从而变成一种新的环境。

宏观而论，中国网络新媒体的发展呈现如下八个趋势：

（一）线下和线上的接合是网络新媒体的发展趋势

从网络新媒体出现之初到现在，其获得了很快的发展，具体来说，网络新媒体方面的技术逐渐完善，具有比较丰富的社会文化意义。网络新媒体是传送信息的一种媒体形态，其理论基础是现代信息技术，其现实基础是无线通信网、信息网络和卫星等，信息传送的方式包括无线与有线等。网络新媒体技术在过去很长一段时间获得了迅速的发展，从技术层面的角度来说，网络新媒体获得了前所未有的提高，网络技术的发展推动着网络走向社会化。从社会意义的方面来说，网络新媒体意义更加不能够忽视。根据新媒体现有的发展趋势，网络新媒体将会向以下几个方面发展。

1．IP 化

IP 也就是网络互连协议，“对于计算机系统来说，如果想在互联网中被使用，必须要满足 IP 协议，IP 协议的出现在很大程度上促进了互联网的发展，使其成为在世界范围内最大的计算机通信网络。市场的 IP 化是一个常见的现象，在相同 IP 存在的情况下，数据业务能够达到一致的流通。现实中的很多事实都表明，以 IP 为基础的数据业务的开发是必要的，也是最能够适应社会现实的业务。IPV6 技术的出现与发展将是互联网以后的发展趋势；和前一代的技术相比，IPV6 技术含有很多不可比拟的优点，能够容量更多的地址，运行速度也很快，网络使用起来也比较安全。根据它们现有的发展趋势，走向现代化的数字化生活将是网络新媒体以后发展的方向和趋势。

2．无线化

一般来说，无线网络是脱离了传统传播信号的线材，使用电磁波传输数据的一种网络形式。关于无线数据的传输速率，计算机科学家通过使用一定的方式改善了其传输速率与控制这种数据传输的成本与代价。诸如 WLAN 技术等方面的无线接入技术逐渐得到越来越多的人的注意，比如，已经成为电子终端中必须含有的一部分。能够在很短的时间内将信息传递是无线互联网特有的特点，在这里，即时性是指网络在任何时间和任何地点都能够将情况传给相应的人。正是由于无线与有线网络的结合，才使网络能够流动。鉴于网络的即时性，能够在很短的时间内使跨时空地传递相应的信息成为可能。

3．智能化

这也就是说，网络智能的范围将会扩展到网络的边缘，出现人性化的用户界面，这样的话，服务层与智能层就会出现在网络的边缘，这一方面可以将各种各样的服务提供给用户和社会，另一方面，也能够增强人机间的互动，有利于自然、友好关系的建立。智能化是通过一定的方式将用户终端连接到网络服务器的过程。网络间的整合将拓展“网络化生存”的边界。

“物联网”和“云计算”是互联网智能化的重要应用。网络与交通技术的结合——物联网。简单来说，这种形式的网，是装配有传感器等装备现实中我们遇到的商品上，采用互联网将它们连接，通过特定的程序控制着远程成为可能，通过一定的方式使物与物的通信成为可能。对于物联网来说，将诸如传感器和二维码等装置安装在物体上，无线网络通过接口将它们连接起来，使物体具有智能，使物体和人之间的交流成为可能，也使物体间的对话与沟通成为可能，物联网也就是将物体连接起来的网络。从连接的角度来说，物联网通过应用电子标签连接现实中的物体，通过这种连接，可以准确地为产品进行定位，并能够查出相应的特点。

关于物联网，实体和数字化存在对应着“物”，通过一定的方式可以识别。物的名称、号码和所处位置是识别“物”的重要标志。物联网具有比较强的自我配置能力，是分布在全球各地的基础设施的总称，互操作性与标准的通信协议是其具有自我配置能力必需的一种物质。通过研究动态全球的网络基础设施，我们发现自然界中存在的物体包括虚拟的“物”与物质形式的，都具有自身的身份、属性和虚拟特性，然而这些并没有组成信息网络。从这个角度来说，“物”通过一定的方式参与信息、商业和社会的具体过程中。在以上的过程中，无论是物体间还是物与数据以及环境，都可以根据一定的方式进行沟通与作用为社会提供一定形式的服务。

自从网络新媒体出现以后，客观世界的交换就用了新的方式，这包括企业与个体的关系、商品客体等。从企业与消费者的角度来说，网络向智能化的方向发展，经济发展的方向在很大程度上依赖于主客体的作用方式。网络对人们生活的影响涉及社会的很多方面；经济、交换和交往的形式在一定程度上被改变了，然后将诸如组织层级与个体等社会结构与社会运作模式改变了。在现实中，网络的智能化的提高，在很大程度上依赖于能否很好地整合现实中的互联网与物联网，保证二者进行良好的沟通；智能化是以后网络发展的趋势，而且网络化生存的范围将会比以前更大。

云化成为硬件与软件进行结合的方向：节点的复杂性在很大程度上是由于互联网技术的连续进步导致的，经过一段时间的发展，诸如计算功能等各种智能化的功能将会成为互联网必备的一种功能。在这种情况下，采用什么样的手段充分发挥设备诸如计算等方面的功能，如何采用一定的途径共享信息将是改变计算方式需要解决的第一个难关。可是，计算方式具有无限的发展空间。云计算的概念是谷歌在2007年首次提出来的。云计算是在分布式处理、并行处理与网格计算的基础上发展而来的，按照这种观点，网络成为一团可以进行计算与存储的“云”。现实中的智能终端将请求发送到“云”，通过云的处理与计算，就可以得出相应的结果，然后再通过一定的方式将结果传给网络终端。

在云计算中，存在着一个具有很高安全性的存储数据的中心。鉴于“云”的稳定性，不会出现系统崩溃，也就不会导致信息丢失，这种现象的主要原因是计算机的技术汇集在这朵“云”上。和其他计算方式相比，云计算一方面使用起来比较方便，不需要很高级的终端；另一方面也不需要对软硬件进行更新，人们只要将计算请求发出，“云”就会主动进行这些过程。正是由于云计算的出现，互联网具有更加严格的平等性。云计算能够在一定程度上有利于社会的交往，这主要是因为其可以将不同的信息传送给不同需要的人。在这个过程中，社会交往也借助云计算得到一定程度上的促进。从某种程度上来说，云计算能够在很大程度上降低网络终端的成本与代价，这主要是因为“云”能够对信息进行储存与加工。

4．融合化

社会生活与文化在很大程度上受到媒体融合与产业融合的影响。从信息产业的趋势的角度来说，互联网将来会和有线电视网与电信网进行更为紧密和深层次的融合。“三网融合”具有丰富的内容，具体来说，要在诸如技术、业务和终端方面进行融合。目前，高层业务应用方面的融合是“三网融合”的发展趋势，技术越来越一致是这种趋势的具体体现、这种情况的出现，一方面可以使网络层进行很好的连通，出现无缝覆盖，导致结合比较好的业务层的出现，从应用层的角度来说，统一的正协议是以后发展的重点；另一方面，也能够促进良好竞争与合作局面的形成，使人们能够享受多样化的服务。根据现有的情况和以后的发展趋势，“三网融合”能够在很大程度上改变信息文化产业，导致网络新媒体间以及传统媒体间融合环境的形成，进而在很大程度上改变人认知社会和文化的过程及方式。

（二）网络世界是现实世界的延伸

网络世界通过一定的方式延伸着现实世界，它不是对于现实世界倒置式的反动，也不是对于现实世界包办式的取代，它也不仅是现实世界的镜子，而是对于现实世界的延续和伸展。马克思主义哲学所讲的“现实”主要指的是“现实的人”和“现实社会”。因此，“网络是现实的延伸”这一命题也可以分解为两个子命题：一是“网络是现实的人的延伸”；二是“网络是现实社会的延伸”。

1．网络是现实的人的延伸

“网络是现实的人的延伸”这一命题的两个渊源，一个是马克思关于“工具是人的延伸”的思想，另一个是麦克卢汉关于“媒介是人的延伸”这一思想。

马克思指出：“自然界没有造出任何机器，没有造出机车、铁路、电报、自动走锭精纺机，等等。它们是人的产业劳动的产物，是转化为人的意志驾驭自然界的器官或说在自然界实现人的意志的器官的自然物质。它们是人的手创造出来的人脑的器官；是对象化的知识力量。”这个思想的实质是：工具是人的本质力量的对象化。而这种对象化又反过来增强了人的本质力量。的确，人类所创造的各种工具都起着辅助人体的作用。比如，为了延伸四肢，人们发明了杠杆与起重机；为了延伸眼睛，人们发明了诸如显微镜与望远镜；为了延伸耳朵，人们发明了录音机与助听器；话筒、音响等是嘴巴的延伸；等等。“工具是人的延伸”这一思想具体到网络而言就是：网络是现实的人的延伸。原因就在于网络也是人类的一种工具。

根据麦克卢汉的观点，它延伸人的功能，人们创造了媒介。麦克卢汉认为，当机械出现的时候，人们的身体获得了空间的延伸。现在，电子技术在过去的一个世纪获得了长足的发展，它延伸人的中枢神经系统，使最大程度地了解地球成为可能。在以上技术的发展和成熟以后，行星上已经不存在时间与空间方面的差异。在以上步骤完成后，使用技术来对意识进行模拟是人类自身延伸的最后阶段。现在综述这个阶段的具体情况，通过合适的方式人们的创造性会在一定程度上被延伸，导致人类社会都具有这种情况，这和前几个阶段的延伸是相同的道理。人的意识的延伸在现实生活中具有很多实例，比如刊登广告就可以说是在延伸人们的宣传能力。它究竟是不是一件“好事”——这个问题是容许做出一个宽泛的解答的。

综上所述，现实世界的人格在网络世界中得到延伸；现实世界的心理在网络世界中得到了延伸。网络世界的复杂性与矛盾性在很大程度上是由现实的人的具体情况导致的。

2. 网络是现实社会的延伸

根据马克思的观点，社会关系的总和是人的本质，这远远超出了单个人的抽象物的范围。所以，根据网络延伸了现实的人推断出网络同样延伸了现实社会。该命题表明：网络是从现实社会发展而来的，其出现是为了弥补现实社会的不足，并通过一定的方式结合着现实社会，网络在很大程度上发展了现实世界，但是并没有替代现实社会。

网络延伸的是现实社会而不是其他。网络世界可以通过一定的方式反映现实社会的现象，无论是好的还是不好的；在现实社会中，诸如经济关系、政治关系、文化关系和日常生活关系等各种关系等都会反映在网络世界中；现实社会中的各种现象、各种问题和各种矛盾都会通过各种各样的方式体现在网络中。“互联网只是现实社会的一个反照，它不是同这个现实社会相隔绝的，并不真是所谓的虚拟世界，互联网，就其本质来说就是社会本身。”此外，网络是对于现实社会的延伸而不是复制。网络与现实社会总是会存在着一定程度的差别，网络相对于现实社会总是会具有自己的某些独特之处。网络与现实社会之间是连续的而不是断裂的，虚拟世界离不开现实世界，并通过一定的方式作用于现实世界。虚拟世界作为和现实世界交织互动的新型社会形态和社会生活，只能对现实世界和社会生活产生“重塑与再造”的作用。现实世界中各种社会现象似乎都会在虚拟世界发生作用，使虚拟世界的各个方面都打上现实世界的烙印。

综上，网络的本源在于现实社会，不仅是网络新媒体生成的人们活动的模拟场景，而且还是反映现实社会生活的一个新领域，从社会场域的角度来说，网络和现实社会是相互联系的，虚拟社会离不开现实社会，二者相互对立，并且相互统一。在这样的形势下，网络实践将人们的生存方式在很大程度上改变了，不仅仅体现在虚拟的层面上，另外，人们间的交往关系、社会的话语体系等方面也都会发生程度不同的改变。

（三）虚拟与现实：并存互融、共生互补

网络空间毕竟是在现实社会的基础上发展起来的，网上与网下之间必然有着相通和联系。虽然网络空间有分权和平权的技术要求，但人们在虚拟身份与现实身份的虚实互动中，似乎并不能彻底抹掉现实身份的资源配置的限制，在打破现实生活的阶层划分模式，重塑一种新的社会权力结构模式的过程中，有可能反过来影响社会等级秩序，这就为我们分析虚实互动条件下社会权力结构的变化带来复杂性，同时也使改变主客体关系更加烦琐。在任何时候，信息的引导与被引导都会出现，并且在一定程度上会受到权力主客体关系的影响。但两者的差异是明显的，在现实社会中，各种主客体关系受到的是权力和权力主客体关系的强制约；而在网络空间，由于“去中心权力”、人们交往方式的

重要变化，使得知识和信息的影响作用突出出来。正是由于存在这种网上与网下的不可绝对分离的联系，同时又有着重要的甚至是原则性的差异，从而建构起来一个包括网络世界和现实世界的新型网络社会，相应地形成的是主客体关系虚实之间的一种张力。

冯务中在《网络环境下的虚实和谐》一书中，深入阐述“网络虚实二重性理论”。他认为，马克思主义语境中的“现实”是指现实的人、现实社会或现实生活；虚拟并不能代表事物的存在形式，它只是人性的一面。网络世界具有复杂性和矛盾性，一方面肯定具有虚拟性，另一方面现实性也是网络世界的一个不可缺少的特性。网络世界的基本矛盾正是现实性和虚拟性的矛盾，这一矛盾渗透和贯穿于网络世界的所有现象和矛盾之中。从维度的角度来说，网络世界含有技术、社会与人文三个方面的特点，现实性和虚拟性都能够体现在以上三重维度中。从哲学的角度来说，现实和虚拟具有同一性、差异性、统一性与对立性等关系，根据以上关系，网络不仅延伸了现实的人，而且也延伸了现实社会。另外，虚拟与现实的关系也比较复杂，在某些情况下出现强性关系，在另外一种情况下出现弱性关系，有时候是良性关系，有时候是恶性关系。

1．网络空间是社会建构的结果，主客体关系受到现实世界的制约

一对一的交互是现实社会中人们交互关系的一种，从某个角度来说，每个人都具有一个和不难确定的身份；然而，网络空间具有与上述不同的情况，二进制数字是所有信息存在与传输的主要方式，信息数字化使人们具有了多重的身份。可是，以身份阶层为基础的分化仍然存在于网络空间中，但是，出现的形式是新的网络身份。个人创造的虚拟身份是网络空间出现阶层分化的基础，这和现实社会的情况是不同的。我们按照自己的想法对“实际”进行创造，这些围着我们移动的“实体”事实上并不真实。

也就是说，网上空间是“形而上学实验室”“符号的宇宙”，是现实世界的框架体系的影射，是真实现实中选择出来的“因素”有机处理的结果，网络空间是有其现实世界的“原型”的。

2．网上虚拟世界影响现实世界

网络世界呈现一种科技螺旋合并市场螺旋的动态的双螺旋构造。其中科

技螺旋的形成依赖于网络空间，受控于使用者对于科技工具前所未有的渐增依赖性。即，网络空间中在复杂性渐增的软硬件上具有专门知识的人，需要不断地为那些拥有较低能力理解这些工具本质的多数人，花更大的技术心力去建构更快捷简易的工具，因为这些工具是这些个体用来创造虚拟生活与社会所必需的，这就导致网络空间权力最终方向是朝向渐增的精英控制，而这些精英是在网络权力与个人对网络空间架构渐少的控制中被赋予权力，在这个意义上，人们借助于知识和专家的帮助而获得网络空间的新自由。同时，又受到了知识、专家为基础的网络精英的统治，这成为一种持续的竞争，一种在最大限度获得个体自由与拥有空前权力的网络精英之间的张力。这从某个角度来说是出现在虚拟世界中，而且还对现实世界产生一定的影响，这主要是因为现实世界和虚拟世界是有关系的。

对于处于网络社会的主客体，无论是什么形式的，一方面某些信息会引导这些行为，另一方面现实权力也会限制它们，唯一不同的是网上更加侧重于软权力的作用。在现实社会中，硬权力得到了重视和凸显。现实社会与虚拟社会并非是截然无关的，而是发生着虚实相互制约、相互作用的。而且这种虚实互动具有自身特点。例如，当现实的人参与到网络空间，并试图对于网上施加信息影响时，他真正成为主体是有条件的，这就是要得到他者的响应，得到他者的追随。而且，他的主体身份也不可能是绝对的，他要实现对他者的引导，往往需要倾听对象客体的诉说，进而可能要采纳对象客体的意见，因此，本来作为主体的引导方面，在一定的意义上成为倾听的接受方面，即主体部分的客体化。

3．网络文化与现实文化的交融与互动

社会的经济与政治可以通过文化来反映，并且能够通过某种方式作用于社会生活；而经济是基础，政治则是经济的集中表现。按照某种标准，工业化能够在纵向的方向促进人类社会的发展，全球化能够在横向的方向促进人类社会的发展，所以，人类社会各个方向的融合与发展就是网络。但网络文化既是现实政治、经济和文化在网络中的反映和投射，又影响和引领着网络政治和网络经济；它既与现实文化相联系，又表现出不同于现实社会文化的特征，对现实社会产生着重大的影响。

网络文化与现实文化是一种并存互融、共生互补的关系。网络社会和网络文化是现实社会、现实生活的延伸，其包含了社会物质经济生活的方面，现实文化是网络文化产生和发展的基础，它以其强大的物质基础、政治权利、精神传统或明或潜在地，或直接或间接地影响甚至是在左右着网络文化的发展。网络文化虽以其独特性，迥异于现实文化，但与现实文化却具有极密切的内在联系。网络的虚拟不是凭空的幻想，不是虚无缥缈的虚拟，它来源于社会现实生活中的文化。

（四）新媒体用户付费习惯逐步养成

艾瑞调研数据显示，33.8% 的新媒体用户已经产生过对新媒体内容的付费行为，还有 15.6% 的用户有进行付费的意愿但是还没有进行付费的行为，50.6% 的新媒体用户不愿意也不打算为新媒体内容付费，而在 2014 年的调研数据中，有 69.7% 的用户不愿意为新媒体付费。

艾瑞分析认为，由于网民传统免费观看和阅读习惯及我国知识产权意识相对薄弱，我国网民对除游戏产品外的互联网产品的付费意愿一直不高。如今，有近半用户已产生付费行为或打算付费，这说明对新媒体用户付费获得优质内容的用户教育已经初见成效，尚需营销契机或者付费过程简化来吸引有相当数量消费意愿但尚未完成消费的新媒体用户。

（五）用户对于移动端的依赖进一步加强

2015 年中国智能手机保有量达到 9.5 亿台，同比保持 21.8% 的增长率。艾瑞分析认为，智能手机保有量的不断扩大，主要因为以下两点：一是智能机性价比不断提升，千元智能机均可以提供较完善的应用体验，大屏化、高性价比的国产智能机向三四线城市迅速渗透；二是智能终端本身的快速迭代，使得智能终端拥有更高速的处理能力，更大的存储空间，以及更完善的操作系统，不断推出的性能更加优越的产品，吸引用户更新换代自己的手机。

移动互联网经过多年发展已经进入相对成熟阶段，移动网民增速远超过整体网民增速，中国整体网民的增长已经由PC网民增长转移到移动网民的增长。相对于无法实时随身携带的个人电脑，用户对于移动端依赖性越来越高。根据艾瑞网民行为监测系统iUser Tracker以及移动网民行为监测系统mUser Tracker的监测数据显示，移动端月度有效浏览时间超过PC端使用时长的2倍。当前PC端使用时长已趋平稳，移动端则仍在以较高速度增长，未来网民对移动端的依赖还将进一步加强。

来源：1.PC端数据来自iUser Tracker家庭办公版，2016.3，基于对40万名家庭及办公(不含公共上网地点)样本网络行为的长期监测数据获得。2.移动端数据来自mUser Tracker，2016.3，基于对15万名iOS和Android系统的智能终端用户使用行为长期监测获得。

（六）社交媒体、新闻客户端成为日益重要的资讯通道

艾瑞调研数据显示，60.8%的新媒体用户将微信、微博等社交媒体作为近3个月中获取新闻资讯的主要方式，用户日益养成依赖社交媒体获取信息以及表达诉求的习惯，同时58.9%的用户将手机新闻客户端作为获取新闻资讯的主要方式，42.6%的用户将电视新闻作为获取新闻资讯的主要方式。艾瑞分析认为，相比传统的单向传播媒体，社交网络信息碎片化、海量化、速度快、互动强，适合资讯的流通。此外，传统观念影响下社交媒体的强关系互动加强了这些平台资讯的信度，使得社交媒体成为重要资讯通道。

（七）网络新媒体舆论先锋作用日益增强

1. 增强了舆论的互动性

由于新媒体的传播途径具有鲜明的非线性特征，因此，信息的发布和传送既可以异步实现，也可以同步实现，这极大地增强了信息传递的互动性。所有民众又可以运用新媒体发表自己的看法、表明自己的态度，或与信息发布者讨论、探究。可见，相较于传统媒体，新媒体更容易引起社会的关注，从而形成社会舆论，对相关人物或事件形成压力，进而达到监督目的。

2. 提高了信息的时效性

当今社会的信息传播和社会舆论已经离不开网络新媒体的参与和影响，

我国社会已进入网络新媒体时代，而时效性则是网络新媒体的首要特征。网络新媒体凭借其极快的信息传递速度，将信息和思想以最直观、最迅速、最有效、最形象的方式传播到世界各地。因此，当社会舆论与网络新媒体联系在一起时，其信息传递速度就得到明显提升，时效性更加明显。例如我国政府首家微博开通后，《人民日报》就及时地肯定了其功能："现场直播不应该只局限于电视中，身处突发事件现场的人都可以充当记者，这样才能在事件发生时抢占主动权。"可见，网络新媒体时代新闻事件可以与社会舆论同步发生，这无疑打破了时空限制，增强了舆论的时效性。

3. 推动了信息传递的大众化

著名的传播学研究者卢因曾提出媒体的"把关人"功能，即是指信息的传播过程中要接受数层筛选和过滤。传统媒体正是这样层层把关，其观点、意见才一直被视为权威性信息。然而它更多的是代表经济利益集团或社会精英阶层的利益。网络新媒体以其开放性和平等性极大地改变了信息传递方式，为民众提供了一个更为广阔和自由的交流平台。民众不再只是信息的接受者，还可以主动地提出观点、发布信息，这使得民众的参与度得到极大提升，社会舆论监督也空前增强。可见，在网络新媒体影响下，信息传递更加大众化。

有人博客中说："每个人都是一羽话语蝴蝶，同频共振即可掀起舆论风暴。而网络给了每个人一只麦克风，每个人都可以成为记者、作家、新闻发言人，蝴蝶又有了麦克风，更容易形成话语声浪、文化波涛。"网络新媒体的这种舆论先锋作用在一系列的社会公共事件中尤为突出。如在"最牛钉子户"事件、厦门 PX 事件、山西黑砖窑事件、躲猫猫、陕西华南虎照片等一连串的事件中，网络新媒体在这些事件的最初呈现、事件发展中的理性辩论和互设议程，到事件的最终合理解决，都发挥了重要的作用。

（八）网络新媒体市场掀起资本大战

随着传统金融行业在互联网方面的投入加大，2015 年移动金融规模将进一步扩大。百度、阿里巴巴、腾讯等互联网巨头向移动教育、移动医疗、移动出版等移动行业加速布局，这些与人们生活紧密相关的移动行业将成为热点；

智能产业进一步兴起。当前互联网巨头和一些风险投资开始涉入可穿戴设备、移动医疗、智能家居、3D打印等智能产业，发展移动智网。2015年，新一代的智能产品将进一步丰富，涉及领域不断扩大；社交应用平台进一步整合，微视频成为网络消费金矿；广告进一步从传统媒体转向网络新媒体；网络新媒体资本市场仍将激战不止。随着网络新媒体向各个行业的扩散，网络新媒体巨头加速向多个行业布局，网络新媒体领域将掀起新一轮资本大战。

本章小结

本章主要对新媒体的概念本质进行了界定，对新媒体的特点与新媒体的传播特征进行了分析，探讨了新媒体形式与传统媒体内容的创新和结合、新媒体的传播模式等问题。新媒体往往能够使高校能够迅速地、及时地、有效地、有针对性地树立和完善自身形象，扩大自己的社会影响。同时，本章还对新媒体环境下的信息传播与管理的诸多特点进行了探讨，分析了新媒体对舆论的影响、新媒体舆论的发展趋势，介绍了在线培训的优势，提出了构建高校在线培训体系要考虑的若干问题，对网络新媒体的发展阶段进行了梳理，对网络新媒体的发展趋势进行了分析。

第二章

高校网络新媒体工作室建设

随着网络新媒体的发展，其开放性、即时性、扁平化等优势逐渐被各高校运用于教育教学、后勤服务和校务公开等具体工作之中。尤其是党委宣传部、学工部、团委、招生就业处等有关职能部门能够积极把握网络思想政治教育工作的主动权，积极鼓励和推动在校学生组建网络新媒体工作室，引导在校学生成为网络文明志愿者，参与学校网络文化建设和管理工作，负责各类高校网络新媒体平台的内容采编和技术维护。

第一节　网络新媒体工作室常设机构与工作制度

一、总　则

（一）组织性质

安徽理工大学共青团新媒体工作室隶属于共青团安徽理工大学委员会，是校团委直属的校级学生组织。

（二）成立目的

进一步整合安徽理工大学共青团网络宣传媒体，建立青年网络宣传立体式互动平台，做好安徽理工大学共青团网宣工作，发挥安徽理工大学共青团网宣队伍在互联网舆论信息收集、舆论引导、团学工作宣传等方面的积极作用，加强安徽理工大学共青团网宣队伍建设的连续性和可持续性。

（三）人员组成

工作室秘书处设在校团委，工作室成员由校、院两级青年网络文明志愿者学生干部组成。

二、工作职责与工作流程

（一）工作职责

1. 围绕突发事件、焦点问题，按照校团委要求，阐释政策措施，引导正确舆论导向；

2. 配合校团委的重点工作部署，组织编发帖文，在互联网上开展正面引导与宣传工作；

3. 做好舆论信息收集工作，将涉及安徽理工大学学生的有关重大网络事件及时上报校团委；

4. 完成校团委交办的其他有关工作。

（二）工作流程

1. 信息发布

涉及校团委重要活动和重点工作的信息，须经相关部门、单位负责人审核通过后报新媒体工作室，并及时提供相关新闻线索和素材，新媒体编辑人员整理并经校团委分管副书记、理论宣传部部长与工作室主任审核后发布。

2. 内容制作

由编委提出，经选题委员会会议通过后，经文案起草，文模定稿，配图制作等流程后形成初稿，经校团委负责老师、工作室主任审核后发布。

3. 活动策划

校团委各部门，二级学院团委、校学生会、社团联合会开展活动或工作过程中，需要策划线上活动时，由相关部门、单位与新媒体工作室确定具体方案，校团委负责老师、工作室主任审核后共同实施。

4. 栏目开设

由校团委各部门、学院团委相关人员或新媒体工作室编辑人员根据工作需要，提出专栏开设需求和具体内容，校团委负责老师、工作室主任审核后实施。

（三）工作人员基本要求

1. 有较强的政治素质、责任意识和文字功底；

2. 热爱网宣工作，熟悉本单位工作情况，善于运用网络语言，熟练操作Myouth、微信、微博等新媒体平台。

三、组织结构

（一）主席团和新媒体工作室

1. 主席团由主任与 2 名副主任、2 名助理构成。主席团非新媒体工作室独立部门。

2. 新媒体工作室主要由四个部门组成，并统筹青年网络文明志愿者队伍。四个部门分别为：办公室、编辑部、技术部、互动部。

3. 主席团全面负责新媒体工作室日常工作，决定人员编制，把握新媒体工作室整体发展方向，树立并维护良好新媒体工作室形象。

4. 主席团定期组织召开新媒体工作室全体成员大会和部长例会，并不定期参加部门例会，监督例会进展，倾听委员意见。

5. 主席团负责与团委负责人沟通学干培训名单，评优评奖名单。评优评奖以考评成绩为依据（详见考评及奖惩制度）。

6. 学期开始和学期末应提前做好计划和总结，确立初步的时间规划。

（二）办公室的职能与发展

1. 负责全校大学生网络文明志愿者队伍的基本信息统计、网宣工作任务分解与年度考核工作；

2. 负责做好工作室值班安排、会议通知、会议记录与人员考勤；

3. 负责做好工作室的活动总结与案例整理；

4. 负责做好工作室各项活动的预算、经费审核以及票据整理。

（三）编辑部的职能与发展

1. 负责校团委官方微博、微信平台的内容采编、文案创作、美工排版工作，确保每次推送的内容积极向上，格式正确，图文并茂，易于传播；

2. 负责团委网站、掌上校园（Myouth）等网络平台的信息发布；

3. 负责向教育部中国大学生在线、中国青年报等网站发布安徽理工大学团学活动信息；

4. 负责《安理工青年》电子版的编制。

（四）技术部的职能与发展

1. 负责掌上校园（Myouth）服务站的建设和全校注册社团的培训与管理；

2. 负责在全校普及推广微信、微博和掌上校园（Myouth）APP 移动应用；

3. 负责开展内部成员之间的技术培训和经验交流活动；

4. 负责各种活动录像的采集、剪辑与音效、视频的后期制作。

（五）互动部的职能与发展

1. 负责组织开展共青团网宣员、大学生网络文明志愿者内部联谊活动；

2. 负责工作室与其他校外社会机构，企、事业单位的联络与合作；

3. 负责策划全校性的线上活动、指导、协助学院团学组织和社团开展新媒体投票、评选等线上活动；

4. 负责协助编辑部策划、创作易于传播、点赞的微博和微信文章。

（六）大学生网络文明志愿者服务团

新媒体工作室主任可兼任大学生网络文明志愿者服务团主席。各二级学院网络文明志愿者服务团支部设主席一名，副主席若干名，主席和副主席原则上由本院正式或预备党员出任，委员均应由本院学生担任。主席一般要求为专职，未兼任学校其他学生干部职务，特别优秀者除外。各支部委员总数要求不低于学院学生总数的 6%，支部委员可由现有学生干部兼任，亦可另行招募。支部具体组织办法可结合实际确定。

凡安徽理工大学在读本科生，积极拥护党的领导，愿意加入组织中任何一个部门并在其中积极工作、执行组织决议的，可以申请加入本组织。

四、组织成员的权利与义务

（一）组织成员的义务

1. 努力学习马克思列宁主义、毛泽东思想、邓小平理论、“三个代表”重要思想、科学发展观和“四个全面”，学习团的基本知识，学习科学、文化、法律和业务知识，不断提高为人民服务的本领；

2. 宣传、执行党的基本路线和各项方针政策，积极参加改革开放和社会主义现代化建设，努力完成团组织交给的任务，在学习、劳动、工作及其他社会活动中起模范作用；

3. 自觉遵守国家的法律法规和团的纪律，执行团的决议，发挥社会主义新风尚，实践社会主义荣辱观，提倡共产主义道德，维护国家和人民的利益，为保护国家财产和人民群众的安全挺身而出，英勇斗争；

4. 接受国防教育，增强国防意识，积极履行保卫祖国的义务；

5. 虚心向人民群众学习，热心帮助青年进步，及时反映青年的意见和要求；

6. 开展批评和自我批评，勇于改正缺点和错误，自觉维护团结。

（二）组织成员的权利

1. 参加组织的有关会议和组织开展的各类活动，接受组织的教育和培训；

2. 在组织内有选举权、被选举权和表决权；

3. 在组织的会议和媒体上，参加关于组织的工作和青年关心的问题的讨论，对组织的工作提出建议，监督、批评组织的领导机关和组织的工作人员；

4. 对于组织的决议如有不同意见，在坚决执行的前提下，可以保留，并且可以向组织的上级提出；

5. 参加组织讨论对自己处分的会议，并且可以申辩，其他成员可以为其做证和辩护；

6. 向组织的任何一级直至校团委提出请求、申诉和控告，并要求有关组织给以负责的答复；

7. 组织的任何一级或个人都无权剥夺成员的权利。

（三）接受成员的手续

1. 完整填写报名表；

2. 参加组织安排的笔试及面试，由面试官提交意见；

3. 主席团根据面试意见，结合笔试情况，做出最后意见；

4. 最终主席团通过者即成为组织成员。

（四）承诺制度

组织成员在通过主席团认可成为正式成员前，需签署一份承诺书，签署完成后即成为正式成员。有违背承诺书的，除本条例规定事项外，皆给予警告处分。一般情况下，承诺书有效期为一年。

（五）退出制度

组织成员有退出组织的自由，在承诺书期满后，若不想继续留在组织，可自行退出。若承诺书有效期间成员要求退出组织，则应向主席团递交书面报告，由主席团大会决定除名，并做好备案工作，由于涉及违约，故需在网上公示，但倘若考评成绩高于85分，可考虑免去公示环节。

（六）会议及活动纪律

1. 目的：严肃开会（活动）纪律，保证会议（活动）高效、有序进行。

2. 适用范围：所有会议（活动）。

3. 责任者：参加会议（活动）的成员及办公室会议记录者。

4. 细则：

（1）到会（场）人员必须按时出席会议（活动），未经准许，不准迟到、缺席、早退。特殊情况需提前向会议（活动）主持者说明请假。若无特殊情况，会议需提早至少30分钟请假，活动需提早至少12小时请假。未按规定请假的一律视作无效请假；

（2）会议迟到30分钟以上者，记作缺席；

（3）到会人员须认真做好会议记录。办公室负责会议的记录在档；

（4）有上级领导参加的重要会议（活动）须关掉手机或调为振动，一般会议须在会议室（活动区域）外接听电话，保持会议（活动）不受其他干扰；

（5）开会（活动）须尽量避免偏激的语言，无谓的争执，更不得有意进行人身攻击；

（6）开会（活动）不准私下交头接耳或做其他与会议（活动）无关的事情；

（7）重要会议若无法出席，请找人代替出席。

（七）请假制度

由于参加组织活动而耽误学校课程的，可自行或委托部长向主席团申请假条。请假流程为：先向任课老师口头请假，参与活动完成后提出申请，经主席团审核无误后打印假条签字盖章，当事人确认假条无误后留下存根，将假条交至任课老师。

本组织假条一律采用印有“安徽理工大学”抬头的纸张，机打盖章，除签字外，其余部分手写无效。假条有效盖章包含两部分——组织公章和主席团意见章，两章齐全假条有效。假条存根由办公室保存，以便核查。假条上有主席团成员相关负责人的联系方式，教师可根据需要进行查实。

组织内部每位成员每学期有两次事（病）假，仅适用于组织内部的会议及活动，不得他用。在两次事（病）假使用完毕后，之后的请假、缺席酌情进行扣分。

（八）考评及奖惩制度

对于在组织内积极工作、起模范带头作用、表现优秀的成员，组织应当给予奖励。

奖励分为：通报表扬，推送至优团优干等校级荣誉的评比。奖励需经过主席团会议批准并在网上公示。

对于不执行组织决议、违反本条例的成员，组织应本着惩前毖后、治病救人的精神，进行批评和帮助，情节严重的，给以纪律处分。

处分分为：警告，严重警告（不得撤销），撤销组织内职务（严重警告附带处罚，针对部长、副部长、主席团），除名。一经处分，必须网上公示。

有任何违反学校校纪校规、违反国家法律条例以及反动行为的成员，一律直接开除，并上报有关组织或司法机关进行处理。

发表作品有剽窃行为的，视情节轻重给予警告或严重警告处分。发表作品含有政治错误的，给予严重警告处分，严重者给予除名并上报。

偷窃或故意损坏组织相关资产的，给予除名处分并上报。

诋毁组织，损害组织名义的（包含伪造组织公章、滥用组织公章，泄露密码等行为），给予除名处分。

虚报假条或伪造假条，给予严重警告处分。

对组织成员的纪律处分，必须经过组织干部大会（主席团及各部长出席）讨论通过。

组织干部擅做主张对组织成员处以处分的，该处分无效，且对该名干部处以严重警告处分附带撤销组织内职务。

组织对成员做出处分决定时，必须严肃慎重，实事求是。组织干部大会在讨论决定对成员的处分时，除特殊情况外，应当通知本人参加，认真听取其意见。决定后如果本人不服，可以提出申诉，组织必须负责处理或迅速转递，不得扣压。

组织内部对各成员进行考核考评。考评的起评分为 80 分，按事项加减相应分值。

对于附录上未提及的款项，若需加减分，可向主席团提出申请，由主席团召开会议后确定。若当事人或其他成员对加减分有异议的，也可提出申请，由主席团组织召开含当事人在内的听证会，再做出最终决定。

当考评成绩降至 60 分时，将给予当事人警告处分；当考评成绩低于 60 分时，将对该成员进行除名。考评成绩每学期总计一次。

得到警告处分后，本学期内该成员不得撤销该处分，至下学期视其表现由主席团决定是否撤销。当累计获得两次（未撤销的）处分时，该成员将被除名。被处分的成员，除质疑、上诉的权利外，在该学期内将失去所有内部权利，包括选举权、被选举权、表决权等。

奖励及选举候选人的确定依据皆为考评成绩。各部门单独推选，除部门内部选举外，当推选人数超过要求或规定的，在网络上发起投票，由部门内成员投票决定。一般情况下，投票开放时间为 24 小时。

对于公示的决定，所有成员都有质疑、上诉的权利。

第二节　高校网络新媒体工作室典型案例

一、共青团郑州大学委员会

郑州大学新媒体的建设是以郑大团委官方微信、微博为主体，网站、QQ群、校信通等平台共同建设的综合媒体体系。郑州大学已在全国团学系统建立起以校团委为枢纽、各基层团委为分支、各班级团支部为骨干节点的信息化联系指挥体系，充分开发新媒体工作资源，畅通信息渠道，以确保工作信息的及时传递、工作队伍的快速反应。

郑州大学团委于2015年9月成立青年传媒中心作为团委宣传工作尤其是新媒体宣传工作的制作执行团队，重点建设以郑州大学团委官方微博及官方微信“郑州大学青年集结号”为引导的微博、微信“双微工程”矩阵。目前青年传媒中心设置了新媒体运营部、采编部、摄影部、视频部、刊物部等五个部门，负责郑州大学新闻工作的采编、摄影、录制以及团委刊物的制作。青年传媒中心自创建以来，立足创新，贴近学生，制作了如《你爱过你的郑大吗？》《毕业季·辅导员用四年写给你的留言册》等多个精品。此外，郑大青年传媒中心被遴选为团中央新媒体运营中心专业工作室，并获河南省十佳优秀校园媒体称号。

郑州大学团委“双微工程”微博平台建设现在已经建成以校—院—班级为体系的比较成熟的微博矩阵，官微“郑州大学青年集结号”，拥有粉丝数为25 039，并获得2015年度全国高校共青团微博年度传播力排行第一名。微博开展的“＃四进四信郑响应＃”话题，转发、评论、点赞达万余次，阅读人数达 50 余万次；“＃我为核心价值观代言＃”话题，阅读人数达 1.9 亿，讨论量达 123.8 万次；“＃三走，走起＃”话题，阅读人数达 952.6 万，讨论量达 2.8 万次。在院系层面，各院系团委、学生会均建有各自的微博官方账号，并保持和学校微博、班级微博的良好互动。在班级层面，各班级团支部也有自己的新浪和腾讯官方微博，据不完全统计，目前全校团学微博账号有 5963 个。

郑州大学团委“双微工程”之微信平台建设目前以“郑州大学青年集结号”“厚德助姐”为龙头，着力打造“美丽河南”“富强河南”“郑州小主”“科普汇”等 20 个特色试点微信平台，53 个院系微信工作平台等构成团学微信工作矩阵，对广大青年全面覆盖、有效引领，打造“指尖上”的共青团。官方微信“郑州大学集结号”，现粉丝量为 41 639，微信立足于郑大青年学生视角，开发制作具有郑元素的“郑青春”系列微作品，现已开设有四进四信郑响应、青年之声・郑大、郑青春等多个微版块，作品制作精良，多次获得团中央学校部转发。此外，郑州大学还建设维权特色微信平台“厚德助姐”，服务对象主要为郑州大学在校生。开设“姐在厚德住”“跟姐赶场儿”“助姐 On The Road”等多个版块。功能设计中至少 40% 的推送内容与郑州大学维权服务密切相关，至少 80% 的内容立足高校，内容形式包括文字、图片、语音、视频等。投诉问题简便，解决问题高效，语言风格活泼，个性定位鲜明，“厚德助姐”这一便民服务类微信平台现已深入人心，在广大同学心中得到认可。

二、共青团武汉大学委员会

新形势下，为增强思想引领工作的主动性和有效性，抢占网络舆论话语权，武汉大学共青团积极强化互联网思维，实现“面对面”和“键对键”的有机结合，组建青年网络文明志愿军工作队伍，推进“青年之声”网络互动社交平台、“网上共青团・武汉大学”专题网页建设，形成了以微信“青春珞珈”为典型的武汉大学团学宣传阵地新品牌，并入选 2015 年度全国高校团属微信百强榜。校学生会和研究生微信平台在全国学联发布的综合影响力榜单排名中保持前列，未来网络影视工作室入选全国学校共青团新媒体运营中心综合类工作室建设单位，打造了一批弘扬主流价值、贴近学生特点、符合传播规律的微电影、微动漫、微制作等团属网络产品，H5作品《论一个团员的自我修养》、微视频《纸飞机捎来美丽的你》、微刊物《畅游——五四学“习”特刊》等得到团中央学校部和湖北团省委官方微信、微博等媒体的关注和转发。

未来网络影视工作室工作计划有如下几点

（1）扩建未来演播室，改善网络影视作品的线下硬件设施，打造在全国具有引领、首推作用的青年学生舆论思想建设阵地。

（2）完善制度建设，开展视频、H5、图像处理等专业技术培训，培训一批适应新媒体时代发展的工作队伍。

（3）加强内容生产，推出了一批弘扬主流价值、贴近学生特点、符合传播规律的网络新媒体文化产品。本学年将立足武汉大学马克思主义思想政治教育学科的优势和特色，重点开发“青马工程”系列微课程：以时政热点为脉络、以“青马工程”理论体系为主要内容，以青年喜闻乐见的形式，录制每期时长15分钟左右的微课程，3年内每年推出5集左右，逐渐形成体系。还将推出“一周新鲜事”“未来鲜榨汁”等新闻类，“未来会客厅”“校园大咖秀”等访谈类和“珞珈青年说”“进击的武大人”等综艺类节目。

（4）整合校园媒体资源，继续举行第二届“青春微畅想”网络原创作品大赛和武汉大学新媒体发展论坛等大型活动，激发师生原创能力，交流新媒体产品制作经验。

三、共青团福建师范大学委员会

2011年，福建师范大学共青团开创性提出“五微五阵地”新媒体育人工作的设想。共青团巧做匠人，将一颗向日葵种子悄然播撒于星雨湖畔。以奋斗为阳光，以耕耘为雨露，“福师大小葵”沐浴共青团人的心血与期许破土而出。疏疏茎叶，曳曳花瓣，向着光明颔首而立，恰似共青团之光芒，启叩青年向善向上的心扉，引领学子知微知彰的前路。

在福建师范大学党委和团省委的指导下，师大团委经过充分调研论证，2011 年上半年开始试水在团学组织中建立微博，2011 年下半年正式提出“五微五阵地”的工作思路，“五微”即微协会、微活动、微服务、微论坛、微文化；“五阵地”即努力将团学组织微博建设成为思想引领的新阵地，成长服务的新阵地，组织动员的新阵地，答疑解惑的新阵地，工作创新的新阵地。倡导学校、学院、年级、班级、社团五个层级建设了 200 多个团学组织微博，架设了团组织与广大青年学生之间扁平化、快捷、精准的交流沟通平台，建立了网络化、矩阵式的微博体系和信息化工作机制，推进思想政治教育网上、网下“两线作战、联动并进”的整体转型，有效形成了正面思想引领的整体规模效应，受得新闻媒体的密切关注和主管部门的积极推广。

1. 建立全覆盖的团学组织微博体系——有数量才能有能量

微博之所以“微”力无边，在于它的聚集效应。师大团委在学校、学院、年级、班级、社团五个层级学生组织推动建设 200 多个组织微博，覆盖全校 6 大校级学生组织，27 个学院团委、学生会，108 个年级团总支、学生会，1 111 个团支部，260 个学生社团，构建各级团学组织相互捆绑、信息共享、各具特色、优势互补的微博体系，形成整体的规模效应和影响力。以福建师范大学学生会微博为例，一年来，校学生会发布微博 5 166 条，收到“福建师范大学学生会”61 408 条，对各类校园热点事件评论 2 320 条，拥有粉丝 8 729 个。

2. 建立健全多层次的管理体系——有规范才能有发展

师大团委注重组织微博的规范性管理和指导，从微博内容、栏目、运行机制等方面加强建设，使之成为交流工作信息、开展线上活动、展示工作成绩、提供成长服务的空间和平台。主要表现为：重视微博内容的选择与把关，专人审定发布内容，把握积极正面的导向，为青年学生提供健康有益、丰富多彩、方便学习工作生活的信息内容，使微博成为传播积极健康向上信息和文明理性表达意见的新平台。实行微博分级管理责任制。安排专人专管，明确微博信息发布责任，加强微博信息监督和网络舆情监测，及时发现问题，有效处置，防止负面信息扩散。微博舆情监控信息员队伍对网上谣言、不实传言迅速研判，准确把握，快速应对，及时澄清。

3. 建设业务精干的管理队伍——有专业才能有保障

微博建立之初，师大团委选拔一批政治素质过硬、运用新媒体能力强的学生干部、校微博协会成员组成微博管理队伍，敦聘学校有关职能部门负责人，传播学、法学等相关领域专家，微博运营商等担任顾问。顾问团成员对微博管理员进行微博营销、微博定位、内容筛选、语言运用等必要的业务培训，并在微博“第一线”与学生“面对面”，加强了学校各职能部门与学生之间的直接联系，既有效将学校权威信息发布给广大同学，又及时倾听同学们的心声，帮助同学们解决实际困难。以校学生会为例，校学生会建立了服务站督办人员——值班部长——值班主席团成员——校园机关部处对接顾问，这样的一条线诉求处理渠道。每天及时解决广大同学在微博上反映的问题，值班过后要写值班日志，记录、跟踪、反馈校园热点问题。

4. 科学设计网上网下活动——有载体才能有活力

微博的建设，将团学工作的触角极大延伸。师大团委加强网上、网下的活动设计，依托新媒体平台，开展富有思想内涵、融合时尚元素、学生喜闻乐见的各类活动，努力推动团的思想引领工作影响青年、凝聚青年、服务青年。福建师范大学“团支部立项评选”、微博读书节等活动，采用微博投票的方式，为活动聚敛了人气，扩大了影响；福建师范大学“第一届我最喜爱的好老师”评选活动，学生评论转发达5000多条，增加了互动性；“书记早餐会”“校长面对面”等活动，通过微博报名、微博提问、微博直播等方式，使微博成为倾听学生心声，了解学生动态，引导学生参与学校民主管理民主建设的平台。网上的活动打破时空的界限，网下的活动激发了参与的热情，网上网下联动并进，扩大了活动的覆盖面与影响力。

5. 建立“小葵新媒体工作室”——有团队才能有未来

2015年，学校共青团结合微博、微信、QQ空间等新媒体形式全方位打造学校网络文化，建立了“小葵新媒体工作室”。工作室下设部门主要有：微博部、微信部、微团小站、微视部、技术部、产品开发部、动漫部、通联部等，各部门分工明确，又联动协作，共同完成精神宣传。此外，小葵工作室成员还有学分认证、创客基金、评优评先单列、参加新媒体学习班的独特的成长通道。

四、共青团华东理工大学委员会

华东理工大学不断深入学习贯彻党的十八大和十八届三中、四中全会精神，不断深化社会主义核心价值观宣传教育，牢牢把握意识形态工作的话语权和大学生思想宣传阵地的主动权，不断深化校园文化建设工作内涵，以思想政治教育为核心，以“小花梨”系列校园文化产品为内容，构建了极具特色的网络宣传引导体系，对青年学生进行润物无声地教育和引导。

面对“人人都是通讯社，个个都有麦克风”的新形势，华东理工大学主动走进“微时代”，于 2013 年 3 月 22 日起正式开发运行团学组织“小花梨”微信公众号，不断整合各类信息，为学生打造便捷的掌上服务平台，目前，关注人数已超过 14 000 人，覆盖全学校学生 85% 以上。“小花梨”经过全校师生投票产生，以此为原型，目前已衍生出近 20 组形象、16 个学院标识以及笔记本、便利贴、明信片、文件袋、人偶等一系列文化产品。同时以“小花梨”微信公众号为核心，形成了涵盖校院两级的微信、微博、人人网、BBS、百度贴吧、电子报纸等全媒体格局，实现了对学生的多重覆盖。

在思想宣传方面，华东理工大学以团学组织微信“小花梨”为核心，主要依托团委网站、校园 BBS、团委官方微博、学生组织人人网系列、微博系列、百度贴吧等在内的新媒体宣传体系，以及传统媒体《华东理工青年》《视界》，组织立体化的团属宣传阵地，全方位传播青春正能量，全天候开展思想政治教育工作。在传统节日、重大事件中，“小花梨”一马当先，以学生喜闻乐见的漫画形象和符合青年特点的话语发声，传递正能量，并围绕团中央，团市委重要任务，开展网络宣传动员，构建了面向大学生的网络宣传引导体系。

在微信“小花梨”获得学生广泛认同的基础上，将“小花梨”打造成线下的文化产品申请商标注册保护，发布了 11 类 30 余种周边产品，各院系的学生组织和学生社团也纷纷设计了自己的“小花梨”标识，深受学生喜爱，使其真正成为华理团学组织的形象代言。在思想引领工作中，以“小花梨”为核心的涵盖校院两级的微信、微博、人人网、BBS、百度贴吧、电子报等全媒体的格局，以学生喜闻乐见的漫画形象和符合青年特点的话语体系发声，实现了对全校学生的全覆盖和多重覆盖。

如去年国庆开展的“小花梨带着国旗去旅行”活动，根据90后学生善于使用新媒体的特点，围绕“小花梨”这一深受学生喜爱的新媒体品牌和国庆主题设计线上线下联动的、有意思的、方便参与的活动，通过手绘漫画的形式作为先导，连续推出学生参与的各种照片、文字、语音、小视频等，迅速抓住了同学们的心理，短短几天吸引了10 000余人关注，1 000余人进行互动，他们分别以萌萌的形象、语音及话语表达了对祖国的庆祝之情。

目前，华东理工大学已形成以“小花梨”为核心的校园文化建设体系，并开发系列文化产品成为团学组织的形象代言，以亲民的形象和符合学生特点的话语体系，传递青春正能量，不断深化校园文化建设工作内涵，润物无声、潜移默化地对学生进行思想引领。

五、共青团西安电子科技大学委员会

西安电子科技大学共青团网络新媒体西电青年融媒体中心成立于2014年9月，是隶属于共青团西安电子科技大学委员会指导的校级学生组织。

两年来，西电青年融媒体中心依托CIPP模型建立的媒体融合评价指标体系实现了信息的“一次采集、多种生成、多元传播”，形成了由“西电学生报社”“pod影音工作室”“cc视觉工作室”“西电青年新媒体”“西电Myouth工作站”构成的融媒矩阵（中心厨房）。活跃度、覆盖面、传播力等综合影响力指标稳居全国高校共青团系统一流，获批成为团中央学校部首批重点建设的特色网络文化工作室（全国30个）。西电学生报社的原创评论文章获得首届全国高校网络宣传思想教育优秀作品三等奖，“pod影音工作室”原创微电影《寄给266号的梦想》获得了CCTVNEWS与华商影像的宣传以及编剧俞白眉、台湾导演林书宇的认可与指点，截至目前网络点击量达到50余万。“cc

视觉工作室”致力于UI设计，完成了“颜控APP”“爱找APP”以及“易乎校园”“影视圈”影视众筹平台等的UI设计，截至目前制作的项目路演PPT帮助公司累计获得风投超过3 000万元。“西电青年新媒体”中的“西电青年”微信公众号，在2015年度全国高校共青团微信传播力排行榜中排名第二，在2016年获得首届全国高校优秀网络栏目奖（全国30个）。“西电Myouth工作站”获得团中央2015年“掌上校园”优秀试点单位称号，其中多个活动入选Myouth经典案例集，依托Myouth平台开展的马列学习活动更是得到了团中央学校部微信和陕西省教育厅网站的报道。同时在团中央学校部发布的MCI排行榜中多次位于全国首位，始终保持全国前十，媒体融合工作取得了初步成效，提出高校共青团工作网络化转型的具体对策——即结合CIPP模型的评价原理和指标原则，构建出适合高校共青团媒体融合的评估体系。（《基于CIPP模型的高校共青团媒体融合的实践探索》获得2015年度全国高校共青团研究成果二等奖）

1. 组织结构

改变以前单一的新媒体结构，将西电青年融媒体下设为：运营办公室，西电青年新媒体，微信运营团队，创意文化工作室，QQ运营团队，微博运营团队，大数据及信息化可视实验室，西电Myouth工作站及西电学生报社。

2. 内容设置

以西电原创人物Geek小将及其周边为主，微信平台栏目设置改版为：focus、无“摄”限、壹周“看”、小将秘书台、研“习”小组、大“fun”送、小将榜young、西电大咖秀、时宇碎碎恋、老夏有话说等多个栏目的同时，创建西电青年中央厨房融媒矩阵，致力于建立一个覆盖面广，活跃度高，传播影响力大的媒体平台，尽可能地为西电广大师生服务。

3. 宣传手段

从“青年之伴，伴之青春！”口号出发，以呆萌的吉祥物Geek小将为主，周边衍生栏目及产品为辅助，扩大吸引力，增加关注度。

六、共青团内蒙古医科大学委员会

2012 年 12 月 28 日，内蒙古医科大学整合校内各种传媒途径，以促进大学生德育立体化建设，服务于与数字化生活方式相适应的大学校园文化，成立内蒙古自治区高校首家“大学生文化传媒中心”。大学生传媒中心的成立，是内蒙古医科大学在新形势下开展大学生思想政治教育和宣传教育工作的创新做法。大学生传媒中心集思想引领、文化传播、道德建设等功能于一体，发挥媒体在大学生思想教育、文化传承、舆论导向方面的桥梁和纽带作用。

大学生传媒中心设计了专门徽标，徽标由眼睛、太阳和光芒三部分组成，预示政治立场坚定，是大学生思想政治教育的平台、窗口和媒介。8 个光芒表示大学生成长中需要的八个方面。即智慧、健康、内涵、态度、修养、能力、创新和希望。会徽整体寓意为传媒中心将发挥正面宣传作用，以敏锐的视角传播正义、公平和阳光的正能量元素。

大学生传媒中心包括微 KNOW、蓝野学报社、青年之声、“熠航”网络电台、网络电视台、校园之声广播站六大平台作为内蒙古医科大学大学生校园传媒机构，利用传统媒体和新媒体相结合的模式，充分发挥大学生主观能动性，引领着广大青年学生思想潮流。大学生传媒中心的成立，旨在“以媒体视角关注资讯动态，以传播报道引领校园文化”，在资讯传媒方面，关注新闻动态，宣传学校形象，全方位立体报道校内外重大事件，追踪事实热点焦点话题，为学校营造生机勃勃、富有朝气的校园文化氛围贡献全力。在组织建设方面，以科学化、系统化、组织化的管理运行制度为基础，树立良好的组织形象，坚持“自我教育、自我管理、自我服务”的建设方针，努力将自身建设成为高水平的大学生文化传媒组织。2014 年，为实现校园信息化应用的大普及，内蒙古医科大学投入 2 000 多万元，借助互联网，采用云计算技术，建设了开放的、独具特色的数字化校园基础平台。

微 KNOW 现已通过兔展和易企秀制作过 10 多期 H5 场景秀，历史最高点击量多达 58 000 人次，影响力广，远超内蒙古医科大学在校生人数。同时，平台也在进一步做大数据分析的工作，现已通过麦客 CRM 制作过 6 次短期数据采集和1次长期数据采集。“熠航”网络电台与“网络电视台”开创原创视频及音乐节目，独立策划制作视频35期，发布原创音频120期，将内蒙古医科大学传统纸媒和新媒体结合，定期发布原创写作。现有3个独立的文化工作室，每年学校划拨专项经费支持大学生文化传媒中心开展工作。大学生传媒中心成立以来，作为内蒙古医科大学学生组织的一部分，参与学生300多人，为全校14 000余名青年学生提供服务，是学校三个校区重要的新闻传播平台、是学校大学生思想引领的全新载体、是青年学生展示风采、舆情反馈的重要途径。

内蒙古医科大学大学生传媒中心由学校党委宣传部和团委共同指导，由大学生自我管理和操作。中心现有微KNOW、网络电视台、“熠航”网络电台、学生通讯社、蓝野学报社、青年先锋网、青年之声等部门。

（一）微KNOW

微KNOW——“内医大青年家园”微信关注人数已经达到14 000多人，已经覆盖全校师生，承担着学校各部门活动的新闻照片和视频的拍摄与报道。制作的H5场景秀历史最高点击量多达58000人次，深受广大师生欢迎。同时，也在进一步做大数据分析的工作。

（二）网络电视台

网络电视台于2012年10月15日成立，现已开播内医大新闻、专题报道、人物专访、校长访谈、校园微电影和公共课等节目。同时协助学校党委宣传部对重大活动的新闻照片和视频进行拍摄、录制与报道，协助建立和管理全校新闻图片和视听资料。

（三）“熠航”网络电台

2012年10月，“熠航”网络电台成立，它是全自治区首个大学生网络电台。作为首个大学生网络音频作品推广团队，成功登录豆瓣音乐人小站。充分利用土豆网、新浪网、腾讯网、酷我音乐、虾米音乐等国内主流音乐网络媒体，成为“熠航”网络电台网络推广和作品发布平台。先后完成采编“中国梦我的梦”——内蒙古医科大学教职工、大学生心中的中国梦、“感动内医”候选人事迹专访、“4·20”芦山雅安地震募捐专题等。拍摄的首部校园情感题材微电影版的歌曲MV《经过》，在网络平台上推广后，发布仅三天，播放率和转播率分别达到6400多人次和3200多人次。

（四）学生通讯社

2008年4月8日，内蒙古医科大学蔚蓝之声电台FM80.0正式开播，标志着校园新闻广播进入一个新的里程。通讯社主要开展校园新闻采集和校园广播。与内蒙古广播电台生活广播频道、呼和浩特市交通广播电台“大学时光”栏目合作开展活动，完成学校多项大型活动的采编工作，多次直播大学生社会实践活动和校园文化活动。通讯社每年定期举办蒙语与汉语主持人大赛，为学校播音主持提供人才，为学校各项活动增光添彩。

（五）蓝野学报社

《蓝野学报》由大学生自主撰稿、编辑，于2006年10月创刊，为月刊，2012年3月成为内蒙古医科大学校报副刊。蓝野学报社充分开创思路，将纸媒与微信平台相结合，创立电子版学报，与纸质版学报同步更新。

（六）青年先锋网、青年之声

青年先锋网现已开通青年服务、舆情分析、红色消息、身边的榜样等栏目，负责报道青年学生校园文化活动和对学生有益的资讯，是为学生构架网上交流、网上互动、信息服务的平台，增强了广大同学的学习、交流与合作机会，起到了向全校大学生进行就业信息、重要通知等信息的传播作用。青年之声目前覆盖学生达到5 000人次，对学生影响力不断提高，专家组建设逐渐壮大，同时将微信平台与青年之声平台整合，实现信息共享，更好地为广大青年提供一个成熟的解答问题的平台。

通过节目和活动，大学生传媒中心主要发挥着四个方面的作用：宣传党的路线方针政策、宣传校内各种典型；顺应时代发展，推进德育立体化工作；

发扬传统，提升大学生文化水平；积极推进校园文化建设，为学生成长营造良好氛围。

未来的日子，内蒙古医科大学大学生文化传媒中心会在求实的基础上，追求创新，在创新的步伐中，力求进步，在进步的实现中，优秀成长。努力把大学生文化传媒中心打造成为全自治区大学生思想政治教育新平台；打造成为全自治区大学生校园文化大品牌；打造成为全自治区大学生自我教育新阵地。

七、共青团安徽理工大学委员会

安徽理工大学共青团网络新媒体工作起步于2011年，发展于2012—2015年，与网络新媒体发展趋势基本保持同步。目前，安徽理工大学共青团网络新媒体工作模式已基本成熟，工作场地、人员、经费等条件有坚实保障，工作实践与理论成果较为丰硕，已发表相关理论论文16篇，编写各类新媒体工作案例（集）5册，撰写调研报告5篇，参编工作手册、专著书稿各1部。部分优秀成果、研究报告已被团中央网络影视中心、安徽团省委和安徽省学联采用，在《中国教育报》《中国青年报》《安徽青年报》等省级以上媒体上进行推广后受到广泛关注。详细情况如下：

2014年4月，安徽理工大学申报的“共青团工作网络新媒体战略转型”获批团中央“学校共青团重点工作创新”试点项目（安徽省唯一的一所入选高校），并成为团中央掌上校园（Myouth）移动新媒体服务平台全国首批创新试点单位；同年9月，成立团中央“掌上校园”（Myouth）服务站。

2014年6月18日，联合安徽理工大学校友、化学工程学院2010届毕业生马力和土木建筑学院2011届毕业生孙自强等人利用两天时间拍摄延时摄影作品《2014安理工延时摄影》，用3 000余张照片凝聚成两分钟视频，投放到网络上后立即在校友和在校师生中引起轰动，被大量转发，好评如潮。

2014年6月20日，配合“全国大学生道德实践成果网络巡礼活动”，教育部中国大学生在线“访谈直播间”邀请安徽理工大学医学院2013级研究生尤佳锋同学作为道德事迹人物与全国网民进行在线交流，讲述他对志愿奉献道德实践的感悟。

2014 年 9 月，配合全国大中学校社会主义核心价值观主题宣传月活动，面向安徽理工大学青年师生开展“寻找最美代言人”暨“我为核心价值观代言”线上活动，先后有 14 个学院的 112 名师生踊跃报名参与了这场生动活泼、形式新颖的代言活动，在微博上亮相，争做社会主义核心价值观的“最美代言人”，经安徽理工大学团委官方微博发布的 15 组“价值观体”微博 10 天内就产生了 37.5 万余人次的阅读量和 865 人次的转评量。

2014 年 11 月至 2015 年 3 月，安徽理工大学新媒体工作案例《新鲜有趣团学活动带动团委新媒体发展——安徽理工大学队伍建设与阵地建设协调推进特色案例》《听“青”声，接地气，安理工任性做“微信”——安徽理工大学打造全面服务型微信阵地》先后被收录到共青团安徽省委编制的《清朗网络·青年力量优秀案例（2014 年）》《安徽共青团网络宣传引导工作优秀案例集（2015 年）》中，向全省团组织宣传推广。

2015 年 2 月，安徽理工大学被团中央学校部和团中央网络影视中心评为 2014 年度“掌上校园”（Myouth）创新试点优秀单位（全国仅 10 所高校），校团委副书记彭晶被授予 2014 年度“掌上校园”（Myouth）创新试点工作优秀个人。

2015 年 3 月起，支持鼓励大学生新媒体网宣工作队伍创办运营“文明安理”“AUST 师兄帮帮忙”“安理秘书”等 20 余个团属校园微信公共平台，组建微信联盟，研发“掌上校园”移动手机 APP。

2015 年 3 月 27 日，“共青团中央”微信公众号“创意案例”栏目收录安徽理工大学团委官方微信平台“文明安理”发布的共青团新媒体工作室招新推文。

2015 年 4 月，团中央书记处第一书记秦宜智在安徽芜湖、合肥召开的安徽共青团新媒体网宣工作两场座谈会上，安徽理工大学团委负责人和 1 名学生代表分别作为高校团组织和大学生网络文明志愿者代表参会，向秦书记汇报安徽理工大学共青团新媒体网宣工作和青年网络文明志愿者行动开展情况、存在的困难及建议。

2015 年 5 月，在安徽理工大学建校 70 周年前后，策划开展“安徽理工大学 70 周岁啦”线上线下网络宣传活动，线上话题总讨论量达 4 000，总阅读量达 80 万。

2016 年 1 月 7 日，《安徽日报》官方微博推送安徽理工大学鸿烈学社负责人、网络新媒体工作室骨干陈正辉同学文言文创作的网络文章《社会主义核心价值观颂》。此前，该文章凭借 7 032 次的总阅读量和 3 275 次的总赞数，入选全国“四进四信”百篇大学生优秀理论成果文章。

2016 年 3 月 21 日，联合安徽理工大学毕业校友创业团队拍摄《安理印象｜老校区 + 新校区｜航拍 + 延时》微视频，用大广角航拍，展示各个校区的全貌，获广泛好评，两个月内视频被点击播放 4.2 万次。

2016 年 4 月，在第二届“向上 • 向善”中国青少年微电影大赛中，安徽理工大学选报的微电影《这个冬天不太冷》从 2 000 多部作品中脱颖而出，入选 90 部优秀微电影，向全国网友展播。

2016 年 5 月，安徽理工大学入选第二批全国高校学生网络文明促进会联盟成员单位。共青团新媒体工作室负责人陆蓉同学受邀赴郑州大学参加全国高校学生网络文明促进会联盟 2016 年年会。

2016 年 6 月，安徽理工大学受邀参加 2016 年全国高校重点网络新媒体负责人培训班，校团委副书记彭晶与校大学生社团联合会副主席宋燕山在培训班期间分享了在爱学号平台上进行新媒体平台运营、实施社团造血计划的经验，与 140 所全国高校重点网络新媒体负责同志共同研讨交流高校新媒体工作的有效经验和创新做法。

2016 年 7 月至今，学校在全国学校共青团新媒体运营中心和团安徽省委学校部的支持下，加紧推进全国高校新媒体省级联盟的组建工作，目前已经确定省级联盟的主席团单位 9 家，吸纳会员近 30 家。

八、共青团湘潭大学委员会

湘潭大学团委网络新媒体工作主要由团委下属的两个校级组织承担，即三翼工作室与湘潭大学青年传媒中心。

（一）三翼工作室

三翼工作室是湘潭大学团委2005年开始建设的主要网络精品文化项目，项目以湘潭大学三翼工作室旗下学生门户网站三翼校园、官方微博“湘潭大学三翼校园”、官方微信“湘潭大学三翼校园”，今日头条号等新媒体为平台，并以校园APP（正在开发）、湘大二手街、湘大文库、查水表等学生学习生活服务平台为基础，打造学生自我创新、自我服务、自我教育的积极健康向上的工作室。三翼工作室的宣传系统一直以传统媒体重深度、新媒体重广度、新媒体与传统媒体相结合的方式运营，建成多方位于一体的大学生互联网传媒平台，充分利用“三微一站一端一平台”的立体化新媒体平台弘扬社会主义核心价值观，依托湘大学科专业支撑，培育专业的网络工作室——翼工坊技术研发工作室。

三翼工作室凭借自身的技术能力，先后承担了中国大学生DV文化艺术节、首届中国大学生孝文化节、湖南省第七届挑战杯课外学术科技作品大赛、湘潭地区首届校园歌手争霸赛等众多各级各类学生活动官方网站的制作运营，并为湘潭大学科技文化艺术节、韶风·名家论坛、“百灵鸟”杯辩论赛、湖南省首届高校辩论赛、“芙蓉学子·榜样力量”网上评选、善行“100”网上报名等活动提供网络技术支持。

10余年来，三翼工作室团队荣获了众多荣誉，三翼校园网2006年被评选为“全国大学生十佳文娱类网站”，2007年获得“最受青少年喜爱的大学校园网站”和“芙蓉学子·突出贡献奖”，2009年荣获“全国十佳校园服务类网站”“人气50强网站”荣誉称号和“芙蓉学子·经济管理之星奖”。2009年三翼校园网旗下“大学生DV网”成为湘潭大学与教育部中国大学生在线共建频道，此外，在2010年的第四届全国百佳校园网站评选中，2012年第五届全国高校百佳网站评选中，三翼校园网同时荣获“最佳视觉效果奖”。

2014年第六届全国高校百佳网站评选中，三翼校园网制作的“中国梦我的梦”荣获“最佳专题奖”，并且四次荣获“全国大学生百佳网站”。湘潭大学三翼校园官方QQ于2009年开通，空间浏览量超过100万。微博于2012年开通，粉丝量超过12 000人，湘潭大学三翼校园官方微信于2013年2月开通。目前订阅用户已超过5万，多次在南方周末数据实验室、新媒体排行榜等榜单中位列中国高校微信排行榜团委榜单的前二十或是湖南省校媒新媒体排行榜前五名。并且三翼工作室与大公报、红网等知名媒体合作提供大量实习岗位。长久以来共青团湘潭大学委员会高度重视三翼工作室的发展，在资金、场地、设备等方面不断投入，目前三翼工作室已经初具规模，工作室有200多名成员，拥有两间办公室，电脑4台，高清录像机1台，单反相机1台，录音设备1套。

1. 原创创作

湘潭大学三翼工作室拥有50余人的信息采编团队，负责三翼校园网、共建频道（大学生DV网）、微信公众平台（湘潭大学三翼校园）、头条号（湘潭大学三翼传媒）、青梅APP的内容运营和建设。这些宣传媒介中90%以上的内容属于原创。

2. 设计方面

湘潭大学三翼工作室拥有12人的美工设计团队，其中大部分来自工业设计、艺术等专业，该团队目前的成果包括：三翼工作室各部门形象设计（手绘），三翼校园网网站设计，湘潭大学新生入学地图设计（手绘）。

3. 音乐创作

湘潭大学三翼工作室拥有自己的录音设备、后期人员以及发布平台目前已有11.6万的播放量。

4. 视频制作

湘潭大学三翼工作室拥有专业录像设备、视频制作人员、视频发布平台：湘大视频窗。

5. 目前已经研发的网络新产品

（1）〈小游戏〉我要逛湘大。概述：基于微信，为入学的新生开发的一个html5的网页小游戏，模拟新生报到流程，在游戏中给予新生来校报到的路线指引，并了解校园。

（2）功能类工具：查水表。概述：利用爬虫抓取学校数据，进行数据整合，提供一个校园内功能比较强大的查询平台。相对于第三方提供的成绩查询，课表查询功能等，我们的查询工具更加安全，微信后台不会保存相关数据，查学分、借书等功能更加本地化，更符合学生们的生活和学习需求。

（3）开发类工具：三翼工作室开发者中心。概述：三翼工作室开发者中心是面向开发者的一个平台，可以让更多的微信运营人员基于这个平台更简单便捷地开发产品，为校园服务，为师生服务。

（4）生活类：湘大二手街。概述：专为微信打造的响应式页面设计。建立湘潭大学周边最受大学生信赖的综合性二手购物平台。极大方便了校内学生们的生活。

（二）湘潭大学青年传媒中心

湘潭大学青年传媒中心是由湘潭大学党委宣传部、湘潭大学网络与信息管理中心、共青团湘潭大学委员会牵头组建的集资讯平台、宣传平台、理论研究平台、团队合作平台为一体的全方位的宣传平台。组织中文全称为“湘潭大学青年传媒中心”，英文全称“The Xiangtan University Youth Media Center”，缩写为“XTUYMC”。以“青年时代，传媒未来”为组织理念，奉行“真实性、时效性、创新性”的准则。

承担湘潭大学青年工作和校园文化的新闻报道、资讯采集检索和成果展示等工作，挖掘学校优秀青年典型，展现青年风采，传递青春正能量，为构建开放、和谐、个性的校园文化贡献自己的力量。

为进一步加强青年传媒中心的业务培训和专业指导，《光明日报》驻湖南记者站站长唐湘岳、《大公报》湖南分社总编辑唐学伟及湘潭大学文学与新闻学院教授、相关单位负责人受聘为指导老师和顾问。

1. 平台建设

（1）建立中青网校园通讯记者站、红网时刻湘潭大学通讯站、大公网湖南频道湘潭大学工作站：为学校青年网络文明志愿者队伍的进一步建设搭建了更好的理论与实践的宣传平台。

（2）建立 Myouth 服务站：湘潭大学是全国首批团中央直属的 50 所高校试点单位，在共青团工作和青年学生需求之间搭建互动与交流的平台。

（3）参与建立全国高校网络文明促进会联盟：湘潭大学同其他 49 所高校参与组建全国高校网络文明促进会联盟，作为联盟理事单位之一，大力推进青年网络文明志愿行动，加强共青团网络工作队伍建设。

（4）稿件媒体平台建设：政府类媒体平台、商业媒体平台和自媒体平台共同发展，申请认证了湖南省教育网、搜狐网等平台 17 个，自此我中心稿件外推平台达 35 个之多。

（5）湘大青年体系建设：在申请认证湘潭大学唯一一个官方认证的 QQ 兴趣部落之后，勇敢创新，申请认证了全国首个高校学生组织 QQ 公众号，在其基础上建立"湘大青年网"，与"青年之声 • 湘大"建设相结合，倾听湘大青年之声，反馈湘大青年诉求。

（6）QQ 智慧校园建设：在湘大青年公众号基础上启动建设跨平台认证、移动互联网化、校园大数据化等多种技术的综合应用平台——"湘潭大学"QQ 智慧校园建设项目；通过探索各种新渠道，专注为全校师生提供最优质的服务。

2. 新媒体资源整合

青年传媒中心暨网络文明促进会整合了湘潭大学 23 个院系团委、9 个校级组织、2 个自媒体创业团队等宣传部门，打造了集资讯、宣传、理论研究、团队合作平台为一体的全方位宣传平台。

加强自媒体与宣传部门之间的联系，规范校园媒体宣传制度，确立符合当下宣传工作的指导方略，提高校园媒体宣传工作效率，促进校园媒体的健康发展。

3. 网络宣传员队伍建设

各二级团组织及其下属学生组织都已上交各院（系）核心网评员相关信息，其中哲学院 6 名网评员，历史系 10 名网评员，商学院 10 名网评员，公共管理学院 14 名网评员，旅游管理学院 11 名网评员，法学•知识产权学院 10 名网评员，文学与新闻学院 10 名网评员，外国语学院 10 名网评员，艺术学院 10 名网评员，数学与计算科学学院 11 名网评员，物理与光电工程学院 12 名网评员，材料科学与工程学院10名网评员，化学学院13名网评员，化工学院13名网评员，机械工程学院10名网评员，信息工程学院12名网评员，土木工程与力学学院10名网评员，兴湘学院10名网评员，国际交流学院10名网评员，环境与资源学院10名网评员。

九、共青团南京大学委员会

南京大学团委始终重视运用新媒体开展工作，自2013年建立“南大青年”微信和微博平台以来，就一直以“青春梦想行动”为理念，发布青年人感兴趣的话题，引领青年声音，传递青春正能量。截至目前，“南大青年”微信已有粉丝数5万人，发布图文消息累计1 500余条，“南京大学团委”微博平台粉丝数1.1万人，已发布信息5 500余条，运用新媒体不断与青年学生互动，扩大团组织影响力。

在团中央宣传部、《南方周末》《中青报》等出品的各类《全国基层团组织微信公号综合影响力排行榜》中，“南大青年”多次取得好成绩，排名榜首，被评为“江苏省新媒体示范工作室”。本学期以来，“南大青年”在原有的用户规模的基础上，不断提升自己的内容质量，在瓶颈期加快创新转型，以原创带动知识产权的保护，不断扩大传播力，提升粉丝黏度。在团队的不懈努力下，微信日均关注人数稳步增加，多条图文消息阅读量破万，得到了粉丝相当多的正面回应。

“南大青年”自发展之初，已经经历了三个不同的发展阶段。形式上从多图文到单图文的改变，其实包含着南青人对自身定位、目标的不断思考。

现在“南大青年”正在做一个不仅服务南大校内师生，也服务包括所有关心关注南大的校友师长、学生家长等各类人群的新媒体，宣传南大朝气，提高南大知名度、美誉度，讲好南大故事。

（一）2013.11—2014.09起步阶段——工作平台、活动平台

第一阶段的“南大青年”，依托活动，是贴近青年的工作平台和活动平台，

努力打造主题活动的聚合空间。

借助校内各种文艺活动、2014南京青奥会的契机，推出了一系列“人物专访”“图集”“图解”，满足了同学们获取信息，获得服务的需求，定位上收获了第一批忠实粉丝。在形式上，由于探索初期，南大青年仍然是微博的微信版本，文字短小精悍，也在不断寻求突破和改变。

（二）2014.09—2015.09发展阶段——多元海量、趣味为主

第二阶段，“南大青年”由单一转向海量多元，从定位着手，力求在内容和形式上都产生突破。这一时期，我们的定位是“大而全，小而精”，努力生产贴近学生生活的内容，建成了以攻略为主的服务体系，包括各类学霸攻略、备考攻略、出游攻略；同时，做好思想引领的工作，开展了包括公祭日“诚祭”、“‘一二·九’青年说”、“微传递·聚能量”系列活动，传递了青春正能量。最重要的是，这一时期，关注南大情怀的故事在校园内外引起了良好的反响，包括南大学子、老师、辅导员、后勤人员、校友的故事；《南大樱花季婚礼》得到了超过6万的阅读量，这些也都得到了南青人的注意，开始向第三个方向转型。

具体做法包括：

（1）剔除与南大无关内容，着眼定位。

（2）策划线上线下活动，暖心辅导员系列，BeforeuGraduate毕业季系列活动。

（3）栏目制基本形成——新叶、聚焦、漫步、资讯、图集。与之配套的选题会制度也成雏形。

（4）院系社团联系征稿制度，扩大稿件来源，增强服务功能。

（三）2015.09—2016.05转型阶段——内容为王、质量取胜

在和指导书记、老师的沟通中，达成了共识“我们不追求点击量，但是用心做好内容，一定不会缺点击量”。第三阶段的南大青年，与优秀的校园媒体频繁交流，讨论经验，向社会成熟运作的媒体学习，围绕校内师生和南大青

年校友，努力完成宣传青年、服务青年、引领青年的使命。

1．宣传青年，创造出了一系列有温度、有热度的人物专访

用网络新媒体的规律传播好正能量是我们肩负的光荣使命。南京大学共青团一直高度重视新媒体引领青年，秉承“引领青年正能量，彰显青春好风采”的理念，全方位、立体化、多角度加强对青少年的正面宣传教育，推出了一批较为成功的人物专访，通过对南京大学校内学霸、优秀校友等进行人物专访，挖掘人物典型特质，形成了一系列优秀的网络文化产品。近 20 篇精品文章在南大青年微信公众平台上发布，阅读量达到 20 万次，点赞达到 3 300 次。有青年网民感慨：“每次看到南青的专访都会感慨自己的不足，读这样正能量的文章，有点豁然开朗的感觉。”

2. 服务青年，内容更加瞄准真实需求

第三阶段，“南大青年”探索了服务青年的更多方式，融合调查性报道、现场报道、图集、深度专访等各类手段，贴近学生真实需求，在各大热点事件中，我们不缺席。如为契合 520 南京大学集体婚礼，我们推出了深度报道和现场图集相结合的报道，得到了近 7 万点击量，刷屏朋友圈；在学生热议校园周边理发店陷阱时，南青走上一线，暗中调查事情真伪，刊发调查性报道《巨涛美发陷阱再调查》，在同学们中引发良好反响，体现了“南大青年”服务学生的价值。

3. 引领青年，形式更加生动活泼

摆脱了一板一眼说引领的方式，“南大青年”在引领青年的思路上做出创新，以青年喜闻乐见的方式，在特定的时间节点发声。如，母亲节刊发《四个南大男生，生娃了》在校园内外引发强烈反响，我们提前组织了四个男生在南京市妇幼保健院，利用先进科技体验母亲分娩过程，并以视频形式呈现，在微博热搜上迅速登顶第一，受到了全国的关注。

随后，推出的多个栏目“匠心”“聚焦”等多篇文章开始关注普通人的不平凡之处；推出了大学的“一百种生活方式”专栏，好评不断。

十、共青团滨州医学院委员会

随着全球化进程的加快和科学技术的发展，以互联网为代表的新媒体已影响到社会各领域。青年大学生作为新媒体的主要使用群体，他们的价值取向、道德观念与行为模式等也深受影响。面对传媒影响力日益增强的新形势，滨州医学院主动站位，积极作为，抢抓新媒体技术为高校思想政治教育提供的新机遇，积极探索运用新媒体开展共青团工作的新载体、新路径，抢占互联网条件下引领和服务青年学生主动权，设立了集学生理想信念与思想教育、能力建设与人格养成、成长服务与事务管理为一体的新媒体服务平台——“E 梦园”。

“E 梦园”的相关工作，得到了《中国青年报》《山东青年报》《大众日报》等媒体的广泛报道。教育部 2015 年第 45 期简报对“E 梦园”平台予以报道，“E 梦园”工作案例获首届山东省高校网络宣传思想教育优秀工作案例一等奖。

“E 梦园”整合了“E 梦园”手机 APP、“滨医青年”微信平台、“青春家园”QQ 工作群、“青年汇”微博群、人人平台群等 7 个校园网络平台。

按照科学规划、稳步推进、扩大覆盖、层级管理的思路，构建起学校、学院、班级、学生会、社团等五线运作、相互捆绑、信息共享、各具特色、优势互补的新媒体平台，以校团委为中心，以团总支（团委）、学生组织、团支部三个版块作为重点，形成整体的规模效应和影响力，架设起全校师生扁平化交流的桥梁。

“E 梦园”实行 613 服务机制，即“60 秒内反应，1 个工作日内处理，3 个工作日内解决”的教育服务保障机制。平台维护员接收利益诉求后，在 60 秒内快速向有关部门信息处理员反映；信息处理员立即提交本部门进行协商处理，在 1 个工作日内解决问题，解决不了的，要在“网下”向利益诉求者解释清楚，实现网上“键对键”交流，网下“面对面”解忧。

自运行以来，“E 梦园”各平台好友、关注量累计 58 647 人，接收各类利益诉求 3 771 件，问题解决率达 98%，最短用时 3 分钟，涵盖学习困惑、宿舍维修、教室管理、膳食服务、失物招领、校园安全、心理咨询等方方面面，同学们把“E 梦园”当作自己校园生活的亲密伙伴，有了苦恼来倾诉，有了困难寻求帮助，有了困惑请求解答，有了想法建言献策。“有事就找 E 梦园”，已成为滨医最深入人心的流行语。

此外，“E梦园”平台推出的“四进四信”宣传视频被团中央“四进四信”APP采用，设置于首页点击播放；全校学生通过新媒体平台踊跃参与“齐鲁‘画’说价值观”微博话题讨论活动，短短三天共计3 000余名团员青年参与话题讨论，微博转发近4 000次，在校园内掀起了以“微评论”“微期待”“微寄语”为主题，表达爱党、爱国心声的热潮。

与此同时，在2015年社会实践活动中，通过“E梦园”平台将实践中所见所闻、所思所为进行事实宣传报道，共发表实践纪实1 200余篇，在微博发起“青春三下乡”“践行八字真经投身四个全面”等微讨论活动，以文字、图片、视频等形式全程记录实践中的青春故事。新媒体平台的互动迅捷性为青年志愿者行动添加吸引力，“滨海天使”“Tim之家”“承光心汇”等学生爱心志愿组织通过新媒体平台打造校园网络爱心“领袖”品牌，发布各类公益活动信息6 000余条，在网络空间里形成了强大的正面舆论导向，进一步提升了团员青年对公益的关注度与参与度。

目前，新媒体已成为学校对青年学子开展思想引领、推动组织建设、促进教育管理、拓宽民主渠道、加强舆论监督、培育校园文化的有利载体。滨州医学院将继续深化摸索，努力促进新媒体建设科学化、使用大众化、管理规范化、反应即速化，使“微”手段迸发出“巨”能量。

十一、共青团淮南师范学院委员会

淮南师范学院团委一直以来高度重视新媒体建设，在平台建设、对外宣传、调查研究等方面做得较为扎实。新形势下的信息工作产生了新要求，团委积极创新应用互联网思维，以搭建新媒体育人阵地为抓手，建立“三位一体”的立体式信息工作格局。主要做了以下尝试：

（一）建队伍，发挥学生干部主要作用

淮南师范学院团委紧紧抓住青年学生思想动态主线，在网络新媒体平台

创新性的进行正面引导，在互联网上显示出团员青年唱响主旋律、弘扬正能量的强大声势。我们以网络文明志愿者队伍、网络信息员队伍、新媒体工作队伍这三支队伍为抓手，以学生骨干、优秀共青团员、先进青年典型为基础，培养了一批素质过硬、反应机敏的工作骨干，建立校—院—班三级工作组织，密切关注社会舆情，通过分层分类管理，及时发现问题、深入分析问题，有针对性地进行正面引导、深度引导，帮助广大青年学生澄清模糊认识、划清是非界限。

（二）建机制，确保信息工作制度保障

为确保信息工作能落实到位，确保制度保障，团委制定了《淮南师范学院舆情工作管理办法》《淮南师范学院共青团新媒体工作室运行管理办法》和《淮南师范学院共青团新媒体平台信息审核发布管理办法》《淮南师范学院共青团新媒体工作室例会制度》，并确保信息工作按制度运行，落地有声。

（三）建阵地，打造多层次网络平台

2015 年，以“舜耕青年”命名的淮南师范学院团委官方微信、微博、网站、青年之声等多层次的网络平台得到全面发展。以团委“舜耕青年”网站作为信息工作的基底，“舜耕青年”微博、微信、青年之声作为信息工作的三只侧翼，对全校学生全覆盖。尤其是团委官方微信“舜耕青年”2015 年 3 月改版以来，深受广大青年学生喜爱，成为信息工作的主阵地。目前，“舜耕青年”作为团委官方微信公众平台，粉丝已达 2 万余人，覆盖全体师生，总计发布微刊 400 多期，主题热帖 800 余条，“舜耕青年”在省内高校团委微信影响力排行榜上多次排行榜首并始终保持前列，在全国高校微信影响力排行榜上获得过第四、第五、第七名的好成绩，在校内校外打响了知名度，在全国高校微信 2015 年度传播力排行榜位列第三十名。

“舜耕青年”的建设中，团委重点抓住三条线：

一是社会主义核心价值观建设，强化学生思想引领。精编“你可能不知道的师院”“如果师院是一场不落幕的电影”“你来师院多久了”等精美原创，全校师生和校友大量转发，激发师生的爱校情怀。

二是紧紧围绕学校中心工作，搭建学生与学校的沟通桥梁。开设了“师院当事人”“师院多看点”“大神来了”“校友风云录”等精品栏目，讲好学校故事，传递学校声音。

三是积极打造网上网下相互促进，有机融合的工作格局。一方面积极开展线下相应活动，另一方面积极推动学校万人诵读活动、校庆日、三走跑步季等重要活动的线上传播和大力开展“青春之星选拔大赛”“舜耕青年秀”“寝室全家福”等线上活动。如，全程线上宣传推广安徽省三走跑步季活动，3 个月内全校共有 5 000 余人参加了活动，周丽媛同学获得了安徽省第一名，获得 iPhone6 手机一部。

淮南师范学院团委始终坚持围绕学校党政中心工作，立足青年需求，听取青年声音，一直致力于将官方微信“舜耕青年”打造为不讲“官话”的“官微”。下一步，团委将继续搜集校园新闻热点，制作原创微刊，增强“舜耕青年”的实用性；还将锐意进取，回报学校，服务广大师生；不断提升学校共青团网络新媒体工作的常态化、规范化水平。打造淮南师范学院思政育人的高地、校园活动的自选超市和对外宣传交流的窗口，使新媒体平台成为讲好师院故事、传播好师院声音的重要平台，成为青年团员的得力助手和知心朋友。

为了淮南师范学院新媒体平台的建设和发展，打造创新型、服务型、实用型的共青团新媒体阵地，特制订如下工作计划：

1. 工作目标

加强新媒体工作室与团委、学生会各部门、各二级学院的交流与联系，强化新媒体自身的宣传优势，展现淮南师范学院团学工作的精彩风貌。

加强对新媒体工作室成员素质的培养，积极发掘和培养热爱新媒体工作，擅长采编信息、编辑文案的技术人才，为新媒体工作室注入新鲜的血液，提高工作效率。

实现微博和微信两大新媒体平台的同步和互助，同时借助 QQ 公众号、QQ 空间、贴吧等其他热门新媒体平台进行宣传，增强影响力。

改革和完善新媒体工作室内部的运行机制和奖惩机制，提高工作质量和效率，增强工作室成员积极性，保障新媒体工作室工作的有序进行和良好运行发展。

通过与其他高校进行有关新媒体工作的经验交流，取长补短，不断完善自身新媒体平台的创新性、服务性和实用性。

2. 工作安排

(1) 新媒体工作室每周召开一次工作例会，总结上周工作并对小编的工作量进行统计，安排下周具体工作，对工作中出现的一些问题进行通报，在新的工作中及时做出应对方案和调整。

(2) 定期召开一次选题会，对一周的工作内容和想法进行汇总、讨论，最终确定每周工作计划，并具体落实到个人。

(3) 办公室对每次会议内容进行记录，将工作室成员个人档案、日常工作等资料进行保留并分类存档。

(4) 各部门相互配合、通力合作，各部长担任起监督部室其他成员的职责，定期检查部门成员工作状况和工作成效，并落实到工作中。

(5) 开展特色活动，采取线上和线下结合的方式，丰富同学们的课余生活，增强互动性。

3. 工作原则

(1) 坚持科学的方法，引导工作室成员树立正确的人生观、价值观、世界观。工作中，要从实际出发，结合校园政治文化特点，营造积极向上的校园风气，增强同学们的时代使命感。

(2) 充分发挥新媒体的宣传优势，进一步加强工作室与校团委、学生会各部室、各二级学院之间的联系与沟通，本着全心全意为同学服务的宗旨解决实际问题，维护广大同学的权益，增强微刊的实用性。

(3) 开展丰富多彩的校园文化活动，倡导创新精神，培养创造能力，紧密围绕素质教育，结合学校的重点工作，努力打造特色活动，不断开拓创新。

(4) 加强新媒体工作室的自身建设，不断提高工作室成员的整体素质，增强组织的战斗力和凝聚力，形成朝气蓬勃、奋发向上的工作氛围，保障工作室各项工作的顺利开展。

十二、共青团黎明职业大学委员会

黎明职业大学油菜花新媒体工作室（简称油菜花工作室，下同）于 2015 年 6 月 2 日成立以来，在学校宣传工作中发挥着积极作用，初步形成了特色工作品牌。

油菜花工作室是洛江团区委与黎明职业大学团委结对共建，黎明职业大学党务工作部、学生工作处、团委、文化传播学院等单位共同建设的校级新媒体工作机构，日常管理依托文化传播学院。主要功能定位为：集合学校资源优势，服务洛江团区委、团市委、团省委等地方团委，努力打造成为校政合作模式下开展宣传工作的新平台；服务学校共青团工作，服务青年学生成长成才，建设成为培养青年学生新媒体精英的互利互助实践平台；服务学校宣传工作和校园文化建设，结合泉州东亚文化之都建设、海上丝绸之路先行区建设，不断提升校园文化的深度和广度，推动传承和弘扬“黎明精神”，促进黎明文化生态圈建设。

1. 运行模式

根据共青团工作和学校宣传工作的发展需求，及时制定油菜花工作室的中长期发展规划和近期工作计划。日常运行模式以学生为根本，以专业教师为主导，以学习任务为驱动，以工作项目为引导，集理论与实践为一体，强化教、学、做的有机结合，突出学生能力的培养，是一种新型、有效的工学结合人才培养模式。

2. 工作机制

拟采用“项目委托制”与“课题引领制”两种机制开展日常工作，并按一定比例分成，充分调动油菜花工作室师生工作积极性，促进工作室工作规范化、常态化。

3. 项目委托制

工作室接受项目委托方式开展工作，以委托项目与文化传播学院签订《项目委托合同书》，委托方与受委托方依据《项目委托合同书》相关责任开展工作。

4. 课题引领制

工作室接受委托项目以横向课题方式，报科技处备案（含委托协议、到账证明），经科技处确认、登记、入库后统计工作量并核发奖金；结题后，应向科技处提交委托方出具的证明文件（证明结题）。

5. 工作室作品

在各级领导的关心支持下，工作室紧紧围绕“政治性”和“思想性”这两个核心，制作青少年喜闻乐见的新媒体作品，在凝聚青年上，突出思想政治引领和互联网思维这一理念，引导最广大的青年凝聚在党的旗帜下，不断巩固和扩大党执政的青年群众基础。

（1）漫画作品《闽籍烈士英雄版》。9 月 30 日是我国第二个烈士纪念日，为了弘扬民族精神、缅怀烈士功绩，培养广大青年的爱国主义、集体主义精神和社会主义道德风尚，工作室制作了《闽籍烈士英雄版》。

（2）图说《社会主义核心价值观》。党的十八大提出，倡导富强、民主、文明、和谐，倡导自由、平等、公正、法治，倡导爱国、敬业、诚信、友善，积极培育和践行社会主义核心价值观。工作室通过漫画的形式将社会主义核心价值观图片化，让广大青年团员更加直观地理解核心价值观的内涵所在。

（3）《动漫人物教你做共产主义接班人》。当网络上的一些公知大 V 公然攻击、污蔑共产主义理想时，工作室师生们以经典国漫卡通形象黑猫警长、海尔兄弟等为原型创作了共产主义接班人系列漫画予以回击，既有新意又有创意，受到团中央官方微博全文转发。

油菜花工作室作品汇总表

1.H5 作品

时间	作品名称
2015 年 9 月	《梨园明月》
2015 年 11 月	《嘿、运动会》
2015 年 12 月	《我们的歌》
2015 年 12 月	《凌晨五点半的泉州》
2015 年 12 月	《青年团员看两会》
2016 年 3 月	《没关系，我在黎大，你可以来找我》

2. 宣传视频作品

时间	视频作品
2015 年 5 月	“校园好声音”歌手赛宣传视频

2015 年 6 月	“社区在线”宣传片
2015 年 7 月	“装”科普宣传片
2015 年 12 月	“每个人都是环境的保卫者”环保宣传片
2015 年 12 月	“我等你”大合唱比赛宣传片

3. 漫画、手绘作品

时间	漫画、手绘作品
2015 年 9 月	《9.30 阖籍烈士英雄榜》
2015 年 11 月	《社会主义核心价值观系列漫画》
2015 年 12 月	《动漫人物教你做共产主义接班人》
2016 年 3 月	《致敬身边的雷锋》

十三、共青团贵州民族大学委员会

共青团贵州民族大学委员会于 2014 年 9 月成立了“青春民大 • 新媒体工作站”，主要负责校内共青团网络新媒体工作。2016 年 3 月 7 日，收到全国共青团新媒体运营中心面向全国高校团委遴选专业工作室的通知，校团委主动对接具体要求和细节，第一时间向共青团中央提出申请。经过中心审核，将贵州民族大学申报的“青春民大 • 新媒体工作室”列为全国共青团新媒体运营中心合作单位。现将“青春民大 • 新媒体工作站”两年半以来的发展概况和“青春民大 • 新媒体工作室”2016 年工作计划进行如下介绍：

“青春民大 • 新媒体工作站”成立于 2014 年 9 月，在校内开展线上线下精品活动，积累了一定的人气，受到师生一致好评。

2016 年 4 月 1 日，共青团中央正式将贵州民族大学“青春民大 • 新媒体工作室”列为全国共青团新媒体运营中心合作单位，共青团贵州民族大学委员会的网络新媒体工作在原有格局、机制和任务的基础上，将进行全面升级，现将工作计划进行介绍。

（一）新媒体运营中心成果

1. 搭建优质微信平台

“青春民大·新媒体工作站”是校团委官方微信平台运营团队，后台粉丝量从538人上升到如今的近11 671余人。2015年1月初至今微信发文量已达1 000余篇，阅读量累计已达8万余人次。“樱花季”、“足迹·民大”“二次元民大”、“民大‘小腰精’”、“寝室文化专题”、“艺考专题”、“我向老兵敬个礼”等众多新颖、独特、优秀线上专题深受广大师生的喜爱。“青春民大·新媒体工作站”有原创的吉祥物小新，萌萌的兔子形象深入人心，声音电台“小新说”、乐于分享的“小新趣玩”、表达青年态度的评论“小新有话说”都是工作站的原创品牌栏目。其中“小新原创”已经成为师生心目中的每晚夜读必备。“青春民大·新媒体工作站”长期向学校党委宣传部、共青团贵州省委宣传部、共青团贵州省委学校部、贵州卫视、多彩贵州网、《贵州民族报》报送信息。2016年5月16日、5月30日，在贵州团省委官方微信平台“青春黔言”的贵州高校微信排名中连续两期名列第一。

2. 打造精品校园活动

“青春民大·新媒体工作站”开展的现场活动多以精品活动为主，例如“大学第一天”特色迎新活动、“手抄青春习语”“大学生文明行动”演讲比赛。校团委结合贵州民族大学共青团工作实际，面向全校青年在团学组织中深入开展“两学一做一争”（即学系列讲话、学党章团章、做优秀团员、争取早日入党）学习教育。“青春民大·新媒体工作站”在青年学生中掀起了手抄青春习语的学习热潮，活动开展60余天，得到了青年学生的热烈响应和积极参与。2016年4月18日，贵州新闻联播对“两学一做”学习教育和手抄青春习语进行了专题报道，其中，贵州民族大学开展“手抄青春习语”的活动情况得到重点介绍。

3. 队伍建设稳步推进

“青春民大·新媒体工作站”高度重视人才培养工作，所有加入工作站的成员必须经过程序严谨的培训、通过考察期才可上岗工作。与此同时，“青春民大·新媒体工作站”还在校内面向全校学生干部开设新媒体培训班，教授微信后台编排、原创文章撰写、H5创作等内容，2016年已开展两期培训，来自各学院、各学生组织的110名学员顺利结业。除了组织成员参与暑期社会实践活动，也为工作站优秀学生干部推荐实习单位，2015年暑期，4名成员到中国新闻社贵州分社实习，全程参与了第八届世界华文传媒论坛，工作站成员在各项工作中表现良好，得到中国新闻社一致好评。

4.加强对外拓展联系

“青春民大·新媒体工作站”于2015年4月加入中国高校传媒联盟。中国高校传媒联盟是在共青团中央、教育部指导下，由中国青年报社携手国内63所重点高校共同发起成立的校园媒体联谊组织。“青春民大·新媒体工作站”于2015年11月成功加入国内非营利性NGO高校联谊组织——中国高校新媒体联盟。中国高校新媒体联盟现已发展成为国内重要的高校宣传组织机构，在全国高校新媒体组织的发展中始终保持领先水平。同年，贵州民族大学“青春民大·新媒体工作站”成为全国首批高校新媒体联盟会员单位成员之一。2016年6月17日，经共青团贵州民族大学委员会同意，中国青年网审核，中国青年网校园通讯社同意在贵州民族大学设立中国青年网校园通讯社贵州民族大学通讯站，并已授牌。该通讯站现归属“青春民大·新媒体工作站”。

综上所述，“青春民大·新媒体工作站”在校团委的领导下努力工作，为营造良好的校园文化氛围和文明和谐的网络环境贡献力量。

（二）新媒体工作指导思想

为扎实做好贵州民族大学共青团网络新媒体宣传工作，发挥好舆论先导作用，以高昂的精神状态、务实的工作作风，努力打造和谐校园文化新氛围、新环境。“青春民大·新媒体工作室”将依托全国共青团新媒体运营中心平台，主动寻求机会合作，积极配合完成各项工作。围绕校团委全年工作重点，多渠道、多平台、多形式地开展各项工作，用新思路、新举措、新成果，实现贵州民族大学共青团网络新媒体工作的新突破、再上新台阶。

（三）新媒体工作主要任务

1.拓宽宣传渠道，活跃传播形式

（1）动态报道。通过贵州民族大学团委网站、微信平台、微博适时报道校内外新闻、各学生组织、社会各类服务信息等工作进展情况。

（2）专题报道。根据共青团相关文件要求，定期对阶段性工作进行总结归纳，并做好下一阶段的专题策划工作，做好专题信息报道；积极策划学年服务专题，并规划性发布报道。

（3）对外宣传。依托全国共青团新媒体运营中心平台，加强技术合作，依托上级部门技术支持，开发多款新媒体产品，通过多种途径和渠道积极向校内外各级新闻媒体推荐优秀稿件。根据实际情况，结合工作重点，策划重点报道，力争在上级媒体平台发布有质量、有影响的稿件。

（4）网络宣传。大力发挥网络宣传时效性强、影响面大的特点，充分利用贵州民族大学共青团微信公众号、微博、网站、青年之声社交互动平台加强宣传力度，充分发挥共青团服务青年、凝聚青年的纽带作用，扩大在青年学生中的影响力。

（5）其他宣传。在全年中根据全国共青团新媒体运营中心与贵州民族大学实际工作需要，通过制作宣传板、悬挂横幅、张贴宣传标语等形式，不定期进行宣传。

2. 加强队伍建设，理顺工作机制

（1）本学年，“青春民大·新媒体工作室”将重点服务共青团一号工程，大力推进贵州民族大学“青年之声”社交互动平台建设。

（2）构建合理高效的运行部门，合理分配宣传任务。加强团结协作，内部各部门之间相互协调、沟通，集思广益，对工作深入调查研究，博采众长，广泛听取意见。同时在贵州民族大学加强宣传，吸收各专业、特长的学生加入，发展壮大工作站队伍，提高“青春民大·新媒体工作室”工作的技术水平和质量。

（3）加强内部理论学习。“青春民大·新媒体工作室”作为贵州民族大学共青团新媒体学生组织，需要不断加强队伍内部成员对团、对党的认识，才能在以后的工作中紧贴团、党工作动态。为此，“青春民大·新媒体工作室”将不定期地开展理论学习，对习近平总书记系列讲话进行学习，并充分在内部开展“两学一做一争”活动。

（4）加强共青团网络新媒体工作者业务培训。有目标、有计划、有步骤地开展专业知识培训，加强技术培训，提高写作能力，增加责任意识，着力培养一批团队荣誉强、责任心强、能力强的“三强”网络新媒体工作者和专业技术人才，努力建设一支高素质的宣传工作队伍。

3. 严格工作纪律，规范工作程序

（1）提高认识，明确宣传工作的严肃性。进一步增强做好规划宣传工作的责任感，对外宣传信息的报送必须符合有关政策、法规和保密的要求，树立大局意识、责任意识，一旦发现问题必须及时报告，不得隐瞒。

（2）规范程序，增强宣传工作的有序性。“青春民大·新媒体工作室”常务部负责承担宣传信息的汇总、审批和报送工作。

4. 建立激励办法，健全考核制度

将宣传报道的绩效作为“青春民大·新媒体工作室”年终考核重要事项之一。“青春民大·新媒体工作室”内部将进行“年度优秀工作者”评比，对成员平时工作表现和新闻原创内容的稿件数量、阅读量、点赞量等四个方面进行评比，评比出“年度优秀工作者”，激励内部成员不断提高工作积极性。

（三）工作措施

1. 在校团委官方微信平台开设多个专栏，开发多种新媒体产品、创新形式、创新方法，创作青年学生喜闻乐见的学习产品，开展线上学习互动活动，发布学习资源，让“青春民大·新媒体工作室”成员与全校青年学子一起学习，共同进步。

2. 策划开展大学毕业季活动。重点在欢送毕业生、文明离校、毕业招聘等活动组织与信息服务。

3. 完成上级安排的各项任务要求。按全国共青团新媒体运营中心的统一部署和工作要求，结合贵州民族大学工作实际大力开展相关工作。

第三节　全国共青团新媒体运营中心专业工作室

1. 综合类工作室单位

中国人民大学、东南大学、武汉大学、中南大学、南京航空航天大学、南京师范大学、东北农业大学、郑州大学、中国青年政治学院、中国人民公安大学、华东政法大学、福建师范大学。

2. 特色类专业工作室单位

东北大学、吉林大学、兰州大学、四川大学、华东理工大学、东华大学、合肥工业大学、贵州大学、华中师范大学、西安电子科技大学、西南大学、中国石油大学（华东）、温州大学、中国美术学院、天津师范大学、内蒙古医科大学、湖北大学、广东工业大学。

3. 支持单位

复旦大学、南京大学、西安交通大学、北京化工大学、北京科技大学、华北电力大学、太原理工大学、哈尔滨工程大学、上海大学、福州大学、南昌大学、首都经济贸易大学、上海电机学院、浙江工业大学、浙江理工大学、温州医科大学、浙江工商大学、安徽理工大学、山东农业大学、聊城大学、鲁东大学、河南大学、湘潭大学、桂林电子科技大学、昆明理工大学、西藏民族大学、西北师范大学、北京交通运输职业学院、郑州工业应用技术学院、武汉铁路职业技术学院。

4. 合作单位

浙江大学、中国矿业大学、河北工业大学、西南交通大学、南京农业大学、安徽大学、广西大学、宁夏大学、北京联合大学、北方工业大学、石家庄学院、河北大学、石家庄铁道大学、唐山师范学院、山西农业大学、山西师范大学、中北大学、大连海洋大学、辽宁石油化工大学、渤海大学、辽宁工程技术大学、沈阳航空航天大学、长春理工大学光电信息学院、哈尔滨师范大学、佳木斯大学、上海海事大学、上海对外经贸大学、上海立信会计学院、徐州医科大学、杭州师范大学、嘉兴学院、浙江师范大学、浙江科技学院、淮南师范大学、淮北师范大学、巢湖学院、合肥学院、安庆师范大学、福建农林大学、江西工程学院、江西财经大学、山东滨州医学院、山东工商学院、山东建筑大学、济南大学、洛阳理工大学、河南师范大学、河南农业大学、河南科技大学、南阳理工、华中师范大学武汉传媒学院、湖北中医药大学、三峡大学、华中农业大学、湖南工业大学、湖南农业大学、玉林师范大学、重庆交通大学、重庆师范大学、成都东软大学、西华大学、四川警察学院、贵州师范大学、贵州民族大学、陕西理工学院、陇东学院、兰州理工大学、西北民族大学、天水师范学院、甘肃政法大学、宁波职业技术学院、泉州理工学院、泉州黎明职业大学、济宁职业技术学院、广西国际商务职业技术学院、广西工业职业技术学院、广西职业技术学院、昆明冶金高等专科学校。

第四节　教育部“大学生网络文化工作室”

北京大学　“北大新青年”校园网络文化工作室

清华大学　“学堂路上”工作室

北京航空航天大学　“聿航”学生媒体中心

南开大学　八里台网络文化工作室

天津大学　天外天工作室

复旦大学　晨曦网络工作室

上海交通大学　博闻研微网络文化工作室

东华大学　青雨网络文化工作室

厦门大学　“E维”网络文化工作室

合肥工业大学　“明理苑”网络文化工作室

中南大学　微产品创意工作室

湖南师范大学　“星空”大学生网络文化工作室

重庆大学　前锋网络文化工作室

西南大学　青春缙云网络文化工作室

电子科技大学　大学生网络文化工作室

西安交通大学　网络文化工作室

西安电子科技大学　大学生网络文化工作室

长沙师范学院　“雷风侠”正能量动漫网络工作室

桂林电子科技大学　“微风映像”视觉整合教育传播中心

扬州大学　“乖乖隆地咚”大学生网络电视台

本章小结

本章主要对高校新媒体工作室的常设机构、工作制度等建设方式进行了介绍，并对十三所高校专业工作室的典型案例进行了梳理，提供了全国共青团新媒体运营中心专业工作室和教育部“大学生网络文化工作室”名单，各高校在具体建设新媒体工作室和开展新媒体工作时可以进行一定的参考。

第三章

高校网络文明志愿者队伍建设

网络新媒体时代，大学生的思想观念和学习生活深受互联网的影响。增强大学生网络道德意识，建设网络文明，成为当下最急迫的任务。2015 年 3 月 2 日，中央网络安全和信息化领导小组办公室、共青团中央联合召开青年网络文明志愿行动专题电视电话会议，大力推进青年网络文明志愿行动，全面加强共青团网络工作队伍建设，倡导广大团员青年争当中国好网民，努力为弘扬网上主旋律、构建清朗网络空间做出更大贡献。高校应结合网络文明志愿服务工作的实际情况，加强网络文明志愿者队伍建设，完善大学生网络文明志愿服务工作机制。

第一节　高校网络文明志愿者队伍的组建

一、高校网络文明志愿者队伍建设的意义

（1）高校网络文明志愿者队伍扩充地方的网络文明志愿者队伍的力量，为全社会的网络文明建设添砖加瓦。

（2）高校网络文明志愿者利用自身言论，传播正能量，积极引导校内舆论，倡导校内网络文明新风尚。监督学生舆论方向，在舆论危机到来之前，做到及早发现，及时引导。

（3）高校网络文明志愿者大部分都是高校在读学生，利用学生本身的积极形象在新媒体等社交平台上的不断出现，从而起到维护学校的社会形象的作用。高校网络文明志愿者平台增加了学校对外展示的渠道，提高学校的社会知名度，维护学校的社会形象。向外界展示了高校学子的精神面貌与蓬勃朝气。

（4）高校网络文明志愿者本身作为学生，在学生群体中宣传学校的活动通知等时具有亲和力，能收到事半功倍的效果。故可以利用高校网络文明志愿者队伍对学生宣传学校活动、通知等文件，有利于学生对此的理解。

（5）网络文明志愿者活动主要依托网络，极少受到地域、交通等因素的影响，可以利用网络文明志愿者平台，加强与本地高校与外地高校的联系，起到校园文化交流桥梁的作用。在一定程度上也丰富了高校学生的课余活动。

（6）搭建宣传教育平台。充分利用新媒体手段对广大青少年开展教育培

训活动。宣传党和政府的方针政策、传播先进文化、倡导科学精神、弘扬社会正气、扩大主流舆论、开辟宣传教育的新阵地。多媒体多终端的内容输出模式使培训教育活动更加具有灵活性、可选性，能够超越时空和地域的限制，各级团组织应充分利用这一特点，积极探索运用新媒体开展培训的新形式，在各类学习培训活动中加大新媒体手段的运用。

二、典型案例

（一）安徽理工大学举行 Myouth 服务站成立暨网络文明传播志愿者大会

2014 年 9 月 20 日，安徽理工大学在北校区图书馆二楼报告厅举行 Myouth 服务站成立暨网络文明传播志愿者大会。校团委、校学生会、研究生会、大学生社团联合会、各学生社团、各学院团委、学生会代表以及全校 400 余名大学生网络文明传播志愿者共同参加了此次会议。

据悉，自 2014 年 4 月起，安徽理工大学正式获准试用 Myouth 掌上校园资讯平台。该平台是由团中央网络影视中心开发、服务大学生学习生活需求的高校信息服务移动应用平台。截至 7 月底，已有 130 个学生社团、72 支大学生暑期社会实践团队和 2 500 多名学生入驻试用，使用便捷，反响较好。同时，校团委在 14 个基层学院分别成立了大学生网络文明传播志愿者服务团分团，并根据需要设立了相应的工作部门，配合全团高校共青团网络宣传员队伍建设工作部署，确定了近 375 名共青团网络宣传员和 775 名大学生网络文明传播志愿者。

作为 23 所学校共青团重点工作创新试点项目“团学工作网络新媒体战略转型”实施高校之一，安徽理工大学在 Myouth 服务站成立之后，不断提升基层团干部使用微博、微信等新媒体做好社会主义核心价值观宣传教育和舆论引导工作的能力，加强共青团网络文明传播志愿者、网络宣传员、网络评论员队伍建设，指导 2014 级新生班级团支部建好、用好微博，总结提炼出具有创新推广价值的好做法、好经验、好成果，提升学校共青团网络新媒体工作的科学化、规范化和制度化水平。

（二）江苏大学组建青年网络文明志愿者队伍

2015年，江苏大学结合重大时事，开展专题微信、微博话题讨论。在清明节、五四青年节、七一、“抗日战争胜利纪念日”、国庆、“南京大屠杀死难者国家公祭日”等重要节点，借助微博、微信等平台策划相关话题。在全校广大青年中广泛开展“为核心价值观代言”、光盘行动、志愿公益、传承优秀传统等活动，汇聚青年主流意识，引导青年自觉宣传、践行社会主义核心价值观。与此同时，大力开展“清朗网络”志愿行动，并推出“阳光跟帖行动”，倡导网民特别是广大青少年网民健康、积极、乐观、友善地跟帖，主动抵制网络谣言，努力营造清朗网络舆论，在互联网上弘扬主旋律、传播正能量，用信仰的力量引领青年跟党走。

三、高校网络文明志愿者队伍的组建方式

（一）通过学校团学活动文件的形式招募网络文明志愿者

福建师范大学构建的“团学系统‘五微五阵地’微博体系”、福建师范大学的第一批50名青年网络文明志愿者，均是通过校团委文件的形式，在全校范围内招募志愿者，依托现有的“校、院、班、（学生）会、社（团）”体系建立网络文明志愿者队伍。

（二）通过学生社团的形式团结校内新媒体爱好者、研究者

皖西学院成立了“大学生新媒体协会”，福建师范大学成立了“新媒体发展研究社”，均属于学生社团组织，旨在团结校内新媒体达人，凝聚新媒体平台的力量。

范例：

安徽理工大学关于组建网络文明传播青年志愿者服务团的通知

各学院团委、学生会，各校级学生组织：

网络文明传播青年志愿者队伍是推动校园精神文明创建工作的一支重要力量。结合安徽理工大学共青团工作实际和共青团微博体系建设的需要，校团委决定依托校学生会、大学生社团联合会、大学生微博协会成立安徽理工大学首个网络文明传播青年志愿者服务团。现面向全校青年学生招募志愿者，具体通知如下：

1. 志愿者基本条件

（1）热心校园精神文明建设和网络文化活动，社会责任感强。

（2）具备较好的文字写作能力。

（3）熟悉网络传播规律，有较强的网络宣传策划能力，善用网络语言，能熟练运用博客、微博。

（4）具有较强的思想政治素养和政治敏锐性、鉴别力，能正确地把握网络舆论导向。

（5）凡安徽理工大学全日制在籍、在册的青年学生均有资格申报。

2. 志愿者主要任务

（1）按照社会主义核心价值体系和校园网络文化建设的要求，充分利用网络传播优势，以宣传优秀文化、引领文明风尚为目的，通过在博客、微博、贴吧、论坛中撰写原创和评论文章，转发优秀作品和图片视频，播报各类校园文化与精神文明建设信息。

（2）重点加强与安徽理工大学学生网民的交流沟通，大力倡导知荣弃耻、褒荣贬耻、扬荣抑耻的文明理念，营造文明上网的网络氛围，积极参与学校部署的各类网络文明与网络文化传播活动。

（3）积极参与学校共青团微博体系建设，利用微博、飞信、QQ 群等网络平台有计划、有步骤地建设一批服务青年师生交流的活动阵地，打造一批具有一定影响力的官方微博和个人微博，培育一批具有一定影响力的青年“网上意见领袖”。

3. 招募时间和人数

自通知下发之日起至2013年4月26日前，面向全校择优招募首批网络文明传播志愿者50名。

4. 招募方式

（1）网络文明传播青年志愿者招募工作由校团委理论宣传部牵头负责组织。各学院团委要密切配合，进行广泛的宣传和动员，积极鼓励那些符合条件和要求的同学报名参加。

（2）招募工作采用个人申报、组织推荐的方式进行。

5. 志愿者管理

（1）校团委理论宣传部具体负责网络文明传播青年志愿者服务团的组织管理及培训工作。

（2）为确保网络安全责任，校团委理论宣传部将对拟录用的志愿者的申报材料进行严格审查。审核无误、培训合格后，向拟录用的志愿者发放正式录用证书。

（3）对不服从组织管理的或不履行义务的志愿者，校团委理论宣传部有权取消其网络文明传播青年志愿者资格，并收回录用证书。

（4）校团委理论宣传部每年将对志愿者参与服务和履职情况进行考核，并按照一定比例进行先进评选和表彰。

（5）各学院团委可相应成立院级网络文明传播青年志愿者服务队。招募程序和组织管理可参照校级网络文明传播青年志愿者服务团的通知执行。

共青团安徽理工大学委员会

2013年4月7日

四、高校网络文明志愿者应具备的基本条件

（一）网络文明传播志愿者要求政治信念强、法治意识强，社会责任感强，热心精神文明建设

当前网络环境仍不容乐观，一些不健康的内容依然散布于网络之中。网络文明志愿者作为社会上的进步分子，有责任和义务去创造维护一个良好的网络环境，那么这必须先从自身做起，用自己的行动影响他人。志愿者要提高自己的觉悟，树立依法用网的理念，倡导文明用网，严格遵守《中国互联网管理条例》，传递网络的正能量，营造积极健康向上的网络文化氛围，起到模范者、引导者的作用。

（二）熟悉网络传播，能熟练运用各种网络手段，掌握一定的网络评论、博客、微博、论坛和贴吧讨论以及QQ的应用等技巧

如今，以互联网和手机为代表的新媒体已经日益成为人们学习生活的重要方式，特别是青少年，新媒体已经成为聚集联络的重要空间、交流互动的重要平台。这就要求网络文明志愿者要善于运用网络平台、了解把握新媒体使用者的思想动态，要善于运用网络表达方式与新媒体使用者进行沟通互动，要善于运用以微博、微信、微视为代表的新媒体爱好者们喜闻乐见的网络载体开展工作，还要加强与新媒体研究人员、新媒体从业人员和热衷于使用新媒体的人员的联系，努力把握网络思想引导的主动权。

必须指出的是：熟练利用手中的网络、软件资源，可以使我们的工作更加高效，宣传更加有力。下面列出几种常用的软件供大家参考。

社交类软件：QQ、新浪微博、腾讯微博、飞信、微信、人人等。

部分工具软件：Photoshop及ACDSee（图片处理软件）、Word（文字处理软件）、Excel（表格软件）、Powerpoint（幻灯片软件）、AdobeReader等。

（三）熟悉宣传思想文化和精神文明建设工作

网络文明志愿者的服务宗旨是利用互联网各种先进手段，在网络空间传播文明、引领风尚，推动公民道德建设和网上文明传播活动，以扩大精神文明建设工作在互联网领域的影响，促进社会主义核心价值体系建设。正是这一宗旨要求网络文明志愿者需要熟悉精神文明建设工作和思想文化宣传工作，需要志愿者们时常关注新闻，关注党团、国家动态，对于重要消息及时通过通信软

件转播，并加上积极的评论，使广大学生更容易知晓并理解新闻中表达的含义。

（四）了解网络传播规律，善用网言网语，有一定的网络宣传策划能力

网络文明志愿者的工作大多在线上开展，要顺利地完成新媒体方面的工作和较好地进行各方面的沟通交流工作，网络文明志愿者必须全面了解网络传播规律，高效率高质量地完成各项网络新媒体工作；必须要能够熟练地使用网言网语，以顺利地进行烦琐的线上交流。此外，网络文明志愿者被要求适时适当地组织和参与一些线上活动和宣传工作，这些组织推广活动需要动员相关人员，积极参与网上精神文明创建活动。这就要求网络文明志愿者需要具备一定的网络策划和宣传的能力，要能够保证活动的顺利进行，以及宣传工作的良好收效。

（五）具备较好的思想文化素养和扎实的文字写作功底

网络文明志愿者有提供稿件内容，通过微博、论坛、博客等参与网上讨论，进行网友互动和撰写评论引导舆论的工作。网络文明志愿者要收集整理精神文明建设工作动态、创建成果、先进事迹等内容，编发相关文字、图片及音视频材料。要正确地参与网上讨论，倡导文明风尚。要围绕“传播文明、引领风尚”的主题，配合各项精神文明创建活动，积极撰写博文。所以，网络文明志愿者要具备较好的思想文化素质和扎实的文字写作功底。

（六）具有合作精神，积极主动帮助他人，听从工作安排，遵守相关规定

志愿者是指不以物质酬劳为目的，利用自己的时间、技能等资源，自愿为社会和他人提供服务和帮助的人。网络文明志愿者是新媒体时代的青年志愿者，当然要遵守这一原则。网络文明志愿者身处于一个庞大的网络文明志愿者组织之中，网络新媒体工作需要多人加强交流，共同合作完成，团队中的每一个网络文明志愿者都要具有合作精神、互相帮助、共同进步。

当然，听从工作安排，遵守相关规定更是每一个网络文明志愿者必须具备的基本条件，网络文明志愿者要在国家法律法规、传统道德规定的允许范围

内，按照上级的工作安排，在网络空间传播文明、引领风尚，推动公民道德建设和网上文明传播活动，以扩大精神文明建设工作在互联网领域的影响，促进社会主义核心价值体系建设。

（七）努力开展工作，积极主动

团中央高度重视新媒体的发展及其产生的巨大影响，在共青团的各项工作和建设中充分发挥了新媒体的作用，把新媒体作为青年思想引导新的突破口。要求网络新媒体工作既要有“线上”的联络，同时也要有“线下”的接触，网络文明志愿者要既能在虚拟网络上倾听群众的呼声，又能在现实社会中走入群众、融入群众，和群众一起学习网络新媒体的知识，和新媒体使用者们一起领会网络新媒体的最新精神，这样才能获取大量群众关于网络新媒体的真想法，才能把自己作为一个网络文明志愿者的本职工作做好，才能把网络的正能量发挥好，把高校新媒体的工作做得更好。

五、高校网络文明志愿者的管理和培训

志愿服务的网络化是未来社会的发展方向，网络文明志愿者的公民化也是社会文明发展的标志。网络越普及，越需要网络文明志愿者。组织和培养网络文明志愿者有助于社会的良性运行和协调发展，有利于四个文明的和谐建设，有利于减少成本、提高服务效率。因此，要倡导志愿精神，使有网络的地方就有志愿者，让具有理性和自由精神的网络文明志愿者成为和谐社会的重要建设力量。

（一）网络文明志愿者概述

志愿者（volunteer）是自愿贡献个人时间和精力，在不计报酬的前提下，为推动人类发展、社会进步和社会福利事业而提供服务的人员。世界上最早的志愿者出现于慈善机构。世界上第一台计算机诞生于 1946 年，而中国网络的普及在 20 世纪 90 年代后期，所以广义上网络文明志愿者的出现不超过 10 年。

网络文明志愿者有狭义的和广义的，前者指志愿者通过网络在线形式为他人提供信息、解答问题、分享快乐等，远程教育、博客就是很好的例子。后者指志愿者通过网络结识及组织活动，从虚拟归于现实的活动方式。现在网络文明志愿者主要是通过网站、QQ组织，截至2008年4月30日，腾讯QQ注册人数已超过7.834亿，活跃账户超过3.179亿。据第二十二次中国互联网发展统计调查报告，截至2016年12月，中国网民数量达7.31亿，网络正建构着“人人志愿服务，共同奉献爱心”的理念。所有的网络文明志愿者都是网友自发组织的，是自下而上的民间组织，他们有两件事可做——捐钱物和时间。网络文明志愿者来自不同的职业，拥有不同的网名，但有一个共同的名字——网络文明志愿者。

（二）网络文明志愿者的作用

有利于四个文明的和谐建设。物质文明，是指人类物质生活的进步状况。马斯洛的需要层次理论首先要实现生理需求，可见物质文明是其他文明的基础。我国正在完善社会保障体系，在政府关照的同时，网络文明志愿者广泛呼吁，在线捐款及组织捐款捐物，为弱势和受灾等群体提供力所能及的帮助，实现社会的公平与正义。精神文明是人类在改造客观世界和主观世界的过程中所取得的精神成果的总和，是人类智慧、道德的进步状态。和谐社会与志愿精神的本质是相同的，和谐社会指全体人民处于各尽其能、各得其所、和谐相处的状态，志愿精神是“奉献、友爱、互助、进步”，网络文明志愿者广泛传播志愿精神，营造良好的社会氛围。网络已掌握了话语权，网络文明是精神文明的重要阵地，如绿色网络文明志愿者（原扫黄网）是一个由网友建立专门举报不良网页的网站，在这里，网络妈妈帮助青少年戒除网瘾，各高校组织网络文明志愿者行动等。除了弘扬高尚思想道德，他们还传播科学文化，这一切都与社会主义荣辱观契合。政治文明指人类社会政治生活的进步状态和政治发展取得的成果，民主政治制度的建立是政治制度文明发展的最重要成果。网络文明志愿者传播民主、自由、平等、正义、法治等政治价值观，现在倡导的政务公开，政府在线解答等让网友政治参与意识普遍增强，其中网络文明志愿者代表主流民意并指引正确的政治方向。生态文明指人类遵循人、自然、社会和谐发展这一客观规律而取得的物质与精神成果的总和，如绿色和平组织（Green peace）的网络文明志愿者，以环保为主，该组织上传的照片引起强烈反响。网友通过照片、文字等形式上传分享生态真实现状，打破了地域界限，形成舆论，从而给破坏者施压以改善生态环境。

有利于减少成本、提高效率。网络上计划、组织、讨论、决策等一系列活动可以减少人力、物力、财力。网络是现代最便捷的沟通方式，若是狭义上的服务，一个人可以同时做几份工作。以刘润的捐献时间为例，这是2005年国内成立的第一家借助互联网力量把志愿者和需求者联系起来的公益平台。每个公民可以捐献时间并自由选择需要帮助的人。网络文明志愿者的组织具有扩散性和平行流动性。只需管理员发出一条信息，成员就可知晓。另外网络组织减少了管理的中间层，信息在成员之间共同分享，达到以最小的成本实现最大的社会和经济效益。

有利于借助网络平台，共享文明发展成果。可以分为物质上的共享和精神上的共享。网络文明志愿者关心弱势或受灾等群体，为其提供物资援助，促进人与人之间的关爱和人与社会的融合。减少压力与冲突，实现人与人之间的双赢，达到社会的和谐与稳定。另外网络文明志愿者分享精神文明成果，如温州为纪念改革开放30周年招募网络文明志愿者，搜集文字及照片，共同建设温州网络博物馆。开展网上奥运导路，维护网络安全，坚持网络监督等都是“己所欲，施于人”的体现。

有利于建设和谐世界，构建和谐发展空间。弗里德曼的名著《世界是平的》中提出：“整个世界进一步萎缩，整个世界因为一台无所不包的电脑而被夷平。”中国网络文明志愿者行动是一项与国际接轨，与社会主义市场经济同向并轨的跨世纪事业。首先，各网络文明志愿者可跨地区跨国家参加组织及提供服务，时空线性化，地域一体化。其次，各网络文明志愿者可跨文化交流，借鉴先进经验，结合实际发展。还可网络寻人或网络通缉等。最后，网络文明志愿者可促进各国人民的友好交往，爱在网络中流动，实现天下大同，世界和谐。

六、网络文明志愿者的发展趋势

（一）法制化

和谐社会的建设，依法治国和以德治国同样重要。网络文明志愿者本身是一种德的示范，而法制化可以对其作出规定和保障，起到一种尺度和底线的作用。法制化表现之一是国家立法，我国目前还没有一套完整的全国性法律，志愿者的统一法律还处于真空状态。对网络文明志愿者的立法可以设在志愿者法之中，也可以单独设立网络文明志愿者的统一法。之二是地方法规，1993年团中央发起青年志愿者行动，到 1999 年广东通过我国第一部地方性法规，截至 2016 年，我国已有 16 个省份实施了志愿服务方面的地方性法规。各地方应因地制宜地制定网络文明志愿者的条例，但其中公共的名称或概念要统一。之三是团体公约，每个组织制定加入公约，明确组织的职责和制度。

（二）注册化

2001 年，共青团中央在全国率先推出“注册志愿者”概念，鼓励志愿者按照一定程序在一个基层团组织、志愿服务组织注册登记。2006 年，共青团中央颁行《中国注册志愿者管理办法》，将志愿者注册制度推广到全社会。中国已建立起一支管理型志愿者、骨干志愿者与社会志愿者相结合，专业志愿者与通用志愿者相结合，以青年为主体、覆盖各个年龄阶段，相对稳定的志愿者队伍。网络文明志愿者注册可分两级，各组织统一注册到中国网络文明志愿者管理处，个人直接注册到各组织。组织注册可采取“车牌号”制度，对各组织编号管理。个人注册可分为固定注册和流动注册，固定注册适用于长期服务者，流动注册适用于即时服务者。注册采取自愿方式，对姓名、年龄、服务时间、志愿持续度严格考核，如实行志愿者基本服务时限审批制度，试用期制度，长期不提供志愿服务即可自动注销等。

（三）多元化

大同而小异即多元，正是如此才构成世界的丰富多彩。人们日益多元化的需求与网络文明志愿者服务结构单一的矛盾有待解决。服务内容上的多元，网友各有长处，要充分发挥自身优势，利用血缘、业缘、趣缘等形成专业分工，资源整合。另外由传统服务项目转向个性化服务，如刘润的 C2C（客户对客户）模式，很多人期待帮助，却难以找到合适的志愿者，有很多人愿意提供帮助，但不知道是否有人需要。刘润通过网络平台让需求者与志愿者自由匹配。时间地点的多元，志愿服务与网络同步。个性注册的多元，网络服务与和谐社会的交叉点要求尊重个性，个人可注册真实姓名，也可利用网名，因为重要的是服务。跨国网络的多元，如前所述，网络的普及将把世界各角落连接。

（四）常规化

网络文明志愿者要有一种服务的概念。个人除了参加组织活动，还应把志愿活动融入日常生活中。转变一阵风式的志愿服务模式，可采取 24 小时轮岗等形式。定期分享经验、网上或集中培训、考核与奖惩挂钩，建立日常激励机制等，在灵活自主的基础上达成有序，在信息化的平台上建构常规的网络志愿服务体系。

（五）全民化

志愿者要建立省、市、县、乡四级服务网络体系。互联网实现跨时空的人际互动，数字化生存形成具有共同价值观的各网络志愿组织。虚拟社区是网络文明志愿者全民化的重要标志，虚拟社区是隐形的共同体，各种志愿活动可以在虚拟社区中进行，这是精神交往的高级形式，也是志愿精神的传播阵地。另外，虚拟社区与实际社区互补，虚拟社区还原为实际社区时，为实际社区增加了新元素，扩充了志愿服务的概念。人人为公益，世界更美丽。现行提供志愿服务主要是青年志愿者，而网络文明志愿者将包括老年及少年，倡导全民参与。

志愿服务的网络化是未来社会的发展方向，网络文明志愿者的公民化也是社会文明发展的标志。网络越普及，越需要网络文明志愿者，网络文明志愿者有助于社会的良性运行和协调发展。要倡导志愿精神，使有网络的地方就有志愿者，让具有理性和自由精神的网络文明志愿者成为和谐社会的重要建设力量。

七、网络文明志愿者的权利与义务

网络文明志愿者是网络文明传播组织的主人，网络文明志愿者享有的民主权利则是对志愿者民主地位的不受侵犯的保证，每个网络文明志愿者通过行使自己的权利，可以充分发挥自己的积极性和创造性，增强主人翁的责任感，培养组织观念，在组织内形成朝气蓬勃、团结一致的局面。任何一级网络文明传播组织和个人都无权剥夺网络文明志愿者的这些权利。

在籍网络文明志愿者享有的权利有：

（一）参加团组织、志愿者组织、网络文明传播组织等相关机构开展的有关会议和各类活动的权利

参与相关线上线下会议是网络文明传播工作的一个重要内容，网络文明志愿者参加各组织的有关会议和开展的各类活动，是其最基本的权利。要保证网络文明志愿者行使组织内的其他权利、了解网络文明传播组织的工作要求，接受并积极完成各级组织交给的各种任务，前提是要保证网络文明志愿者参加团的有关会议的权利。参加了各级组织的各类活动后，网络文明志愿者可以在活动中受到教育，提高觉悟，增强网络文明传播组织的战斗力，才能使网络文明志愿者奉献出自己的聪明才智，才能更好地发挥传播网络文明的作用。网络文明志愿者应认真执行参加相关会议，热心网络文明传播组织的生活。

（二）接受团组织、志愿者组织、网络文明传播组织等相关机构提供的教育和培训的权利

网络文明传播组织是传播网络文明、传递网络正能量、维护绿色网络环境的主力军，是网络文明志愿者在实践工作中学习网络文明传播技能的学校，传播网络文明的工作要求网络文明志愿者们有特定的工作能力，他们有权接受团组织、志愿者组织、网络文明传播组织等相关机构提供的教育和培训。各级组织特别是网络文明传播组织应积极创造优良条件，广泛地对网络文明志愿者进行政治理论、科学技术、道德文明和工作知识等方面的培训，帮助其全面提

高素质，全方位、多角度地去实现网络文明志愿者在网络空间传播文明、引领风尚，推动公民道德建设和网上文明传播活动，扩大精神文明建设工作在互联网领域的影响，促进社会主义核心价值体系建设的服务宗旨。

（三）优先获得网络文明传播组织和其他网络文明志愿者提供的服务的权利

网络文明传播志愿者工作的主要阵地在线上，这一工作特点导致志愿者之间面对面沟通交流的机会少之又少，容易造成网络文明志愿者之间的熟悉度不高、感情淡薄等问题，因此，网络文明传播组织应重视并保证其优先获得网络文明传播组织和其他网络文明志愿者提供服务的权利。网络文明志愿者在生活、工作或学习上遇到不易解决的问题时，可以向其他志愿者和组织请求帮助，网络文明传播组织和其他网络文明志愿者在得知有组织内志愿者需要帮助时，要尽快地义务提供力所能及的帮助。

（四）要求获得从事网络文明传播志愿服务的必需条件和必要保障的权利

网络新媒体志愿者从事的各项网络新媒体工作有时需要一些必要的条件支持，如，微博个人认证、微信公众平台认证、相关网络后台管理资格和审核权利等等，享有此权利的网络新媒体志愿者可以向上级组织申请获得这些网络文明传播工作需要的条件。

（五）就网络文明传播志愿服务工作对网络文明传播组织提出建议和意见的权利

每一个网络文明志愿者都有单独或者联合其他志愿者就网络文明传播志愿服务工作对上级网络文明传播组织提出建议和意见的权利。提出建议或意见的志愿者要对自己提出的意见或建议做出详细解释，最好提交书面报告，上级网络文明传播组织对志愿者提出的意见或建议，要积极回应。如果采纳志愿者提出的意见，要对建议提出者提出表彰，若对提出的建议不予采纳，要就不予采纳使用的原因对意见提出者做出解释说明，提出鼓励。

（六）网络新媒体志愿者在网络文明传播组织内有选举，被选举和表决的权利

选举权就是指每个在籍的网络文明志愿者都有选举自己上一级领导人和选举出席网络文明传播组织内选举大会代表的权利。

被选举权是指每个在籍的网络文明志愿者只要得到规定比例的投票，都有获得其竞选职位和当选为网络文明传播组织内选举大会代表的权利。

表决权是指每个在籍的网络文明志愿者在通过组织决议、决定和接收新的网络文明传播志愿者以及对犯错误志愿者做出处分时，都有表示赞同或反对的权利。

网络文明传播组织内的选举办法，一般是以无记名投票的方式进行，在表决组织内的决议或决定时，一般采取举手的方式。无论使用哪种方式，每名网络文明志愿者对组织和组织内的工作都应采取严肃认真的态度，认真地行使自己选举权和表决权。不允许任何一名网络文明志愿者漠不关心，更不允许有人随意行使或放弃这一权利。被选举权既是一种权利，更是一种责任，网络文明传播志愿者应该正确对待被选举权，每一个志愿者都应随时保持正确的思想准备，一旦被大多数志愿者选举为网络文明传播组织的干部，就要勇挑重担，热心为组织内广大志愿者服务。选举权、被选举权和表决权是网络文明志愿者的基本权利，网络文明传播组织要贯彻民主集中制的原则，努力加强各级组织内的民主建设，尊重和保障每一名志愿者的这种权利。

（七）可申请取消网络文明传播志愿者身份的权利

每一名在籍的网络文明志愿者因个人原因需要退出网络文明传播组织的，可以申请取消网络文明传播志愿者身份。申请取消网络文明传播志愿者身份的在籍志愿者，需要递交书面申请，说明申请原因，经网络文明传播组织主席团批准，取消其网络文明传播志愿者的身份，封存其相关档案或信息表。

（八）有关规定赋予的其他权利

在籍的网络文明志愿者，除享有以上七点权利外，同时享有相关法律、

法规和各级团组织、各级文明办所制定的有关规定赋予的其他权利。网络文明传播志愿者可以根据相关规定保障自己的各项权利。

网络文明志愿者的义务及其思想行为的规范，是其应该履行的职责。规定网络文明志愿者的义务目的在于使其明确自己在组织内、在社会中所处的地位，明确在促进社会主义核心价值体系建设实践中应该做什么和怎样去做，在社会生活中更好地发挥模范带头作用，用自己的行动去引导网络舆论、维护网上秩序。

（九）在籍网络文明传播志愿者需要履行的义务有：

1．自觉维护网络文明传播组织和网络文明传播志愿者的形象

每一名在籍的网络文明传播志愿者都有义务维护网络文明传播组织和网络文明传播志愿者的形象，并要监督身边其他志愿者自觉履行此义务。

2．履行网络文明传播志愿服务承诺，传递网络文明传播志愿服务理念

网络文明传播志愿者时刻牢记自己的志愿服务承诺，牢记网络文明志愿者的宗旨，利用互联网各种先进手段，在网络空间传播文明、引领风尚，推动公民道德建设和网上文明传播活动，以扩大精神文明建设工作在互联网领域的影响，促进社会主义核心价值体系建设。

3．自觉抵制任何以网络文明志愿者身份从事的营利活动或其他违背社会公德的行为

网络文明传播志愿者是维护网上秩序，引导网络舆论的先锋力量，每一个在籍的网络文明传播志愿者都应牢记自己使命，牢记自己志愿者身份，牢记志愿服务理念，自觉抵制以志愿者身份从事相关活动以获得利益。网络文明传播志愿者作为国家注册志愿者，不仅要遵守法律法规，还要遵从社会道德要求，要杜绝任何违背社会公德的行为。

4．相关法律法规及各级团组织、各级文明办规定的其他义务

在籍的网络文明志愿者，除需要履行以上几点义务外，同时要履行相关法律、法规和各级团组织、各级文明办所规定的其他义务。网络文明传播志愿者一定要根据相关的规定，积极的履行自己的各项义务。

必须强调的是：在网络文明传播组织内，权利与义务是完全一致的，行使志愿者正当的权利，但不能影响或损害组织的利益和社会的利益、国家的利益；履行志愿者的义务，应从保护志愿者的权利利益出发，用更高的标准严格要求自己。网络文明志愿者的权利和义务是不可分割的一个整体，二者是相互联系、相互依存的辩证关系。每一个志愿者在享受组织赋予的权利和利益的同时，必须认真履行自己的义务。对组织负责，对个人负责，用自己的行动保证网络文明传播组织的纯洁性和生命力是每个网络文明志愿者的光荣职责。

八、网络文明志愿者的主要工作内容

网络是一把“双刃剑”。在信息集中爆炸的互联网时代，大量信息在丰富我们的生活、增加我们信息来源的同时，也因为一些人不文明上网，导致各种违法虚假、破坏社会和谐稳定的不良信息泛起，谎言谣言不时出现，污染网络环境，败坏社会风气，严重侵害了广大网民尤其是青少年的身心健康。

网络文明志愿者，是指一群特定的关注网络舆论的社会热心人士。他们通过自愿加入网络文明志愿者组织，主动搜集网络舆情并向有关部门反映，进而起到积极化解矛盾纠纷、提供有效服务、正面引导舆论、营造文明网络环境的作用，并且不计较得失和回报。

以互联网为代表的新兴媒体深刻影响着社会舆论的形成、发展，并影响到社会管理的各个方面。高校网络文明志愿者，是指一群特定的关注网络舆论的社会热心人士。他们通过自愿加入网络文明志愿者组织，主动搜集网络舆情并向有关部门反映，进而起到积极化解矛盾纠纷、提供有效服务、正面引导舆论、营造文明网络环境的作用，并且不计较得失和回报。

做网络文明的志愿者，就要以社会主义荣辱观为指导，努力传播先进文化和优秀传统文化。以互联网为平台和载体，面对网民、市民，旨在倡导建设文明网络、净化网络环境，营造文明健康、积极向上的网络文化氛围。努力把互联网等信息网络建设好、利用好、管理好，使之真正成为宣传先进文化和优秀传统文化的重要阵地。要深入开展社会主义荣辱观教育，形成知荣辱、讲正气、树新风、促和谐的文明上网新风尚。要大力提倡以文明上网为荣，以不文明上网为耻，让社会主义先进文化占领网络阵地，以健康向上、丰富多彩的内容，不断满足广大人民群众日益增长的精神文化需求。

做网络文明的志愿者，就要加强网络从业人员的职业道德建设。职业道德是一种行为规范，只有充分认识自己职业的义务和责任，才能正确了解自己对社会、对他人所承担的道德使命。作为净化网络的“第一道防线”，网络从业人员必须要明确办网程序、责任分工和岗位职责，不断健全完善监督考核制度，做到以制度管人、以制度约束人、以制度规范人，切实做到自重、自省、自警、自励。

网络文明，人人有责。让我们一起做网络文明的志愿者。与此同时，作为一名正式的网络文明志愿者，我们要清楚网络文明志愿者的工作内容。

网络文明志愿者围绕传播文明、引领风尚，主要开展以下几方面工作：

（1）提供内容稿件。收集整理精神文明建设工作动态、创建成果、先进事迹等内容，编发相关文字、图片及音视频材料，提供给中国文明网及有关网站。

（2）组织评论文章。围绕精神文明建设工作，组织撰写评论文章，供中国文明网、中央和地方重点新闻网站及相关网站刊发。

（3）传播重要内容。通过电子信箱、QQ、微信等方式向相关网民发送文明传播的重要内容，在各文明网站、中央和地方重点新闻网站以及新浪、搜狐等知名商业网站的博客、论坛等公共空间传播文明。

（4）参与网上讨论。通过撰写博文、评论、留言发帖等方式，参与中国文明网、中央和地方重点新闻网站以及商业网站的网上讨论，倡导文明风尚。

（5）组织推广活动。动员相关人员，积极参与网上精神文明创建活动。

（6）展示创建成果。开展网络文明志愿服务工作，着眼点在于“文明”，着力点在于“传播”。网络文明志愿者要经常关注本市、本单位文明创建工作的动态，积极参与文明办组织的各项创建活动，留意收集整理创建情况、先进事迹材料，定期在网络上编发相关文字、图片及音视频材料。

（7）营造浓厚氛围。开展网络文明志愿服务工作的工作对象是广大网民。网络交流的交互式特点要求网络文明传播志愿服务必须经常参与网络互动活动。广大网络文明志愿者要借助文明办组织的各种文明创建活动，善于利用中央、省、市重点新闻网站及各县（市）区相关网站的博客、论坛、贴吧等互动阵地，加强与网民的交流沟通，揭露网上不文明的危害性，形成知荣弃耻、褒荣贬耻、扬荣抑耻的文明理念，在网络上叫响文明创建的口号，营造争做文明网民的浓厚氛围。

（8）引领舆论导向。开展网络文明传播志愿服务工作的主要目的就是传播先进思想文化和精神文明理念。网络文明志愿者按照社会主义核心价值体系建设的要求，掌握网络舆论的主动权，积极传播先进思想文化和精神文明理念，深入开展劝阻网络不文明行为活动，以正确的舆论引导人，不断提升广大网民的文明素养，进而提升网络文明程度。

第二节　网络文明志愿者与网络文明传播

网络文明建设是社会主义精神文明建设的重要内容。网络新媒体的影响力越大，全社会对网络文明的期望值也就越高。党的十八大提出：“唱响网上主旋律。”建立网络文明传播志愿者队伍，正是应对社会信息化的发展、传播方式的变革、舆论格局的变化及改进创新精神文明建设、“唱响网上主旋律”的重要举措。特别在各行各业通过发展网络文明传播志愿者队伍，让成千上万的志愿者在网上传播文明、引领风尚、汇聚力量，推动公民道德建设和社会主义核心价值体系建设，具有落实党的十八大“唱响网上主旋律”重要精神的里程碑意义。

一、网络文明志愿者应如何进行网络文明传播

（一）一定要认真围绕网络文明传播的目标，创造性地做好志愿者的文明传播工作

特别要在培育社会主义核心价值观，积极传播当代社会的主流；传播社会公德、职业道德、家庭美德；传播艰苦奋斗、勤俭节约的思想观念，培育节约光荣、浪费可耻的社会风气；传播道德模范、时代楷模和身边好人的感人事迹和崇高精神；传播“学习雷锋、奉献他人、提升自己”的理念；传播“创建利民、创建惠民”的理念；传播“长中国人的根、聚中国人的心、铸中国人的魂”的理念；传播立德树人的理念；在本单位精神文明建设工作动态、创建成

果、先进事迹等方面多做文明传播工作。这也即是网络文明传播志愿者要唱响的主旋律。

（二）一定要立足于网络传播的内涵，努力提高精神文明创建工作宣传稿件质量

坚持责任与毅力同在，做到持之以恒自觉坚守在网络文明阵地。坚持每月撰写（原创）博文或评论一至两篇。在微博、重要网络论坛、社区、QQ 群等互动空间，针对文明话题进行跟帖、留言、转播，每月不少于 20 条。同时，一定积极配合中国文明网组织的网上重大传播活动和网上特色传播活动以及专项文明传播活动，完成好相应任务。

（三）一定要把握舆论导向，营造良好网络氛围

网上出现突发事件都具有极强的时效性、震撼性和不可预料性，尤其一条微博、一篇帖文处置不当，就可能引起社会波动，甚至导致一些网民产生逆反心理和过激行为。作为网络文明传播志愿者，一定要挺身而出，坚持正确的舆论导向，以正面宣传为主，贴近群众、贴近实际、贴近生活，积极引导人们的网络文化需求，消除受众恐慌心理，起到平息事态的积极作用。要热情宣传党的十八大精神和党的方针、政策、路线，颂扬改革开放和科学发展的辉煌成就，颂扬文明建设及社会主义新风尚新事物，力求图文并茂。

（四）一定要发挥新闻敏感性，善于“捕捉”和“发现”亮点

新闻线索和亮点无处不在，作为网络文明志愿者要有新闻敏感性，要善于“捕捉”和“发现”。一是要善于在工作中“捕捉”新闻，工作中涉及一些典型的事件、经验、人物等，这些“典型”就是我们要找的线索。二是善于在生活中捉新闻，观察身边，从身边找线索。另外发生在自己身边的各种事件，这里面都可能隐藏着新闻线索，有的直接就是新闻。三是善于在新闻中找新闻，着重看新闻里面是否还有新闻，看哪些方面报道还需要深入挖掘，看哪些还需要从新的角度、新的思路进行再宣传。

（五）一定要下决心熟练掌握写作评论的技巧和方法，争取写出针对性强和影响力大的好网评好文章

这是网络文明志愿者最需要具备的基本功。一篇好的网评文章就是一面镜子：一是要有一个好的主题，在此基础上进行展开论述。二是要有一个好的观点，文章观点要鲜明。网评文章有了好的主题，就有了很好的论述和展开的前提和基础，接下来就是要表明作者在这一主题上的观点和看法。三是要有一个好的标题，文章标题要新颖。一个好的标题对网评文章至关重要，这种重要性至少体现在两个方面：一是吸引读者眼球，让读者有愿望读下去、看下去。网络平台，信息浩瀚，标题抢眼，才能更多地吸引受众。标题平平，文章内容再好，也容易被繁杂的信息迅速淹没。二是好的标题的提炼体现了作者对文章的良好驾驭。作者在网评文章中将要谈什么问题，在这些问题上的基本观点是什么，都可以包括在文章标题中，让读者通过标题就可以知道文章的主体信息。什么样的标题算好的标题？一是尽量简洁，避免繁杂。二是丰富生动，避免呆板。三是尽量集中，避免分散。四是要有一个好的论述，文章论述要集中。网评文章不是学术文章，篇幅有限，字数有限，在有限的篇幅和字数内，条理分明地表达作者的观点。长篇大论，洋洋洒洒，会让读者产生视觉疲劳，也不符合网评文章本身的特性，影响其引导舆论作用的发挥。

（六）一定要从心底拥护，并感受作为一名网络文明传播志愿者责任重大，使命光荣，好好珍惜，乘势而上

互联网作为新兴媒体，在凝聚民族精神、激发爱国热情、汇集社情民意等方面发挥着越来越重要的作用，网络媒体的影响力越大，全社会对网络文明的期望值也就越高。党的十八大提出：“唱响网上主旋律。”中央文明办组织开展网络文明传播志愿服务工作非常有现实意义，非常符合党的十八大精神。建立网络文明传播志愿者队伍，正是应对社会信息化的发展、传播方式的变革、舆论格局的变化及改进创新精神文明建设、“唱响网上主旋律”的重要举措。特别在各行各业通过发展网络文明传播志愿者队伍，让成千上万的志愿者在网上传播文明、引领风尚；并通过汇聚网络文明志愿者的智慧和力量，推动公民

道德建设和社会主义核心价值体系建设，具有落实党的十八大“唱响网上主旋律”重要精神的里程碑意义。希望更多的人知网、懂网、用网、爱网，让网络文明传播志愿者的队伍越来越壮大，让这种爱的奉献吹遍互联网络阵地，让正能量在网络虚拟社会结出丰硕的文明之果。

二、网络文明志愿者应如何获取整合信源

（一）信源

信源就是信息的来源，可以是人、机器、自然界的物体等等。信源发出信息的时候，一般以某种信息的方式表现出来，可以是符号，如文字、语言等，也可以是信号，如图像、声响，等等。

（二）信源实体

信源是产生各类信息的实体。信源给出的符号是不确定的，可用随机变量及其统计特性描述。信息是抽象的，信源则是具体的。例如，人们交谈，人的发声系统就是语声信源；人们看书、读报，被光照的书和报纸本身就是文字信源；常见的信源还有图像信源、数字信源等等。信号的产生（物）被称为信源，相对应的概念应该是信号的接受（物）被称为信宿。

（三）信息传播过程

信息传播过程简单地描述为：信源→信道→信宿。其中，“信源”是信息的发布者，即上载者；“信宿”是信息的接收者，即最终用户。在传统的信息传播过程中，对信源的资格有严格的限制，通常是广播电台、电视台等机构，采用的是有中心的结构。而在计算机网络中，对信源的资格并无特殊限制，任何一个上网者都可以成为信源。

网络文明志愿者也要积极整合信源，获取最有效最有价值的资源，在其过程中则需要借鉴他人他单位的各项经验与成果，实现资源利用的最大化。

三、网络文明志愿者应如何撰写和发布网络评论

网络文明传播志愿者要积极撰写网络评论，成为网站活跃的原创评论员，借助网站信息传播平台，就当前某重要新闻、事件进行议论和评述，努力成为舆论领袖，积极引导网上舆论。

（一）撰写评论

网络文明传播志愿者应关注社会热点和舆论动态，针对网民关注的“文明”热点话题、当今社会现象、精神文明创建活动等，理性公正地进行分析，发表独到见解，观点新颖，以较高的写作水平、丰富幽默的表达，说服、影响网民。

（二）发布网络评论

网络文明传播志愿者可以固定给一些具有正确舆论导向的网站提供原创评论，成为这些网站的活跃网络评论员。

其他网站参看各网站评论频道投稿办法。

（三）与网友互动

对网民给自己评论文章的留言要及时应答，积极引导。

延伸阅读：

安徽理工大学大学生网络文明志愿者在共青团中央书记处第一书记秦宜智来安徽调研期间为网络文明志愿者发声

2015 年 3 月 31 日至 4 月 3 日，共青团中央书记处第一书记秦宜智围绕全团贯彻落实中央《关于加强和改进党的群团工作的意见》、推进共青团网络宣传工作创新发展等主题专程来安徽调研。安徽理工大学学生会主席王艺腾作为全省唯一一名大学生网络文明志愿者代表参加了 4 月 1 日在芜湖召开的新媒体网宣工作座谈会，汇报了参加青年网络文明志愿服务行动的经历、体会与思考，

受到了秦书记的亲切接见和认可。

大家下午好！我是安徽理工大学学生会主席、大学生新媒体发展与研究社社长王艺腾，很荣幸能作为一名全省大学生网络文明志愿者代表参加这次座谈会。这样一个春光明媚的4月，让我想起了两年前的那个春天，我和其余49名大学生网络文明志愿者相识、一起成立安徽理工大学大学生网络文明传播志愿者服务团的那个春天。

2013年4月，我在校团委网站里看到了关于组建大学生网络文明志愿者服务团的通知之后，就毫不犹豫地认真填报了一份报名表，经过校团委笔试、面试，我最终有幸成为了50名首批网络文明志愿者中的一分子，并被推选为志愿者服务团的副团长。后来我才知道，校团委是出于共青团网络宣传工作和微博体系建设的需要，在学习借鉴中央文明办和各地文明办网络宣传工作经验基础上，才在全省高校中率先成立了这样一个当时看起来还很特殊、略显神秘的学生组织。

起初，我们50个人所要做的工作也没觉得有多么复杂或是困难，无非是作为“校园意见领袖”在QQ群、论坛、微博上与本校普通学生网民进行交流沟通，大力倡导文明上网的网络氛围，将校团委网站和官方微博发布的内容进行转发给身边同学，配合设立在我校的安徽省高校大学生思想动态分析中心定期开展大学生网络舆情分析。

一年之后，也就是2014年4月，我们欣喜地得知学校申报的“团学工作网络新媒体战略转型”试点项目被团中央列为学校共青团重点工作创新试点项目。校团委在那时也向我们提出了一个紧迫的现实问题，50人的队伍根本不能满足试点项目建设工作的需要，能否根据新媒体平台建设、内容建设的需要对队伍进行扩建？答案是肯定的。在各基层学院团组织的大力支持下，我们这支队伍的人数从最初的50人很快发展壮大到775人，并在全校14个基层学院团委建立了14支网络文明传播志愿者服务团分团。但是这14支队伍在明确职责、落实任务、考核效能等方面出现了一些问题：个别学院分团的负责人责任与担当意识不强，在一年甚至一学期内多次发生变动；少数学生对网络文明志愿者的工作开始不理解，甚至嘲讽、诋毁；还有部分网络文明志愿者反映，在各类平台发声需要花费大量时间上网学习上级政策，会影响到自己本来就十分繁重的课程学习；学校没有网宣工作补贴，志愿者每个月的手机上网流量也有限，月底完成网宣工作时会力不从心，甚至提出了“退团”的请求。

这些问题和困难没有吓倒我们。为了让更多的人认可、热爱网络文明传播志愿者的工作，增强网宣工作的自信心和自豪感，敢于时刻同不良网络意识形态做斗争，校团委和我们一起逐步完善了人员管理、队伍建设、评优表彰等工作机制，将大学生网络文明传播志愿者队伍建设情况列入了基层学院共青团工作年度考评体系，在“五四”期间集中评选表彰了30位大学生网络文明传播志愿者，还选送2名大学生网络文明传播志愿者参加了省级青年马克思主义者培养工程大学生骨干培训班，支持我和其他网络文明志愿者成立了大学生新媒体发展研究社、安理微信联盟、掌上校园Myouth服务站等多支新媒体工作团队，协助学校推广、运营20余个新媒体服务平台，促进大学生新媒体爱好者之间的线上与线下交流，加强对校园新媒体的发展趋势和大学生的新媒体使用行为特点的研究，不定期举办校园微拍客、微电影等线下活动。

实践证明，大学生是非常喜爱新媒体的，学校团组织也能利用新媒体凝聚、联系和服务更多的青年学生。现在，像我一样以校名英文缩写“AUST”+姓名为标识的大学生网络文明志愿者人数已有近1 700人，成为推动我校共青团工作实现网络新媒体战略转型的重要力量。

最近，愿意报名加入我们这支队伍的人数还在不断增加。在我们看来，积极参与“清朗网络·青年力量——青年网络文明志愿服务行动”，在网络上弘扬主旋律，传播正能量，也是将共青团员的先进性和担当精神延伸到网络空间，体现到网上舆论引导工作中的具体行动。所以，我们学会了运用微博、微信、QQ等新媒体宣传中国梦和社会主义核心价值观，学会了在各大网站、论坛、掌上校园等发布暑期社会实践团队风采和优秀志愿者事迹。在学校和上级团组织部署的“我为核心价值观代言”“清明祭英烈”“南京青奥会”“春运志愿服务暖冬行动”“奋斗的青春最美丽”“勿忘国耻”等线上话题活动中，也总是能看到我们的身影和发声。

来芜湖之前，我一直在思考我们在网宣工作中遇到的一些困扰和难题借着今天这样一个机会，我想谈谈自己的几点想法：

1. 关于如何解决大学生网络文明志愿者经验不足、能力不足的突出问题

我希望团中央、团省委收集汇总各级团组织以及党的有关部门开展网络宣传工作队伍建设的有效经验和具体案例，形成供参考、学习、使用的《大学生网络文明志愿者队伍建设工作指南》和《大学生网络文明志愿者工作手册》，通俗易懂、具体详实地讲明我们大学生网络文明志愿者的工作职责、工作内容、工作方法，使今后的网宣工作更具有指导性、科学性和理论性。像我们学校正在组织编写的《大学生网络文明传播志愿者100问》等正式出版后，希望得到团中央、团省委各位领导和专家的关心和指导。

2. 关于如何完善大学生网络文明志愿者队伍评价机制的问题

高校是否可以打通"推优入党"的政策渠道，规定中学、高校的共青团员必须成为一名网络注册志愿者或网络文明传播志愿者，参与规定次数的青年网络文明志愿行动，才能优先被列为入党积极分子、发展对象，参加党校培训、发展为中共预备党员等。

3. 关于如何增强大学生开展网上舆论斗争主动性的问题

我建议，各级团组织加强引导，鼓励网络志愿者坚持正确导向，学会主动出击、主动发声，不仅要会转发优秀作品和图片视频，更要在百度贴吧、新浪网、搜狐网、网易网、腾讯网、凤凰网，天涯社区、人民网强国论坛等有影响力的论坛、社区全部建立工作账号，撰写原创和评论文章，并成为至少2～3个新媒体平台的活跃用户。

4. 关于如何丰富大学生网络文明志愿者工作内容的问题

是否可以利用企事业单位、社会组织等校外资源，共同推动大学生网络文明志愿队伍建设，使我们大学生网络文明志愿者既能在校园里，也能在社会上广泛引领文明道德风尚，赢得更多人对网宣工作的认可和支持。这可能需要高校团委与地市团委、社会组织、旅游局、环保局、网宣办、文明办等政府部门之间加强沟通、合作，经常性地组织我们大学生网络文明志愿者到一些地方性网络志愿行动中去。

5. 关于如何加强大学生网络文明志愿者队伍之间有效联动的问题

我觉得关键是要加强高校各基层院系大学生网络文明志愿者队伍建设。要出台相关政策，在财力、物力、人力等方面支持基层院系大学生网络文明

志愿者开展工作，为其提供专有场地、专用设备、专项经费，配备专门的指导老师，扶持一批大学生新媒体工作室专项课题研究或特色工作项目，开展扎实有效的专题拉练活动和集体行动，带动网络文明志愿服务水平的整体提高，不断完善全校大学生网络文明志愿者队伍的联动机制，使这支队伍逐步能够在互联网上形成强大声势。最近，我们学校就进一步整合资源，成立了一个由 50 名优秀的大学生网络文明志愿者组成的共青团新媒体工作室，并提供了充足的办公场所，添置了 6 台电脑、1 台打印机、1 部照相机，安装了宽带，让我们真切感受到了学校领导的重视和支持，倍受鼓舞。

第三节　全国高校学生网络文明促进会联盟

一、全国高校学生网络文明促进会

全国高校学生网络文明促进会（以下简称“网促会”）是一种新兴的、特殊的、先进的学生组织，是网络宣传工作中队伍建设的重要工作。

网促会的主要职责是充分利用高校人力资源和技术优势，将高校网宣员、“青马工程”学员、团学骨干等培养为政治合格、业务精湛的网络文明青年突击队员，使其成为高校共青团开展网络宣传引导工作的坚强堡垒和攻坚战斗队。实践证明，他们已经在网络正能量舆论形成、构建清朗网络空间、展现青年大学生风采方面发挥了重要作用。

二、全国高校学生网络文明促进会联盟

全国高校学生网络文明促进会联盟是以“传播网络文明、弘扬网络正气、培育网络风尚、清朗网络空间”为宗旨的民间联谊组织，是高校网络宣传类学生社团组织沟通交流的桥梁和纽带，紧紧围绕培育和践行社会主义核心价值观开展工作。

全国高校学生网络文明促进会联盟自 2015 年成立以来，秉持“清朗网络空间、传播网络文明、弘扬网络正气、培育网络战士”的宗旨，紧紧围绕培育和践行社会主义核心价值观开展工作，积极落实党中央相关规定，认真贯彻习

近平总书记系列重要讲话精神，协同合作，勇于探索，敢于发声，善于发声，将共青团工作覆盖到了网络，把共青团员的先进性和使命感延伸到了网络，在汇聚青春力量，弘扬青春正能量等方面做出了突出贡献。

为将清朗网络的任务开展得更为广泛，首批全国高校学生网络文明促进会联盟成立，其由88所联盟成员高校组成。郑州大学承办了2016年全国高校学生“网络文明促进会”联盟年会。团中央学校部部长杜汇良、宣传部副部长陈章乐以及郑州大学党委书记牛书成，党委副书记吴宏亮，校长刘炯天，团省委副书记、党组副书记李若鹏，团省委副书记王艺，等出席此次年会。

联盟高校学生网络文明促进会在年会上共同发出了《清朗网络青年担当》倡议，号召广大青年学生胸怀理想、锤炼品格，脚踏实地、艰苦奋斗，做有理想、有追求的用网青年，做有担当、有作为的护网青年，做有品质、有修养的净网青年。高校共青团要认清网络舆论引导工作的长期性和复杂性，不断总结、探索，从宏观、微观角度确立科学的理论，引导大学生网络促进会科学发展，发挥长效作用。

三、首批全国高校学生网络文明促进会联盟成员高校

为将清朗网络的任务开展得更为广泛，首批全国高校学生网络文明促进会联盟向全国各高校招募新成员，经自主申报、民主筛选，现通过安徽财经大学、安徽理工大学等88所高校成为全国高校学生网络文明促进会联盟成员单位。期望88所联盟成员高校能继续艰苦探索、实践创新、脚踏实地，把网络文明宣传工作做得更深入人心。现有高校名单如下（按学校所在行政区划排序）。

理事长单位：郑州大学

副理事长单位：北京大学、吉林大学、上海交通大学、福建师范大学、四川大学、西安交通大学

理事单位：北京工业大学、北京科技大学、中国地质大学（北京）、中国人民公安大学、中国石油大学（北京）、中央民族大学、南开大学、天津职

业大学、河北大学、河北工业大学、石家庄铁道大学、石家庄学院、燕山大学里仁学院、大同大学、山西大学、内蒙古工业大学、东北大学、辽宁大学、沈阳工学院、延边大学、东北农业大学、哈尔滨工程大学、东华大学、华东政法大学、江苏大学、南京大学、南京航空航天大学、南通大学、苏州大学、中国矿业大学（徐州）、杭州师范大学、宁波大学、浙江大学、浙江农林大学、安徽财经大学、安徽大学、安徽理工大学、合肥工业大学、厦门大学、江西财经大学、南昌大学、山东大学、山东科技大学、中国石油大学（华东）、华北水利水电大学、河南城建学院、河南大学、河南工程学院、河南工业大学、河南科技学院、河南理工大学、河南中医药大学、平顶山学院、商丘师范学院、许昌学院、新乡学院、郑州轻工业学院、华中科技大学、三峡大学、武汉理工大学、湖南大学、湘潭大学、华南理工大学、南海东软学院、广西师范大学、海南大学、四川农业大学、西南财经大学、重庆大学、重庆邮电大学、贵州大学、云南大学、西藏大学、西安电子科技大学、西安外事学院、陇东学院、兰州大学、青海大学、宁夏大学、石河子大学、新疆大学。

四、全国高校学生网络文明促进会联盟年会参会代表发言

（一）上海交通大学——翁昊天

尊敬的各位领导、各位老师以及来自兄弟院校的同学们，大家上午好！我是来自上海交通大学的翁昊天，很高兴今天能够在这里和大家一起分享一下咱们第一组的分组讨论学习成果。

非常感谢来自团中央新媒体中心的孙超老师为我们大家带来的一些分享。正如孙老师所说，我们正处于一个“互联网+”的时代，而我们网络文明促进会的每一位成员，与其说是志愿者更不如说是作战者。在针对舆情的作战中，我们需要有良好的定力与主观能动性，而这一点，就要求我们能够贯彻落实“联盟”这一重要思想，要能够建设起一个矩阵化的体系，包括单个自媒体或者官

微官博的点、单个院校网促会的线、全国各院校网促会组成的面、机制机构与人员结合起来的立体组织体系，以及容纳了过去、现在以及未来的时间轴的五个层面。我们的分组会议在“联盟”这一主题的基础上进行了进一步的讨论。

首先，针对各院校中的大V大牛以及各个公众号或者自媒体，也就是所谓的“点”，我们一致觉得院校内的网络文明促进会组织必须把他们掌握起来并有效利用，形成联盟。各个院校都有一些大V大牛，他们活跃在知乎、微博等平台而且往往具备一定的呼应能力，这对于网促会来说是十分宝贵的资源，我们必须把握好。同时我们也可以培养一批具有广泛影响力的意见领袖群体，在舆情工作中发挥出他们的积极作用。而对于校内的官微官博，更多的是希望在背后运营他们的团体能够做到网络内容建设精品化，将需要传播引导的信息转换为适合网络传播，同时青年也乐于接受的内容，积极研究网络工作的技巧，创新思路，提升工作活力。针对一些关键问题或者节点节日主动出击，弘扬正能量，传播积极阳光的精神。除此之外，针对校内自然形成的一些自媒体，网促会应该对于他们所发文章把好关，确保所发出的内容是积极向上的、是弘扬正能量的。在这个基础上网促会应该积极勇敢地与自媒体建立联系、共同协作，努力确保校内媒体环境的洁净与清朗。同时校内网促会需要能够将以上各个单独的点串联在一起，以点构线，建立起校内的“联盟”平台与互动，创建指尖上的共青团组织。

接下来是针对全国范围内各高校网促会的合作“联盟”，也就是“由线及面”。目前我们已经有一大批院校建立起了网络文明促进会，同时未来也会有越来越多的高校加入我们的行列，故而高校间的合作志在必行。第一点是高校间的互动环节，正如之前传播如此火热的“高校网上接龙改编《南山南》歌词活动”在互联网空间内就取得了极为良好的反响。南京大学、北京大学等诸多院校都参与进了本次活动之中。像这种良好的互动不仅有利于正面的思想引导，同时也能进一步提升高校官方媒体的知名度，一箭双雕。把握广大学生的喜好，诸如“拉CP”等青年学生喜闻乐见的互动形式都有利于网促会工作的进一步开展。第二点是针对社会上出现的敏感问题，高校应该联合发声、同时发声。正如之前的南海事件。通过积极点赞、评论、转发并形成传递式活动有助于在全国范围内更有效地形成声势，传播正能量、深化舆论引导工作。第三点是理工科院校和综合类院校由于彼此的差异，应该在合作中做到优势互补，形成多样化、立体化的交融合作。最后，加强各高校网促会工作间的交流，通过研讨等形式深入互相学习。

第四大块则是构建起良好的组织体系，将机制机构与网宣员和网络文明志愿者结合起来形成“联盟”。我们要学习网促会工作计划中的重要精神，不断地推进新媒体这一方面的队伍建设，实现以团组织为圆心，以网促会为核心圈，以网络文明宣传员为紧密圈，以网络文明志愿者为拓展圈的“同心多圆”结构的高校共青团网络宣传组织体系。着眼实战，提升工作效力。针对招募的网宣员和网促会志愿者，我们要让他们主动自主地参与到网促会的工作之中。为了达到这一点，我们觉得有以下两个方面的工作：第一，我们要给予志愿者正面的思想领导与教育，让他们意识到自己工作的重要性与紧迫性，同时意识到引领网络风尚是青年应尽的义务，建立正确的立场和价值观，加强战略定力和底气。比如周六上午吴德祖老师的讲座，受到了小组成员们的一致好评，希望类似的讲座能够在更广的层面上得以展开。第二，则是建立起健全的评价体系与激励措施，针对各个成员的工作评先评优，奖优罚劣，同时甄选成员，确保团队纯洁的同时又不失活力。而激励措施这一块尽管较为敏感，一旦处理不好很有可能授人以柄，但是我们小组讨论后认为还是必要的，因为部分高校网促会在工作中就遇到了工作量实在过大，反而引起了志愿者不满情绪的情况。所以在激励措施这一方面，还希望团中央和上级领导给我们加以指导与引领。

最后一大块则主要针对时间轴上的“联盟”和“联系”。时间轴的联系必然离不开昨天、今天和明天三个关键词，对于这一方面我们小组产生了三种各异的看法与理解，每种都十分具有启发意义。

首先，时间上的昨天可以指代以往的历史事件与学习的经验，我们作一篇文章、发一篇推送就应该学会考研历史，分析那些值得研究的事物并总结经验。而今天则是指当下我们工作的阶段，我们应该把握当下形势，认真地讨论与学习、积极实践。而明天代表着未来，我们要将目光放在那些具有远见性前瞻性的目标上，仰望星空，脚踏实地。对于时间轴的第二种理解则是我们应该在建设好上述四大版块组织建设的基础上，认认真真、踏踏实实地坚持下去，坚持我们的工作与付出，网络文明不是一蹴而就的，我们要认清这一点，一步一个脚印，不断前行。第三种理解则更多的是针对我们在座的每一位网络文明促进会的成员，参与工作、负责工作的人必然会更新换代，但是并不是说我们吸纳新鲜血液之后旧的成员就可以退休了。昨天的人、今天在场的各位以及未来一代又一代新的成员都应该是一个集体，都应该有着紧密的联系与合作，把握好代际优势的同时将我们每一代网促会人的经验与精神传递下去，共同构建起国家网络安全的坚固长城。谢谢大家！

（二）安徽大学——丛严

尊敬的各位领导，亲爱的老师、同学们：

大家上午好！我是来自安徽大学的丛言同学，很荣幸今天能够作为第二组的代表作总结汇报，衷心感谢二组小伙伴们对我的信任与鼓励。同时，在汇报之前，请允许我代表二组全体同学向为我们搭建网络文明建设交流平台的全国高校学生网络文明促进会联盟2016年年会的组织单位，以及所有给予我们指导的老师们致以最崇高的敬意和最诚挚的感谢！

党的十八大以来，共青团中央高度重视网络宣传引导工作，提出让高校成为网络文明志愿者的“前沿阵地”，不断提升高校网络新媒体工作的实效性。全国高校“网络文明促进会”联盟顺势而生，号召青年学好习大大传授的“八字真经”，当好一个“有高度的安全意识，有文明的网络素养，有守法的行为习惯，有必备的防护技能”的“文明守法好网民”，真正诠释了青年在虚拟网络空间的担当。十分有幸，我们又一次齐聚一堂，并拥有了如此珍贵的交流平台，得以将各高校在网络文明建设中收获的成功经验进行分享、将遇到的困惑进行讨论解决。经过讨论和学习，我们小组的全体同学都深感受益匪浅。下面，将我们二组就网促会工作开展情况的讨论总结向大家作汇报交流：

1. 建阵地——坚定正确方向，发挥传播优势

（1）坚持网促会工作的政治性。作为网促会联盟的一分子，每一位小组成员在分享时都不约而同地提到了这一点。在网促会的日常舆情引导中，我们必须坚定理想信念，把握正确的政治方向，自觉向党中央看齐，在思想上、政治上、行动上与党中央同频共振，将正确舆论导向贯穿工作始终。

（2）突出网促会工作的引领性。在小组讨论中，同学们都意识到了作为网促会的根本任务之一就是要充分发挥网促会在青年学生中引导正面舆论、服务发展大局的引领作用。不管是主题宣传还是热点引导，不管是舆论监督还是突发事件处理，都要自觉弘扬主旋律、传播正能量，更好地发挥组织青年、凝聚青年的积极作用。同时，小组成员认为要注意把握好正面宣传与舆论监督的关系，并且对于恶意言论应做出妥善处理。在深入了解掌握真实情况后，做到客观准确、入情入理地正面引导。

（3）发挥网促会工作的传播性。如同在讨论过程中，团中央老师莅临现场指导，给我们提出的课题一样，“联盟”“联盟”，如何发挥网促会多维度“联”的作用十分关键。在网促会工作中，我们必须紧密围绕在团中央周围，与其他联盟高校形成合力，并在校内联动网络宣传员、网络文明志愿者队伍，共同扩大网促会工作的覆盖面与影响力，传播青年好声音。

2. 强队伍——夯实内部建设，注重人才培养

（1）打通校—院—班三级联动体系，完善组织架构。小组成员所在高校，自网促会成立以来，通过整合资源、搭建平台，逐步完善组织架构。青海大学构建了以50名网促会会员为核心，各院系600名网络宣传员为主体，3 000名各班级网络文明志愿者为外围的“同心圆”工作体系，有效发挥网促会的凝聚力与战斗力。安徽大学网促会下设综合协调部、网络文明突击队、学习培训部、活动策划部、技术保障部等工作部门，在校团委指导下具体开展工作。通过前期宣传、推荐报名，共吸纳41名会员加入网促会，覆盖所有院系及学生组织，积极发挥专职团干部的灵魂作用以及网络宣传员的正能量传播作用，同时聘请

专业老师作为顾问与指导人员，提高网促会工作的专业化水平。

（2）立足学校网促会推进实情，健全工作制度。各高校网促会以“清朗网络空间、传播网络文明、弘扬网络正气、培育网络战士”为宗旨，紧紧围绕培育和践行社会主义核心价值观开展工作，并建立完善的规章制度，全面规定会员的义务与权利，形成有效的工作机制，保障网促会工作有序、高效地进行。四川大学通过建立长效化报送机制和突发事件处理机制，一方面建立值班制度，保证对日常的校园网络动态信息进行全面的不间断收集、上报；一方面利用“一网三微”体系，即“青春川大”网站、校—院—班三级微信、新浪及腾讯微博平台，并设立舆情监管员、舆情引导员、舆情后勤员，分工明确、相互配合，及时有效地应对在网络时代出现的突发性事件或热点事件。

（3）依托品牌活动培训，提高工作水平。各高校网促会均定期召开会员培训会与研讨会，着力提高会员的工作素养及能力。河南科技学院依托品牌活动“北斗讲坛”，不定期邀请专业学者和优秀社会人士对网促会会员进行指导培训并进行答疑解惑，培养会员的思想意识、提高会员的工作水平，切实解决会员在网促会工作中的困难，进一步加强队伍建设，从而更好推进网促会工作发展。

3. 有内容——创新方式方法，提升组织活力

（1）以探索运营模式谋求组织活力。北京科技大学积极探索新媒体运营新模式，目前运营的全媒体运营中心分为 3 个端口，分别是材料集成端，涉及院系、社团等各个层面；产品创造端，主要载体为微博、微信、手机报和专业工作室等；营销传播端，致力于将推送内容做到精准性推广。西安电子科技大学、河南理工大学等高校也通过新媒体平台的功能矩阵建设，使宣传平台成为青年学生学习、生活中必不可少的一部分，从而进一步借助平台，推进网络文明的建设。这些运营模式的探索，使新媒体平台更具活力，助力网促会工作更加深入人心。

（2）以挖掘先进典型引领青春活力。三峡大学以“引领网络思政新风”为宗旨，在新媒体平台中开设“男神”“女神”“学霸”“最美老师”等正能量专栏，引起了青年们的关注，从而更广泛地引领网络新风；浙江大学也通过

开设“浙青年”专栏，以优秀师生访谈纪实，在网络中树立典型，从而引领网络风尚，彰显青春活力。

（3）以线上线下联动激发工作活力。东北大学积极利用新媒体平台宣扬社会主义核心价值观的同时，创新工作思路，开展社会主义核心价值观闯关游活动，以广大青年喜闻乐见的方式，线上、线下相结合，使所有学生知晓、熟记社会主义核心价值观基本内容，并通过亲身体验线下活动，将网促会的工作影响从线上延伸至线下，使广大学生更加深刻认识、理解社会主义核心价值观的重要内涵，用实际行动践行社会主义核心价值观。

4. 敢发声——清朗网络空间，勇担青年责任

（1）抓住契机，积极响应号召。3月2日，由团中央网络影视中心、中国孔子基金会、团中央学校部全国学校共青团新媒体运营中心联合主办的“青年之声·净语良言我承诺”网络大行动正式启动。该行动以“读好书养堂正之气·说好话树君子之风”为主题，旨在通过系列活动，大力倡导青少年主动承诺使用“净语良言”，戒除粗俗网络用语，树立文明新风。活动一经发起，小组成员所在高校均积极响应，依托网促会平台，纷纷发出“净语良言”的倡议，号召与响应共鸣，在网络空间形成了一股清风。而在随后的“3·5雷锋日”，不少高校也借此契机，开展了“网络文明志愿者”倡议承诺及“我身边的雷锋”网络话题讨论，以此激励青年学生弘扬正能量，为构建清朗网络空间贡献力量。

（2）阳光跟帖，文明网络空间。在今天，我们的价值观念相互激荡，甚至是相互冲突的，前行的道路更是异常艰难，各种诱惑也是赤裸裸的，在网上更是少不了形形色色的言论。作为网促会的一员，我们应该勇担青年责任，把明辨是非的认知转化为行动自觉，面对不当言论敢于发声，做出正面积极的回应。商丘师范学院就在“两会”期间，针对网络上的负面言论，发起“阳光跟帖”行动，及时、有效地对舆论进行了正面引导，体现了网促会成员的战斗力，也发挥了网促会应有的工作实效性。

青年是标志时代最灵敏的晴雨表。时代的责任赋予青年，时代的光荣也属于青年。正如本次年会的主题“清朗网络，青年担当”，我们青年理应做到

脑中有弦，做清醒的上网者；肚里有货，做理性的发声者；心中有爱，做正能量的传递者；手中有旗，做清朗网络的引领者。这是我们理应肩负起的历史使命与责任，也是我们的荣幸。生于斯时多幸运，愿得此身长报国！吾辈自当勤勉，持书仗剑耀中华！

（三）中央民族大学——蒙永翠

昨天，我们小组主要就网络文明促进会联盟的运行机制展开了相关的讨论，我们主要从联盟的工作原则、组织队伍和运行机制三个方面来进行汇报。

1. 工作原则

坚持“校团委直接领导、社团化管理、专业化运作、吸收网络工作骨干学生参加”的工作原则，作为引领与指导中央民族大学网络宣传员队伍的核心力量，同时带动中央民族大学网络文明志愿者队伍的发展，弘扬网络主旋律，形成健康向上的网络氛围。

2. 组织队伍

（1）网络文明促进会。校团委机关各部门，各校级学生组织、学生团体及各院系团委信息员；校园网络意见领袖，青年评论员；校学生会、研究生会、校青年志愿者协会、社团联合会主席（会长），各院系团总支副书记、学生会主席；校内影响力较大的微信平台主要负责人；校广播台、电视台、电台等主要校园媒体负责人。

（2）网络宣传员队伍——坚持团学工作一体化原则。

①钻石网络宣传员：各校级学生组织的主席、副主席，各学院团总支副书记、各学院学生会主席。

②金牌网络宣传员：各校级学生组织信息员、各学院团总支信息员、各学院学生会信息员、各部门部长。

③银牌网络宣传员：各班级团支部书记、宣传委员。

（3）网络文明志愿者队伍。

网络文明志愿者队伍由中央民族大学社会责任感强、热心精神文明建设、熟悉网络传播规律广大同学构成，全校范围招募网络文明志愿者，队伍由以下两部分组成：

①校园网络文明大使，由学校中具有较高影响力的同学组成。

②各学院招募志愿者，按照各学院人数比例分配招募志愿者。

3. 优化运行机制的思考

（1）团中央与高校。设置联络员，每所高校设有一名高校负责老师和学生负责人；实行联系人更换报备，当高校负责人发生变动时及时报备；典型案例汇总，高校整理典型舆情案例并及时报备团中央。

（2）校际之间。进行联盟成员高校官方微博、公众微信平台信息汇总，并进行互相关注；理事单位引领兄弟高校主动开展议题；定期开展线上话题讨论活动，相互交流经验。

（3）校园内部。抓好顶层设计，坚持矩阵模式；定期开展网促会成员与网络文明志愿者培训会以及沙龙；收集学校具有草根性质的意见领袖，并取得良性互动。

（四）西安交通大学——赵宇馨

尊敬的各位领导，各位老师，各位同学，大家早上好！我是第四讨论小组的召集人，来自西安交通大学的赵宇馨，很荣幸今天在这里代表第四小组共24组高校的学生代表作讨论成果总结报告，若有不足之处，欢迎大家批评指正。

当今社会是一个“互联网 +”的社会，这是一个信息快速传播，舆论引导争分夺秒的时代，网络的高度普及是一把双刃剑，为我们同时带来机遇与挑战。在4月19日召开的网络安全与信息化工作座谈会上，习近平总书记指出，做好网上舆论工作是一项长期任务，要创新改进网上宣传，运用网络传播规律，弘扬主旋律，激发正能量，大力培育和践行社会主义核心价值观，把握好网上舆论引导的时、效、度。作为祖国未来的建设者，营造清朗的网络空间事关我们每一个人，当代青年责无旁贷。

自全国高校网络文明促进会成立以来，各成员高校在新媒体建设、网络舆论引导等方面做出了不同角度的创新与提高，同时也对工作中遇到的问题有着自己的思考。根据昨天小组讨论情况，现将成果总结如下：

1. 完善新媒体组织建设，团结网络文明志愿者

（1）各高校共青团结合自身实际情况，加强新媒体阵营组织建设。其中，湘潭大学成立青年新媒体中心暨网络文明促进会，整合各院系及校级组织的宣传部门，使学校网络宣传力量拧成一股绳；中国人民公安大学根据自身警校特点，对各网络宣传出口进行扁平化管理；宁波大学“聚贤成会”，网罗学生当中的优秀媒体工作者，通过评估面试确定首批网络文明促进会 48 人团队，获得良好效果。

（2）多种方法落实高校网宣员具体工作，凝聚网络文明志愿者团队

东北农林大学着力培养网络宣传员队伍，采取“两手抓”策略——一手抓管理，明确岗位责任制，使成员清楚了解自身义务，一手抓培训，将大部分成员纳入“青马工程”骨干培训班，提升其政治理论素养，同时组织“微时代、微传播、微素养”主题系列培训活动；南通大学建立校—院—学生的网宣员任务传递渠道，确保责任到人；西安外事学院将网络文明志愿者队伍化整为零，参与方式由定期参与转为实时参与，时刻注意网络文明传播；华东政法大学成立 48 人网络评论员精锐队伍，在网络舆情方面发挥着重要作用。

2. 积极响应团中央号召，大力建设新媒体平台

（1）各校积极扩大 Myouth 影响力，搭建“青年之声”平台。西安交通大学充分利用“青年之声”互动社交平台，实际解决和回复学生困难近百次，为学生创建良好的发声渠道。

（2）充分发挥微信公众平台作用，使团学组织形象更加贴近青年、融入青年。华东政法大学团委微信平台长期以来坚持每日推送，每周原创，获得广泛关注；宁波大学平台“宁大青年”设计专门吉祥物，并运用吉祥物的形象传播部分信息，使得同学们更易接受；重庆邮电大学在团委微信平台设置了适合青年人参与的小游戏，备受欢迎。

（3）开辟多元化网络服务平台，增加信息传播渠道。湘潭大学根据在校生微信使用量不高的现状，开辟 QQ 公众号，吸纳大量粉丝关注；西安交通大

学团委、学生会分别进行官方网站改版，设置多样化版块以加强对青年学生的服务，拓宽信息传播渠道。

3. 精心开发网络化产品，传递更多青春正能量

（1）推出原创精品，策划专题推送，注重内容把关。其中，厦门大学专注做产品，拍摄“厦大青年说”系列纪录片，每期都制作精良；华北水利水电大学充分利用“青年之声”平台，以“我为青年发声”为主题开展线上视频、征文活动，切实听取广大青年声音；浙江农林大学推出“高举团旗跟党走”专题系列推送，筑建青春堡垒；东北农林大学紧跟网络热点推出原创文章，如《中国版〈太阳的后裔〉，男主角比宋仲基还帅》等优秀稿件，夺人眼球。

（2）紧抓重要时间节点，引导青年向上向善。西安交通大学网络文明促进会紧抓重要节日、纪念日的契机，推出精品推送，如：纪念抗战胜利70周年系列、“铭记历史，迎接未来”12·9系列H5页面等；河北农业大学于世界微笑日前后开展线上最美微笑征集活动，号召广大青年留心发现生活的美好；西安外事学院在2015年下半年先后推出了“社会主义核心价值观”“学雷锋”“3·15捍卫我们的权利”等精品专题推送。各类宣传方式不同，但内容都充满正能量，有助于引导青年形成正确的价值观。

（3）线上线下活动相互结合促进，构建合理化青年发声平台。例如，宁波大学团委与地方团区委合作策划“正在说”脱口秀节目，倾听青年之声；南通大学组织“我为祖国举旗”主题快闪活动，并在网络平台上进行充分推广；西安交通大学艺术团连续推出五季“跳舞吧，交大”网络艺术相册，网络浏览量达600余万次；另一方面，学生会推出线上先锋论坛，在微信、微博平台组织同学们就当前社会热点问题发表自身观点，并予以正确的思想和言论方向引导，为同学们创造良好的发声平台。

4. 时刻监测舆论导向，竭力营造清朗网络空间

（1）高度重视舆情问题，以实际行动检测舆论导向。其中，南通大学出台了《网络舆情应对预案》，有准备地捍卫网络高地；北京工业大学定期在相关平台进行问卷调研，收集青年群体在特定时期或特定事件影响下的思想动态

变化并快速做出应对；各高校都安排网络文明志愿者时刻关注网络上的舆论导向，把握黄金四小时；同时，面对网络负能量，做到及时汇报、及时应对、及时引导。

（2）加强组织联动，共同营造清朗网络空间。比如浙江农林大学，主动联系各高校团委，进行工作交流、资源共享，并制作经典案例集，作为今后工作的参考与指导。

以上，我对第四小组各高校网促会的发展过程及突出工作作了简要介绍，接下来和大家分享几点我们在工作当中的经验或遇到的问题所带来的几点思考。

对于校园负面新闻，较好的处理方法是疏导而非压制。有时，同学们产生质疑或是有负面情绪，其原因在于不了解事件完整的真相，如此不加纠偏，就必然会导致扭曲的舆情。如若我们能够巧妙利用宣传技巧，让同学们了解事件原委，自然会使他们逐渐恢复平静，在此之后再进行正确的思想引导，会起到更好的作用。当然，对于特殊情况要特殊处理，尤其面对网络暴力等情况，则必须坚决抵制，彻底解决。

重视宣传方法的选择，以“四两拨千斤”的方式面对网络负能量，润物于无声之处，避免简单粗暴的宣传模式给青年群体带来思想压力，可以将主流思想与年轻人更易接受的事物相结合。另一方面，重视榜样的力量，在青年群体中树立青春榜样。

加强对高校网促会、网络文明志愿者团队的管理，使其不是一个简单的松散的组织，而是一个有领导、有力量、有追求的战斗队伍。这既需要加强对其组织成员的完善、制度的建设、架构的调整，也需要加强对管理人员和志愿者自身的要求和约束，增强其责任意识和政治素养。

我们深知，各高校在网促会建设等各方面的工作还只是刚刚起步，尚有许多问题未能解决、亟待完善；我们清楚，清除网络上的“雾霾”并非一日之功，让我们的身边“清风”袭面也需要时间；但我们坚信，青年群体有理想、有担当，若达成共识，团结起来，则是不可忽视的磅礴力量。在此，真诚地希望能够与在座诸位共同努力，为建设网络文明、传播社会主义核心价值观贡献青春力量。

本章小结

本章主要介绍了高校网络文明志愿者队伍的组建与管理方式，对网络文明志愿者应如何进行网络文明传播、网络信源获取整合、撰写和发布网络评论进行了指导和说明，并对全国高校学生网络文明促进会联盟基本情况和成员高校经验进行了介绍。

第四章

高校常用网络新媒体攻略

近年来，网络新媒体日新月异，被各地、各高校经常使用的主要有掌上校园（Myouth）、青年之声网络社交互动平台、微信、微博、易班（E-class）网络社区以及爱学号、口袋校园（PU）等几款 APP。在高校意识形态工作和大学生思想政治教育工作中，它们是极为重要的新阵地，将这些网络新媒体作为线上的第三课堂，纳入学校课程体系建设，与第一课堂、第二课堂密切配合，才能构成协同育人的有效机制。

第一节　掌上校园（Myouth）

一、掌上校园（Myouth）基本情况介绍

掌上校园（Myouth）是根据共青团十七大关于用创新手段服务广大青年的总体要求，为了更有效地利用新媒体服务广大团员青年，提升高校团组织在移动互联网上的影响力和凝聚力，由团中央学校部和网络影视中心联合建设的全国高校团学组织移动新媒体综合服务平台。

掌上校园（Myouth）自 2014 年 9 月正式启动试点。在试点中，掌上校园（Myouth）始终坚持以高校团学组织为直接服务对象，以高校活动的运营和团学组织的管理为功能聚焦，以免费性和公益性为原则，通过团学组织的成员和活动的受众，辐射和服务广大高校青年。

截至 2015 年 12 月 3 日，启动掌上校园（Myouth）试点的高校已超过 68 所，注册用户突破 100 万人，入驻学生组织及社团 2 849 个，发布活动 5 896 个，注册实践团队 4 948 个，实践动态 69 916 条，入驻团支部 2 610 个，发布动态 56 230 条。

高校团委可通过如下三种方式申请开通掌上校园（Myouth）服务。

（1）登录掌上校园官方网站：点击“学校入驻”，并提交相关信息。

（2）联系共青团中央学校部大学处。

（3）联系团中央网络影视中心 Myouth 高校运营中心。

开通校级账号后，团中央网络影视中心将负责提供技术和运营支持。

二、掌上校园（Myouth）高校“青年之声”互动服务版块

2015 年 8 月 17 日，掌上校园（Myouth）在原有活动运营和组织管理功能基础上，推出了高校“青年之声”互动服务功能版块。

（一）基本服务模式

根据全国高校新媒体工作的基础，并结合掌上校园（Myouth）功能特点，团中央网络影视中心 Myouth 高校运营中心提出了以高校团组织自有微信、微博平台为入口，由掌上校园（Myouth）提供“青年之声”标准化功能模块，无缝对接高校“双微”平台，快速实现各高校“青年之声”平台服务功能。

该平台以“解决大学生身边问题”为主旨，以高校为基本运行单位，由校团委负责管理。平台主要功能版块包括两部分：一是“青年互助”与“专家解答”相结合的开放式本校问答社区，二是开展线上需求调研和服务信息精准推送的服务平台。

（二）主要特点

1. 以高校为单位开设专区，发挥基层团组织贴近青年的优势，聚焦解决青年学生身边问题

高校“青年之声”平台的内容发布、展示和管理以高校为基本单位。有别于“青年之声”全国社区面向全体青年提供服务，高校“青年之声”更聚焦于大学生在校内的具体问题和需求。校团委可以联合就业办、后勤中心等部门，解决大学生学习生活中的实际困难，实现从“回答疑问”到“解决困难”，与全国问答社区形成有效互补。

2. 实现“青年互助”与“组织帮助”“专家指导”相结合

高校“青年之声”平台继承“青年之声”全国问答社区的基本功能，大学生可通过手机或电脑在本校版块自由提问、反映需求并向他人提供解答。除了实现青年互助外，团委还可邀请相关服务部门或专家共同解决青年学生问题，

建立“青帮青”“团帮青”“校帮青”相结合的服务模式。经过团委认证的老师或专家将在回答时呈现特殊标识，让权威回复和解决结果更加醒目。

3. 建立全国高校“青年之声”内容集合平台，让青年学生共性需求得到更多关注和支持

基于掌上校园（Myouth）开设高校“青年之声”全国集合版块，对于具有代表性的问题和需求，各高校可上传至全国版块（全国版块植入团中央学校部微信和微博平台）进行统一展示，让共性问题得到更多关注，同时实现全国平台与各校信息和数据互通，便于各级团组织交流与数据统计。

4. 提供在线需求调研与服务精准推送等服务功能

依托掌上校园（Myouth）活动运营功能，高校“青年之声”可以提供在线需求调研、意见征集等功能。高校团委可根据学生实际需求，主动向学生推送就业创业、素质拓展等实用服务信息，还可在后台对学生群体进行分类，向不同群体精准推送差异化服务内容。

5. 基于 HIML5 技术开发，实现功能模块化，可直接嵌入高校团组织现有微信、微博平台，充分整合现有工作成果

依托掌上校园（Myouth）的 HIML5 技术平台，各高校“青年之声”社区可实现模块化（均有固定网址），只需将网址与团委原有微信、微博的功能菜单进行对接，即可实现跳转进入社区，使“青年之声”服务成为高校团委“双微”阵地的新增功能。使得高校无须推广新平台，而是直接对现有平台进行“升级”。

（三）账号管理

掌上校园（Myouth）的“青年之声”平台分为问答社区与线上活动平台两个部分。各高校团委可从团中央领取本校“掌上校园”校级账密与“青年之声”问答社区管理账密，并于录后台。

掌上校园（Myouth）校级账号用于管理本校学生登录活动及组织，并对本校个人用户身份进行认证。经过校级账号审批的校内组织可以开展需求调研、服务信息推送以及其他文体活动。经过校级账号认证的本校用户将锁定称谓，并在互动交流时显示特殊标识。

掌上校园（Myouth）“青年之声”社区管理账号用于对校内师生的提问留言与回答反馈进行统计、管理、删除、置顶和上传至全国集合版块。问答社区是“掌上校园”的功能版块，校级账号与社区管理账号的区分，便于不同权限的团队进行分别管理。

（四）问答互动社区

1. 本校“青年之声”问答社区

校级社区账号开通后，全国师生通过微信、微博、网站或直接访问链接地址即可用手机或电脑登录掌上校园（Myouth）高校“青年之声”问答社区。首次登录会设定就读高校。只有本校师生才能在本校社区提问和发起话题。允许外校师生浏览或回复校内话题。点击社区上方的标签，可对该类别的话题进行筛选。

2. 个人身份认证

点击“我的话题”，将对用户发起的话题和回复进行展示，并可修改个人信息。经过校级账号身份认证的个人，认证后其信息不能自行修改，并且在参与话题互动时显示认证标识。

3. 社区设置

登录社区管理后台，可对社区的名称、图标、介绍进行设置，并可根据本校情况设置社区的类别标签。社区地址链接可以与微信、微博、网站等相结合，从其他入口跳转至本社区。

4. 话题管理

在社区校级后台可对安徽理工大学的问答和话题进行搜索、统计、删除、置顶。对于有代表性的问题、反馈或服务案例，可以上传至全国高校“青年之声”集合版块。

5. 数据统计

可对本校互动社区的话题、回复、浏览量等数据进行统计。

6. 全国高校“青年之声”集合版块

该版块将集合全国各高校自社区上传的有代表性的问题回复、共享需求调研以及面向群体提供的服务。信息将标注来源学校，点击标题即可查看回复详情，并进入所属高校的校内社区版块。

（五）需求调研

经过掌上校园（Myouth）校级账号审批的校内组织可以开展线上调研和投票，打破“一对一”的提问模式，掌握共性需求，面向全校群体征集意见。

（六）服务推送

高校团组织和其他团体可以根据在线征集的表单信息，对不同需求和特征学生群体进行细分，将具体的服务信息，通过后台群发短信和微信，精准推送到需要的学生群体。

（七）自主上传

建议定期将本校具有代表性的问答、调研结果及反响较好的服务案例上传至全国高校“青年之声”版块，以供高校间分享。建议每天每所高校上传信息不超过 1 条，以保证各高校都有机会在全国版块进行展示和交流。

三、掌上校园（Myouth）高校“青年之声”运营推广建议

（一）立足本校，打造“青年之声”服务品牌，制定响应机制和服务规范

将“青年之声”作为团委服务青年的重要品牌，制定信息发布和回复规范，力求做到每问必答，并对团委响应时间提出要求。

（二）建立校内各部门联动机制，强化服务功能

校团委协调本校学生处、教务处、就业指导中心、后勤部门等单位，建立联动机制，针对“青年之声”反馈的问题，给予积极回应和解决。如有条件可由各部门指派对接人专门解决学生有关问题。

（三）积极整合社会服务力量与资源，建立“青年之声”全方位服务体系

根据青年诉求，针对就业创业、素质拓展广泛邀请校外专家、服务机构

参与问题解答和服务。团委可通过管理账号对专家及各部门对接人进行身份标识，作为官方权威解答对学生反映问题进行回复。

（四）设立“青年之声”服务站，保障服务质量

在团委老师的指导下，设立以本校学生为主要成员建立“青年之声”服务站，建议有条件的高校为服务站提供工作场地，服务站主要职责包括：

1. 协助回答或解决互动社区的问题

2. 协助联络其他部门和相关专家及时解答问题

3. 收集学生意见，配合团委开展线上线下活动

（五）全面宣传推广

通过团委微信、微博、宣传栏、海报等方式对“青年之声”服务进行全方位宣传，引导大学生积极表达诉求和提出问题。

第二节　高校掌上校园（Myouth）经验分享

掌上校园（Myouth）是由团中央网络影视中心和学校部联合建设推出的高校团学移动新媒体平台，它以高校活动和团体组织的线上运营、内容展示、后台统计、审核管理为主要功能。自2015年9月向全国高校免费开通服务以来，已有200余所高校入驻Myouth。为更好地推广各高校团组织运用Myouth开展团学移动新媒体试点工作的创新经验，现就部分高校的成果与心得进行分享展示。

一、安徽理工大学经验分享

安徽理工大学深入贯彻《关于进一步加强和改进新形势下高校宣传思想工作的意见》文件精神，重点依托掌上校园（Myouth）平台吸引凝聚青年，研判青年学生思想动态，实现基层团建网络化转型。

在2015年“青年马克思主义者培养工程”大学生骨干培训中，首次采取“线上自愿报名+线下组织推荐”的方式确定参训学员资格，吸引全校2015级的2 088名校院学生会干事、大学生社团联合会干事、班级团支部干部、大学生网络文明志愿者代表Myouth（掌上校园）平台报名参加校院两级培训。

2015年11月15日下午，邀请当红80后女作家辛夷坞走进《安理工青年讲坛》，并利用Myouth（掌上校园）平台发起线上抢票活动，吸引近2 000名青年师生参与互动交流。

2015 年 4 月 10 日《安徽青年报》以《掌上校园：“把团组织搬进手机”》为题用 3 版的整版对安徽理工大学相关经验进行了宣传报道。

截至 2015 年年底，已有 436 个团学组织的 23 790 名师生用户入驻掌上校园（Myouth）平台，累计发布活动 580 项、资讯 966 条。全校目前共有 335 个团支部的 10 018 名团员每天活跃在该平台的团支部社区上，社区访问量目前已超过 10 万人次，累计发布各类青年学生思想动态、班级主题团日活动和人物风采 36 801 条。

二、安徽师范大学经验分享

近年来，安徽师范大学团委将新媒体作为加强组织建设、强化青年思想引导突破口，着力抓好、抓实，现就 Myouth 在安徽师范大学的试点情况作简要介绍。

（一）三轮驱动助力平台覆盖

1. 组织推动

指导 60 余个学生社团、20 余个五四红旗团支部、600 多支志愿服务团队入驻该平台，覆盖全校 70% 的本科生，累计发布动态 3 万余条，点击量近 80 万次。

2. 网宣联动

引导网络宣传队伍参与平台测试，举办网宣员培训班，实现学生意见领袖和优秀青年典型双向转化，解决学生大 V“团有团用”问题。

3. 福利心动

利用 Myouth 平台发布高雅艺术进校园、新年音乐会等热门活动组织在线抢票。

（二）三个转变强化平台效能

1. 由“面向学生”到“融入学生”

注重话语转换。策划制作具有师大特色的校本作品，如沙画视频《醉美师大》《大美芜湖》等。注重双向交互。一方面学生登录该平台即可完成报名、分享和意见反馈；另一方面活动主办方及时研判分析 Myouth 后台数据，补缺补差。

2. 由“教育引导”到“辐射传导”

注重朋辈辐射。如由安徽师范大学中国五四青年奖章获得者吴青山创办的五四爱心学校作为首批入驻 Myouth 的学生社团，入驻伊始即有 300 余名青年志愿者慕名参加支教活动。强化名师辐射。积极争取思政课教师，“全国师德标兵”路丙辉、十八大代表房玫等专家、名师“上线”，形成育人合力。

3. “高处着眼”到“实处入手”

注重优化服务。Myouth 第一时间解决了安徽师范大学本科生素质拓展学分认证汇总问题，实现了活动组织、管理和信息一体化。注重强化沟通。依托 Myouth 等平台搜集舆情信息、掌握学生思想动态，今年春季学期以来，整理学生舆情简报 50 余份，抄送相关部门、反馈解决学生诉求 300 余个。

三、海南大学经验分享

2014 年 9 月，海南大学团委被确认为“全国高校共青团新媒体服务‘掌上校园’创新试点项目”试点单位以来，海南大学团委在该项目的应用中成效显著。在 2015 年 Myouth 影响力第一、五、八期排行榜中，海南大学均名列第三，其中“‘投票’为金话筒们投出你宝贵的一票吧”活动入围 Myouth 大学生最喜爱活动评选前 10 名。

截至目前，Myouth 平台海南大学关注人数为 38 064 人，入驻社团数量为 142 个（实现社团全覆盖），共发布活动 535 个，发布活动资讯 413 条；团支部社区入驻团支部数量为 756 个，入驻团支部人数为 19 346 人，共发布团支部动态 5 097 条，阅读量达 76 378 人次；志愿实践社区入驻团队数量为 393 个，发布动态信息 1237 条，阅读量达 20 379 次。Myouth 平台精彩活动最高浏览量达 60 677 次，累计活动浏览量达 491 903 次。

Myouth 平台已成为海南大学开展共青团工作的新利器，学生不仅可以在线报名、关注、评论活动，还可以实现在线投票、接收通知等强大的互动功能。该平台已经成为海南大学师生获取校园文化活动的第一窗口，为海南大学各社团、团支部、志愿服务团队提供了一个发布资讯的终端平台，助力海南大学实现共青团工作的网络化转型。

四、兰州大学经验分享

兰州大学于2015年9月正式加入“掌上校园—Myouth”平台试点推广工作。短短的3个月内，兰州大学Myouth注册用户已突破1万余人，覆盖了93.7%以上的在校学生，各个学生组织、学生社团、校园职能机构等成功入驻Myouth，丰富了同学们的校园生活，服务兰州大学学子的日常生活和课余活动。

1．功能亲和，便利至上

经过对校内受众的深入走访和考察，结合目前移动互联网领域的发展现状，兰州大学最终选择了以Myouth平台与团委微信、微博平台深入结合的推广方式，舍弃了对APP进行深入推广的设想。同时，结合团中央“青年之声”等工作，利用Myouth平台的“兰州大学社区”功能，在团委官方微信、微博自定义菜单上接入“失物招领”等功能，让有需要的同学一键直达页面，最大程度便利师生。另外在抗战纪念活动期间，配合学生处、校团委通过Myouth策划线上抗战知识竞赛，便捷的参与方式使活动参与人数高达3 878人。

2．需求为王，扩大影响

服务站为充分发挥Myouth平台服务校园活动的功能，主动与校学生会、研究生会、社团联合会、青年传媒集团等各大学生组织积极沟通，让学生组织在活动开展中积极使用、充分利用Myouth平台的各项功能，扩大平台影响力。此外，服务站还在做好本职工作的基础上，深入了解同学们的意愿，主动与外界联系、承接了一系列大家参与意愿非常高的活动，诸如与东航合作为师生提供低折扣机票的“团团联合送你回家”活动报名1 583人、力邀大冰来兰州大学的“大冰兰州大学书友会”报名593人、承办“最美校跑步季”兰州大学分赛报名1 032人。2015年Myouth平台累计活动参与数超过8 000人次，总浏览量接近50 000次。平台投入运行后，为同学们带来了极大便利。以内容促品牌的推广方式迅速得到了同学们的认可，展示出平台强大的生命力。

3. 品牌支撑，服务团学

目前兰州大学团委和学校官方微信上均提供了Myouth平台入口，以官方信誉作支撑，校园活动形成了多载体、立体化的发布宣传体系，整合全校资源，全力推进，努力打造同学触手可及的“身边共青团”。截至目前，注册用户达10 009人，暑期实践团队账号112个，发布实践动态1 475条；注册团体153个，发布活动109个，发布资讯188条。

五、中国矿业大学（北京）经验分享

2015年，在团中央学校部的指导及网络影视中心的技术支持下，中国矿业大学Myouth平台使用及推广取得了新的成绩，也总结了一些新的经验与方法。

首先在吸引团体入驻工作中，中国矿业大学对申请入驻团体集中开展培训，并在平台开发出新功能后及时学习、充分宣传，帮助各团体及时将优秀活动信息及资讯及时在平台发布，实现内容上各个团体自主运营，由校团委对全局监控。目前中国矿业大学入驻团体共包括：各类学生组织及社团77支，团支部206个，社会实践队伍349支；总体关注人数达到7 630，占到中国矿业大学在校生人数的1/3，发布活动达到278次。

在志愿实践社区版块，实行团队动态与实践成果评优挂钩，充分调动了参与成员积极性，发布动态数量达到2 862条，成为一块内容丰富的社会实践展示平台。

在团支部社区版块，引导支部将支部日常工作及团日活动在平台上进行宣传展示，并与宣传工作评优相结合，主题鲜明，内容丰富。

在校内活动社区版块中，各组织团体百花齐放，积极开展丰富优秀的文体活动和学术活动，为平台注入饱满的活力；在宣传活动时，中国矿业大学团体利用校内团体微信公众号进行链接传送，充分利用其已有的关注度，对不同团体的受众人群进行定向宣传，同时经过微信朋友等途径广泛铺展，达到很好的宣传效果。

Myouth 平台针对高校团委的职能开发了极具功能性的各项版块及管理操作模式，为高校团委的管理工作带来了极大的便利，也为高校学生的校园生活提供了丰富的色彩。在今后的工作中，我们仍需积极探索和应用新媒体工具，使其发挥出更大的作用。

六、西安电子科技大学经验分享

“互联网 +”思想引领激发马列自学热情。

三级马列自学小组作为西安电子科技大学传统学习活动之一，是团建工作中共青团员思想引领工作的重点，在学习方式上，马列自学小组围绕学习马列主义开展，不仅通过自主学习的方式，自主探索、自主实践，使社会主义核心价值观的精神内涵入耳、入脑、入心；还充分利用网络新媒体，发扬“互联网 +”精神。尤其是今年通过 Myouth 平台集中反映学生马列自学小组的学习动态、学习效果，同时利用这种新型网络媒体对大学生进行宣传教育和引导，宣传党和政府方针政策，传播马列思想，倡导爱国主义精神，弘扬社会正气，扩大主流舆论，开辟思想引领的新阵地。

将 Myouth 用于马列自学小组的新型学习方式打破了传统政治理论学习单一、僵化的劣势，不断提升学生们学习马列的积极性。经过一个学期的自主学习，共组建学习小组 108 个，其中 91 个支部自学小组、16 个学院示范组，共 4 322 名新生加入到马列学习的队伍中来，共举办线上活动 421 场、线下活动 173 场，累计活动人数达 80 000 人次，实现全校新生团员的全覆盖。

七、西安交通大学经验分享

西安交通大学团委积极运用网络新媒体组织青年、引导青年、服务青年，自2015年7月申请成为团中央Myouth全国试点单位后，积极整合校园文化活动，有效对接团委“两微”平台，搭建交大“青年之声”互动社交平台，引领交大青年轻松玩转指尖上的新鲜校园活动。

为做好试点工作，西安交大团委选拔学生骨干成立“优思新媒体中心”，专门负责平台的宣传推广、技术培训、后台管理和答疑反馈。以学生会、研究生会、学生艺术团以及优秀学生社团为试点，把握活动的品位与层次，以点带面，逐步推广。以“交大之星”评选、“腾飞杯”创业竞赛、“校园艺术节”等交大传统精品活动为依托，引导青年学生主动体验Myouth平台的线上报名、抢票、评论、签到等功能。以交大“120周年校庆吉祥物”投票、“校庆志愿者”征集为契机，与学校重大活动充分结合，扩大Myouth平台在校园内外的影响力。以团委官方网站、微博、微信平台为桥梁，畅通沟通、对接的渠道，适应青年特点，满足青年诉求。

自2015年9月正式启用后，Myouth平台已经吸引全校128个学生组织和社团入驻，校内师生15 000余人关注，单次活动最高浏览量达到53 116次，通过“青年之声”平台回复解答学生疑问近百条，成为交大团学组织重点建设的、服务青年学生学习生活需求的“一站式”移动应用。

八、北京交通大学Myouth经验分享

作为首批Myouth北京高校试点，在共青团北京交通大学委员会的大力支持下，北京交通大学于2014年6月成立了北交大Myouth服务站来专门运营Myouth平台，招募了近20人的学生团队来管理运营这个全新的平台。在经过一年的运营，北京交通大学Myouth服务站共发布286条活动、432条资讯、用户总数达到17 364。

Myouth定位于大学生活动为主要内容的校园服务平台，我们就牢牢抓住这一点，积极与学校职能部门、各大社团以及各级团支部进行沟通联系，与他们建立长期稳定的合作关系，以确保全校各种文体活动第一时间更新到Myouth平台；其次为了更好地利用Myouth平台拓展交大学生视野，积极联系

校外活动“福利”给同学们，这样很好地扩大了 Myouth 平台在学生中的人气与影响力。

第一个学期结束以后，越来越多的社团主动联系入驻 Myouth 宣传他们的活动。我们的核心经验就是两点，“宣传”和“福利”。交大 Myouth 的宣传平台是校内关注量最高的微信号——“交大伴读小书童”。所以当我们建立之初，找对了平台，助我们一炮打响。而所谓“福利”，就是站在大学生的角度，真正地给平台受众谋福利。去年一年，我们首先以两场大型活动“《何以笙箫默》宣传放映”和“汪苏泷演唱会”免费送票打响品牌，赢得了良好的口碑，其他社团的申请也就接踵而至了。此外，为了保持长期稳定的合作，与全校社团的联络工作也很重要，每周对全校活动的统计是维持充实内容必不可少的环节。

第三节 “青年之声”网络社交互动平台

一、“青年之声”发展历程

“青年之声”是团中央书记处第一书记秦宜智同志亲自倡导创办的大型网络社交互动平台。

（一）为什么要建设“青年之声”

党的十八大以来，习近平总书记和党中央书记处多次做出重要指示，要求共青团大力运用网络新媒体开展好青年工作，充分发挥团组织和 8 900 万共青团员作用，传播网络正能量，参与构建清朗网络空间。中央下发的《关于加强和改进党的群团工作的意见》中，又专门对打造网上网下相互促进、有机融合的群团工作新格局做出了明确部署。2015 年 3 月，中央领导又提出了“建网用网占网”的要求。为了贯彻落实习近平总书记和中央的有关要求，秦宜智同志经过深思熟虑，4 月 15 日，向团中央网络影视中心党组下达了建设“青年之声”互动社交平台的指示。

团中央网络影视中心党组根据秦宜智同志和团中央书记处的要求，迅速搭建了 50 名采编人员和技术人员组成的专门运营团队，昼夜兼程，在一个月内完成了团中央本级“青年之声”技术平台的开发，并迅速上线。

“青年之声”开通一周后，中央政治局委员、国家副主席李源潮同志做出批示，“使之成为团结和引导广大青年跟党走的新阵地”。开通 5 个月来，秦宜智同志和团中央书记处领导已做出近 30 次批示，并召开了一次书记处会议、两次专题会议进行工作部署。“青年之声”已成为目前共青团一项全局性、战略性、基础性工作，被列入全团第十五项重点工作，成为本届书记处重点打造的青年工作品牌。

“青年之声”的主要功能是“反映青年呼声、回应青年诉求、维护青年权益、服务青年成长”。团中央“青年之声”上线当天，宜智同志率先回答了青年网友南开大学博士生张洪涛提出的问题，在全国引起了强烈反响，点赞人数超过 2 万人。网友们从创业就业到人生规划，从思想成长到情感处理，从国内形势到国际局势，从权益维护到问题揭露，向团组织说出了他们的心里话。

在秦宜智同志的全面规划和直接推动下，在团中央各部门及直属单位和社会各界的大力支持下，5 个多月来，“青年之声”呈现出持续、快速、稳定的发展态势。截至 10 月 8 日，“青年之声”平台共报送团中央问题总数 1 799 条，团中央各部门回答问题数量 1 408 条，中国青年网及“青年之声”专家团队回答问题数量 8 182 条，共回答网友问题数量 9 590 条。全团平台体系累计吸引青年访问 6.5 亿人次，接受咨询、求助和问题反映 15 万条，回复问题 2.2 万条，开展线下主题活动 2 000 多次，实地帮扶青年 1.5 万多人次。同时，“青年之声”充分依靠互联网技术和社会资源，帮助青年网友解决了一些迫切需要解决的问题，在国内外青年中产生了广泛影响。新华社、光明日报、中新社等主流媒体，新华网、新浪、凤凰等大型网站都给予了积极宣传。共青团中央直接听取全国青年心声，密切联系青年的网络通道正式搭建成功。

目前，“青年之声”正在向全团深入推进。各省级团委“青年之声”平台正在加快建设，截至 2015 年 10 月 8 日，全国 31 个省份（不含港澳台）团委全部开通了“青年之声”省级 PC 端平台，300 多个地市级平台正在加快建设，数千个县区、企业、学校平台试点建设也在有序开展，入驻“青年之声”V3.0 云平台上的专家和团干部已达 100 805 名。

（二）“青年之声”创造了共青团工作的“三个之最”

建成了目前国内最大的青年专属网络平台、最活跃的青年互动社交渠道、最具成长性的青年工作品牌。“青年之声”成为“互联网+共青团”的成功探索，成为共青团工作改革创新的重要窗口。

（三）“青年之声”实现了共青团工作的“五个转变”

一是从“团找青年”变为“青年找团”。在团青关系上，“青年之声”平台运用互联网思维和技术，从根本上打破了团青关系困局。为青年提供了一个24小时在线、随时随地找得到的“身边共青团”。二是从联系精英青年变为服务普通青年。在工作对象上，“青年之声”面向所有青年平等开放，从根本上破除了团组织联系青年高端化、精英化、圈子化、小众化等弊端，畅通了普通青年直接联系各级团组织乃至团中央的“直通车”，使团组织打捞出青年中大量“沉默的声音”和“潜伏的情绪”。三是从供给主导变为需求主导。在工作导向上，“青年之声”具体、真实地把大量青年需求直接呈现出来，“倒逼”团组织紧扣青年需求开展服务，显著提高了服务工作的精准性和有效性。“青年之声”十大服务体系基于大数据分析而建，并结合青年所急、党政所需、团组织所能，有针对性开展活动，受到青年广泛欢迎。四是从工作“分筹”变为资源“众筹”。在资源动员上，“青年之声”打破了团内分割和团内外阻隔，灵活运用“五帮”等多种方式，实现了各类工作资源深度挖掘、统筹共享，显著提高了服务能力。五是从地区差异变为均衡发展。在工作格局上，“青年之声”V3.0以扁平化、开放性的网络技术为各地各系统提供了同一起跑线和横向共享机制，实现了全团共建共享、互联互通，有效打破了区域界限，缩小了地区差距。借助V3.0平台，河南、内蒙古、宁夏自治区、云南、贵州等省区迅速开通省级平台，借用外力，探索出了一条中西部地区团组织实现跨越发展的新路径。

二、团中央书记处第一书记秦宜智眼里的“青年之声”

2015年10月22日，共青团中央在北京召开全团“青年之声”建设推进工作电视电话会议。团中央书记处第一书记秦宜智出席会议并讲话。

秦宜智指出，建设“青年之声”互动社交平台，是共青团贯彻落实中央4号文件和党的群团工作会议精神、深化团的改革的一项重要举措。经过全团共同努力，“青年之声”建设工作初步探索了互动社交平台建设的基本模式，发挥了密切联系服务青年的积极作用，对共青团改革创新带来若干重要启示，取得了阶段性成果。他指出，“青年之声”在青年中的影响力和感召力不断增强，得到青年的信任和社会各界的肯定，展示了“共青团+互联网”创新工作模式的显著活力，代表了共青团改革创新的基本方向，为团组织正本清源、解决根本问题提供了有益思路。全团要进一步统一思想、坚定信心，攻坚克难、锐意进取，推动“青年之声”在共青团改革创新中取得更大发展。

秦宜智强调，要充分把握“青年之声”作为凝聚青年、密切团青关系的重要平台，服务大局、有效组织动员青年的重要渠道，当好桥梁、及时准确反映青年诉求的重要依托，团要管团、倒逼制度改革和作风转变的重要动力等战略定位，发挥好“青年之声”在全团四维工作格局中的牵动效应，通过平台建设促进团的工作理念、组织体系、运行机制、工作方法等方面改革创新，努力推动共青团工作不断取得新突破。

秦宜智指出，“青年之声”顺应了网络化社会迅猛发展的时代潮流，满足了当代青年渴望平等交流、需要精准服务的群体特征，对团的各项重点工作具有较强的兼容性，具有发展成为共青团工作新品牌的重要基础。要准确把握“青年之声”建设的基本规律和重点要求，按照“布局科学、功能完善、技术优良、运行高效”的原则，着力打造富有时代特色的工作品牌。要构建全团统一的工作格局，按照团中央平台为中枢、省级平台为骨干、地市级平台为节点、基层平台为终端的功能划分，形成总分结合、各司其职、共建共享、互联互通的工作格局。要不断强化平台核心功能，聚焦服务青年成长这一首要功能，把主要精力放在为青年健康成长释疑解惑、想招出力上；做实线下服务这一特色功能，依托团的组织体系，用好“众筹”思维，整合团内外资源，为青年提供就近就便的线下服务；做精思想政治引领这一根本功能，通过对平台海量信息进行大数据分析，找准青年思想意识关键点，提高引导工作针对性。要不断提高技术创新和支撑能力，在充分应用V3.0平台功能的基础上，围绕“更便捷”“更安全”两个要求，提高技术研发水平，推进技术迭代，力争在APP软件开发、大数据分析、系统安全保障、运行质量监测等关键领域取得新突破。要建设务实管用的长效机制。把制度建设摆在更加突出的位置，抓好日常运行机制、资源整合机制、专家答题激励机制、层级协调机制、风险预警机制、考核评估机制、工作结合机制等基础制度建设，加强与党政职能部门的沟通联系，探索建立制度化协调机制，通过平台更好履行青少年合法权益“代言人”的职责。

秦宜智强调，要坚持难事长做、久久为功，集全团之力扎实推进“青年之声”建设深入发展。要集中全团力量抓落实，各层级、各战线团组织和团干部都要克服把“青年之声”视作某个部门、单位的单项工作的片面认识，积极融入“青年之声”的工作链条，促进“青年之声”与全团重点工作有机结合。广大团干部要自觉把“青年之声”作为锤炼群众工作本领的训练场，通过平台把自己摆在青年面前，接受群众工作检验，锻炼提高线上线下群众工作本领。要求真务实、保证质量，各地团组织要结合本地实际，务实建设平台，务实开展服务，把提高答问质量、确保内容真实放在首位，努力使每一个回答、每一条信息都尽可能权威可靠，不辜负广大青年对团组织的信任。要敢于担当、攻坚克难，引导广大团干部在“青年之声”建设运行的新战场上，培养起、发挥好直面矛盾问题、勇于接受挑战、大胆开拓创新、保持工作定力的作风，埋头苦干、真抓实干，努力把“青年之声”打造成为经得起时代、实践和青年检验的工作品牌。要科学考核、严格问责，建立科学严格的考核机制，合理设置考核指标，引入第三方评估，发展青年评价，用好实时监测手段，以严的作风和实的态度抓好考核督导，形成良性压力传导机制，努力做到层层压紧、层层尽责。

团中央书记处常务书记贺军科主持会议，书记处书记罗梅、汪鸿雁、徐晓、傅振邦出席会议。团中央机关各部门、各直属单位主要负责同志，团中央网络影视中心负责同志，全国省级团委班子成员及办公室、组织部、宣传部主要负责同志，“青年之声”服务体系负责人，全国行业团（指）委负责同志等300余人在北京主会场参加会议。各团省（自治区、直辖市）委班子成员和各部门主要负责同志，各团市（地、州、盟）、县（市、区、旗）委主要负责同志等4 200余人在各省分会场参加会议。

三、全国高校“青年之声”互动社交平台建设概况

高校共青团自2015年9月中旬启动“青年之声”互动社交平台建设工作以来，认真落实团中央书记处有关指示精神，紧跟全团步伐，发挥高校共青团在组织体系、工作力量和资源整合等方面优势，积极探索、勇于实践，努力将高校“青年之声”平台建设成反映学生呼声、回应学生诉求、维护学生权益、服务学生成长的工作品牌和重要窗口。想知道过去这段时间“青年之声”成长了多少吗？

（一）覆盖区域持续扩大

截至2016年4月底，全国开通“青年之声”平台的高校从最初试点的133所迅速增至899所（域名数量1 020个），覆盖全国29个省（自治区、直辖市）和新疆生产建设兵团。

截至2016年4月底，平台专家人数达45.6万人，页面浏览量3.6亿人次，平台提问数达23.1万人次，回答问题数总计11.8万。青年学生的心里话、烦心事、新想法都能在“青年之声”中找到。

在加强线上平台建设的同时，各高校注重线下服务及时跟进，积累了宝贵经验。如天津师范大学建立校、院两级共青团网格化工作队伍，聘请有“人气儿”的教师和校友成立专家导师团，协调校内各部门，明确负责人，让“校帮青”扁平化、一站式。四川大学把师生午餐会、晚餐会、茶话会作为“青年之声”微型的线下长期活动，通过“键对键”“面对面”实现“心连心”。

高校“青年之声”将服务青年学生成长作为平台建设的重要功能，不断探索强化自身服务能力的有效途径。如南昌大学相继成立了多个“青年之声”大学生成长服务联盟，动员学校各部门、学生社团承接一些具体工作，实现了学生组织专业对接，将成长服务落到实处。

（二）联动机制正在形成

实践表明，“青年之声”在高校的顺利推进，离不开共青团强大的组织优势。

班级基层终端是发现问题的窗口，校、院两级平台是解决问题的后盾，必须联动起来，形成服务青年学生的合力。如郑州大学团委在班级团支部中建立“青年之声”小组，在班级团支部内部及时发现同学的问题和困难，院系团委和班级团支部共同参与到解决青年问题中来，逐步形成了校、院、班三级“青年之声”联动格局，实现了全校同步开展、共同推进的良性运转。

四、郑州大学“青年之声”平台建设经验分享

“青年之声·郑大”平台建设工作分为四个阶段推进：（1）前期准备（9月底前完成）；（2）宣传推动（10月中旬前完成）；（3）全面推广（11月中旬前完成）；（4）案例收集（12月底完成）。目前学校已初步完成平台建设工作，并完成建设期四个阶段相关工作，正式进入全校运行阶段。

截至目前，“青年之声·郑大”网站累计提问超过2 000个，回答率100%，好评637个；@青年之声郑大微博累计回答问题超过3 000个；利用微信微博平台累计发布信息120条；线下办公室受理问题7起；联合心理健康中心举办心理健康讲座10场。

案例一：真假兼职

案例背景：

一拨冒充晨光公司工作人员的外来人员（配有工作证）在校园内活动，他们以找校园代理的名义行骗，不少同学被骗。该案例在指导大学生通过正当合法渠道寻求兼职方面有示范意义。

问题发现：

有同学通过“青年之声·郑大”公众平台投诉，有外来人员冒充晨光公司工作人员在校园内行骗，不少同学被骗。

青年之声帮扶：

首先，“青年之声·郑大”工作人员在平台上进行及时回复，详细询问同学的受骗经过，对提供的相关信息做了记录，并表示会针对这件事情进行追查。

经过调查取证，发现情况属实，“青年之声·郑大”工作人员根据受骗同学们提供的信息，以普通同学的身份联系冒充晨光工作人员的外来人员，在行骗动机被戳穿后，电话就无法接通，校园内也不再出现他们的身影。接着，工作人员将此事反映给学校保卫处，保卫处负责人意识到责任的重大，并表示即日起一定会加强管理，严查入校的外来人员，尽可能避免此类情况再次发生。事件的解决最终得到了提问者的肯定。同时，对线上类似寻找兼职避免受骗的生活类问题，“青年之声·郑大”工作人员根据多方查询和搜集的信息，一方面对提问者进行逐一回复和详细指导，另一方面整理了正确寻找兼职和避免受骗的生活经验，在平台上提供给同学们。

案例二：理发冲突

案例背景：

多名同学投诉校内一些理发店强制消费、变相收费，对此深感不满。本案例对于指导大学生明辨市场销售手段，做出正确选择，正当维护自身权益具有示范性的作用。

问题发现：

某一同学在校园内一家理发店剪发时被强制消费，并且理发店的实际收费高于店内标价。

青年之声帮扶：

线上，“青年之声·郑大”工作人员与这位同学进行沟通，了解事情的详细经过。线下，工作人员与投诉同学取得联系，当天找到理发店负责人进行情况核实，经协商，理发店负责人表示歉意并愿意给予一定的赔偿。之后重新联系到投诉的同学，讲明情况，她接受了店主的赔偿，并对“青年之声·郑大”维权事件的处理表示满意。事后，工作人员整理有关理发店投诉案例，对典型性问题进行公示，为同学们提供维权范例。同时与商家进行沟通，记录沟通协调方案，为类似事件的解决提供方法。

案例三：在校务工人员孩子无人看管现象

案例背景：

许多在校务工人员的孩子因父母忙于工作，缺少时间陪伴、辅导功课，通常独自在校园内玩耍。孩子的孤单，我们看在眼里，急在心里，花朵般的少年，脸上应该充满的是笑容。此案例对于解决在校务工人员子女无人看管、教育的问题具有示范作用。

问题发现：

有同学通过“青年之声·郑大”公众平台反映，节假日和周末在食堂和操场的角落里有些务工人员的孩子经常独自玩耍，神情十分落寞。

青年之声帮扶：

“青年之声·郑大”工作人员首先与问题反映者在公众平台上进行互动交流，仔细了解情况。并且在帮扶过程中时刻与他保持联系，让他了解问题解决的进程。工作人员核对信息后，及时将问题反馈给土木工程学院青年志愿者协会，协会成员对具体情况进行调查和了解，决定开办四点半课堂以解决这些孩子无人看管的状况，并对他们在功课上进行辅导。

第四节　微博

微博，即微博客（MicroBlog）的简称，是一个基于用户关系信息分享、传播以及获取平台，用户可以通过 WEB、WAP 等各种客户端组建个人社区，以 140 字左右的文字更新信息，并实现即时分享。最早也是最著名的微博是美国 Twitter。2009 年 8 月中国门户网站新浪推出“新浪微博”内测版，成为门户网站中第一家提供微博服务的网站，微博正式进入中文上网主流人群视野。2011 年 10 月，中国微博用户总数达到 2.498 亿，居于世界第一。随着微博在网民中的日益火热，与之相关的词汇也迅速走红网络，微博效应正在逐渐形成。

一、微博的定义

国内知名新媒体领域研究学者陈永东率先给出了微博的定义：微博是一种通过关注机制分享简短实时信息的广播式的社交网络平台，其中有五方面的理解。

（一）关注机制

可单向可双向两种。

（二）简短内容

通常为 140 字（包括标点符号）。

（三）实时信息

最新实时信息。

（四）广播式

公开的信息，谁都可以浏览。

（五）社交网络平台

把微博归为社交网络。

微博提供了这样一个平台，你既可以作为观众，在微博上浏览你感兴趣的信息；也可以作为发布者，在微博上发布内容供别人浏览。发布的内容一般较短，例如 140 字的限制，微博由此得名。也可以发布图片，分享视频等。微博最大的特点就是：发布信息快速，信息传播的速度快。例如你有 200 万听众，你发布的信息会在瞬间传播给 200 万人。

微博具有两方面的含义：首先，相对于强调版面布置的博客来说，微博的内容组成只是由简单的只言片语组成，从这个角度来说，对用户的技术要求门槛很低，而且在语言的编排组织上，没有博客那么高。其次，微博开通的多种 API 使得大量的用户可以通过手机、网络等方式来及时更新个人信息。

二、微博的特点

微博草根性更强，且广泛分布在桌面、浏览器和移动终端等多个平台上，有多种商业模式并存，或形成多个垂直细分领域的可能。但无论哪种商业模式，都离不开用户体验的特性和基本功能。其主要特点可以概括为四个方面：

（一）信息获取具有很强的自主性、选择性。

用户可以根据自己的兴趣偏好，依据对方发布内容的类别与质量，来选择是否“关注”某用户，并可以对所有“关注”的用户群进行分类。

（二）微博宣传的影响力具有很大弹性，与内容质量高度相关

其影响力基于用户现有的被“关注”的数量。用户发布信息的吸引力、新闻性越强，对该用户感兴趣、关注该用户的人数也越多，影响力越大。此外，微博平台本身的认证及推荐亦助于增加被“关注”的数量。

（三）内容短小精悍

微博的内容限定为 140 字左右，内容简短，不需长篇大论，门槛较低。

（四）信息共享便捷迅速

可以通过各种连接网络的平台，在任何时间、任何地点即时发布信息，其信息发布速度超过传统纸媒及网络媒体。

三、微博的发展趋势

与全球微博 Twitter 一家独大和其他国家微博服务不多的状况相比，中国目前提供微博服务的网站就有 103 家，是世界微博品牌第一大国。

针对有人提出的当前微博已经衰落的观点，通过数据分析，表明了不同观点。报告认为，微博仍然处于平稳发展期。从整体特征来看，中国微博用户已经与互联网用户极为接近，这说明经过 2010 年之后的发展，微博已经拥有了较为稳固的用户，成为相对成熟的应用。此外，从 2013 年下半年腾讯微博、新浪微博、搜狐微博的覆盖人数变化来看，三大微博整体仍处于平稳甚至微增趋势。

对于今后微博的发展趋势，提出了五点建议：第一，要进一步优化微博空间的传播秩序。第二，政府要加强信息公开回应社会关切。第三，党和政府充分运用好微博，挖掘微博对于社会治理创新的正能量。第四，通过法制化的途径不断提升微博秩序治理水平。第五，传统媒体要加强与微博等新媒体的融合。

四、高校新媒体官方账号的运营

迅速发展和更新的网络新媒体，进入了运用领域，显示出了强大的影响力。青年大学生是网络用户的重要组成部分，也是最容易接受网络新媒体的。博客、社交网络社区、微博、飞信等网络新媒体的使用已成为青年大学生必不可少的生活方式，新媒体成为凝聚青年的重要载体。所以，如何运营高校新媒体的官方账号，扩大高校的影响力至关重要。下面以运营校园官方微博的六大基本要素为例进行详细的陈述：

第一个是 ID，是微博的身份标识。第二个是官方微博的定位，只有好的定位才会有长久的发展。第三个是官方微博的内容，所谓内容为王，是微博好坏的命门所在。第四个是官方微博的认证，一旦微博认证通过，好处肯定非常多。第五个是官方微博的公关，官方微博具有一定的影响力，做好公关有利于高校形象或品牌的建立。第六个是官方微博的粉丝，粉丝量不容置疑地成为微博是否成功的基本指标之一。

（一）ID

个人认为广义上的 ID 包括微博的 ID 码、微博名称、头像、简介、标签等基本信息。好的微博名称再加上特别的识别度较高的头像，那就可以为微博加分了。如：名称是“** 大学 You 你”，谐音“有你”，有你有我一家人，拉近距离，简介是“高校新媒体，由后勤服务质量评价办公室管理，引领先进，服务师生，传递青春正能量，关注大学生成长”。我们知道，关注一个账号的习惯是，先看微博名称与头像，觉得合适才会点击查看简介和粉丝量，最后决定进行关注。设置基本信息时要有吸引力。

（二）定位

好的官方微博必定有着清晰明确、恰到好处的定位。它是官方微博所有运营方向的要素，是极为重要的。校园官方微博的定位，应该考虑微博的性质、面向人群以及粉丝需求这几个方面。

1. 微博的性质

对于校园官方微博一般是服务类性质的，服务师生，传递正能量；

2. 面向人群

安徽理工大学师生、安徽理工大学校友、同行、其他校园师生等；

3. 粉丝需求

指潜在粉丝所需要得到的内容、信息等。

分析好这三个方面的问题之后，再提出自己经营微博的定位，明确经营微博的大方向。

（三）在运营内容上

校园官方微博的内容可以包含以下方面：社会热点、校园动态、校园活动、社团文化、学习生活、实用技巧等范围。千万别以为转发、附上链接就万事大吉了。因为一般的人是不会去点开链接的，也有一部分人想点开，但手机网速也是不允许的。所以尽可能地发布原创内容，即使是转发的内容，最好也改造一下。当然，很多内容并不是随随便便想转发就能转发的，微博上的图片并不是进行消除水印加上本微博水印就结束了。换句话讲，就是要注意尊重知识产权问题，还要考虑信息来源是否合法，是否符合事实，是否是谣言等。

（四）在运营形式上，校园官方微博可以巧妙地利用微博话题

以 # 开头，中间写话题，最后以 # 结尾。对于校园官方微博，话题可以写提示类的，如“#You 你提示 #”、功能类的，如“#You 你调查 #”等等。又比如暑假期间的招新、迎新等话题。

在发布微博的时间上，应该遵循一定的规律。校园微博用户大多是学生，一般可以按照校园作息时间表进行发布。早晨的 7：00—8：00、中午的 11：30—12：30 和傍晚的 17：30—18：30 这三个时间段是用餐时间，微博用户使用量比较高，所以该时段的微博阅读量较其他时段高。另外，同学睡觉前的 21：00—22：00 也是黄金时段。经营者可以根据这个规律适当地进行发布信息的调整。

在微博本身的层面上，如何产出一条高质量的微博？应该注意以下几点：

（1）痛点、趣点、吐槽点。没有让人产生阅读兴趣的微博不是好微博，不能让人产生共鸣的微博必定也没什么影响力，所以，校园官方微博应该和校园、学生息息相关。

（2）互动性。这一点也是很关键的，微博是一个社交类平台，其本身基本的功能是交流。互动交流使微博更加有生命力，也是校园官方微博不死板的秘诀之一。微博文案有互动性的同时，微博回复也得及时。

（3）编辑功底。一篇真实、及时、有趣、有情感、有创意、有思想、有底蕴的微博通常可以让人感到微博的价值，当人们感受到了价值后，就会想要转载。当然，在发有价值内容的微博中如果适当地配上些图片、视频就更好了。

（五）认证

想做好一个校园官方微博账号，在通过认证后，得到的支持将使微博运营更加得心应手。细致的粉丝分析、时间分析、消息分析、图文分析，自定义菜单，置顶等功能更加强大。所以做好认证，也是一个有利的助手。那么校园官方微博认证应该注意什么呢？首先得确定你所做的校园官方微博是什么性质：校园机构？学生社团？还是其他？另外，不同性质的官方微博，所提交的认证材料会有不同，所以，认证时得注意。

（六）公关

官方微博的影响力相对来说比较大。作为校园官方微博，如何理解公关问题，也是值得思考的。出了问题，需要我们来解决，一方面是回应大家的疑问解决矛盾，另一方面是树立良好的形象与品牌。校园官方微博常常会被“攻击”，原因可能是有心或无心地发布了不负责任的、虚假的言论，或者遇上了奇葩粉丝找茬、对着干。对于问题和可能产生的原因，我们要事先进行预防：

（1）不发布或转发来路不明、无法考证或带有明显歧视的内容，不要有“猎奇”或所谓“独家”的心态来做微博运营，应该反复斟酌思考其影响。

（2）少发布或转发负面的信息（负能量）。校园新媒体担负着传递青春正能量，正确引领校园文化的责任，以积极向上，阳光活泼的面貌展现。

（3）出现了问题，应该分析原因，找到补救方法，如致歉信、声明等，态度要诚恳。

（七）粉丝

粉丝情况要看粉丝的数量与质量。粉丝数量一定意义上可以看出微博号的影响力，一般是数量越高越好。还有就是在《微博控　控微博》一书里提到了的僵尸粉，它们的比例将影响到粉丝的质量。僵尸粉的形成，部分是因为微博号本身存在的问题导致的。校官方微博不乏僵尸粉，同学们可能因为某次活动关注了一下，最后就不了了之了。如何减少僵尸粉，也是需要我们注意的。

案例分享

安徽理工大学团委微博的600天——高校团委微博运营经验谈

2011 年以来，安徽理工大学各级团组织按照团中央和团安徽省委的统一部署，围绕“构建共青团新媒体和文化工作系统化格局”的目标，积极探索运用新媒体和文化艺术手段开展工作的新载体、新路径，全面推进微博应用，积极构建校团委、学院团委（学生会和学生社团）、班级团支部三级共青团微博工作体系，目前开通微博 900 个，其中校团委微博两个，学院团委，学生会和学生社团微博 288 个，班级团支部微博 610 个，粉丝累计达 6.5 万人；另外，开通共青团工作干部个人微博 18 个，基本形成了全校共青团微博工作体系的多方联系与网式互动，有效实现对青年师生的广泛联系和网络覆盖。

安徽理工大学团委在微博体系建设工作方面积累的经验与典型案例介绍主要如下：

重点关注青年学生对社会现实问题的关切，做好舆论引导，把团组织微博建成引领大学生文明理性表达意见，弘扬社会主义核心价值体系的新平台。

案例一：特殊时期做好舆论引导

党的十八大开幕前，安徽理工大学向全校青年师生发出了“党的十八大开幕式观后感征集令”：“同学们，观看了党的十八大有什么感受？对大会设计的哪些内容最感兴趣？你觉得大会会对社会和自己产生什么样的影响？欢迎就以上任意一个问题发言并@安徽理工大学团委。”

此后不到一周的时间内，@安徽理工大学团委共收到青年师生、团干部和各级团学组织对党的十八大开幕式关注的微博1 000多条，在校园内掀起了以“微评论”“微期待”为主题，畅谈国家大事，表达爱党、爱国心声的热潮。

案例二：积极传播和弘扬“正能量”

2012年11月27日，安徽理工大学团委通过微博发出号召：“愿作传播正能量的火种——安徽理工大学化学工程学院韦炀同学见义勇为勇斗持刀歹徒受赞扬。青年们，学习韦炀同学见义勇为精神，为建设美好校园、美好安徽贡献正能量吧！”这条弘扬见义勇为精神的“正能量”微博很快被浏览、转发、评论总量接近10万人次。

在2012年3月的“安徽学习学雷锋”话题活动中，安徽理工大学团委发布了这样一条微博——安徽理工大学有个“洋雷锋”：3月7日中午，安徽理工大学美籍教师捡到一部手机。他的第一个念头就是“这手机是哪位学生丢的，我得尽快找到他，丢了手机的学生肯定特着急！”物归原主后，他用刚学会的生疏的汉语回道：“我也和你们一样学雷锋！”这条弘扬拾金不昧精神的“正能量”微博当天就被100余位用户转发、评论。

案例三：在互动中快速解决现实问题

据统计，2011—2012年，@安徽理工大学团委共与在校学生、校友之间通过微博评论、私信、转发等功能进行互动交流超过 1.6 万次。

例如，2012 年元旦前后，多位同学通过微博反映由于校图书馆和自修室临考前座位紧张而引发占座现象，安徽理工大学团委迅速组织学生记者进行了深度访谈和调研，为校领导和相关部门提供了重要参考决策，及时解决了忙于复习备考的同学们的这件“头等大事”，令广大同学感受到了学校和团组织对学生的关爱。

安徽理工大学团委还把通过微博收集到学生关于教学、管理、后勤保障等方面的意见和建议进行整理，视情况发送到校长、书记信箱，有的直接转送到相关职能部门，使得许多问题得到了及时有效地解决。

案例四：润物无声帮扶困难学子

2011 年 8 月，安徽理工大学团委微博转发了一条安徽理工大学采矿工程专业新生刘怀付同学的班主任的微博，主要内容是：刘怀付入学面临困境，父亲几年前癌症去世，家中几乎没有积蓄，还有一个身患残疾的哥哥，生活不能自理。入学学费和生活费无法解决。这条微博立即引发了 360 多名校友和社会爱心人士的关注，他们很快为刘怀付凑齐了学费。刘怀付入学后，在团组织的协调下，还获得了国家助学金以及勤工助学岗位。

2012 年 2 月 17 日，安徽青年报在头版以《高校围脖织就服务学生新平台》为题报道了安徽理工大学多项微博工作案例。

2012 年 2 月 26 日，中国青年报在头版重要位置以《安徽构建高校团组织微博联动体系》为题介绍了安徽理工大学团委微博在润物无声中服务大学生成长成才的两项典型案例。

第五节 微信

一、微信的传播优势与发展空间

微信在 2011 年 1 月正式推出后，其发展程度远超微信团队的预期，也超过众人的想象。经过 3 年的发展，微信的功能逐渐走向丰富和成熟，与人们的日常生活和情绪形成更为深层的联系。微信不仅为用户提供了一种新型交流体验，也在深化利用人际网络关系的过程中逐步延伸商业化发展路径，呈现社会化电子商务系统的趋势。

微信的传播优势非常显著：它打破了传统网络交流的固定范围，使用一种工具就可以与不同平台和圈子的用户进行交流，提高了沟通效率；综合运用语音、文字、图片、视频等多种方式，多元化传播方式满足用户的各种需求；微信使用费用约等于零资费，性价比高；传播内容具有私密性、即时性和可信度高的特点。

针对微信信息过载、垃圾信息泛滥以及安全性脆弱的不足，有专家提出三点发展对策：第一，在用户体验上加强创新，增强用户体验的舒适度。第二，加强与运营商的战略合作。第三，发展平台扩展盈利模式。

在媒介融合的背景下，微信的信息传播模式代表了未来社交平台发展的走向。可以预见的是，以智能手机终端为主要载体的移动媒体在未来将具有巨大的发展空间，而未来的信息传播媒介也将会是多媒体平台的优化集成，就目前而言，微信的信息传播媒介正是这一方向的有益探索。

二、校园微信公众平台的运营

（一）校园微信公众平台的优势

1. 学生受众的基数大

2. 微信为新媒体，对学生受众有很强的吸引力，而且迎合了当代学生的生活习惯

3. 微信发送语音形式的消息，使得信息的传递更具人性化、更贴近生活

4. 微信公众平台的开通，实现了信息一对多的传播，而且互动性更强

5. 目前微信公众平台不仅能发送文字、图片、语音，还能发送视频图文列表消息

（二）校园微信公众平台的机会

1. 随着移动互联网的快速兴起

3G、4G 网络业务的深入发展以及智能手机在学生群体中的普及，微信和校园微信公众平台被越来越多的学生群体使用，微信公众平台的市场巨大。

2. 微信产品不断升级

各种功能不断研发，使得微信和微信公众平台的功能越来越强大，对校园微信公众平台的发展提供了技术支持。

（三）校园微信公众平台运营对策与建议

新媒体时代，微信粉丝与其说是传统意义上的受众，不如说是信息消费的“用户”，而校园微信公众平台的信息消费用户就是学生——一个特殊的群体。如何能更好地留住并开发更多的信息用户呢？我们还需要从以下几个方面着手。

1. 创新内容，提升内涵

内容是一个媒体生存的最大武器。精彩的内容，实用的信息是吸引受众的最大法宝。“使用与满足”研究把受众成员当作是有着特定“需求”的个人，把他们的媒介接触活动看作基于特定的需求动机来“使用”媒介，从而使这些

需求得到“满足”的过程。要对内容进行创新，首先当然是需要了解受众的需求。

校园微信公众平台，主打的当然是校园资讯，所以应该更加注重报道校园新闻、校园活动预告等内容，但不能陷入简单的“复读机”模式，停留在单纯的复制层面，而是真正做好新闻的二次传播。同时，开拓新颖的版块栏目，创新新闻内容是十分关键的。除了校园新闻外，不能缺少学生感兴趣的饮食养生、娱乐、星座、职场等信息，而这其中，构思能引起学生共鸣的话题，是最值得实行的方案，以华中科技大学的校园微信公众平台为例，其成功推出“属于你的我的华科式爱情”等版块，不仅是本土化和接地气的做法，也是用学生的独特视角去解读生活、爱情以及校园和社会，让学生更容易、更乐于接受校园微信公众平台的内容。

2. 打破传统，革新形式

在这么多校园媒体中，可以说没有一个媒体传播信息的形式多于微信这个新媒体，微信主打的就是用语音进行信息播报，而像传统的文字信息，图片信息也在微信中得到运用，同时不能忽视的是微信视频的功能。

一条讯息可能有多个化身，从相同的数据中自然生成。因此，在形式上，应该在尽量克服限制微信公众平台发布信息数量的基础上，不仅通过文字内容、图片和语音吸引学生读者，还可以利用 3G 时代智能手机的相关强大功能和不断研发升级的微信功能，加入微信漂流瓶、扫一扫甚至是视频信息的传递，使校园微信公众平台更贴近学生的生活。例如：华中科技大学校园微信公众平台为方便校内同学交友交流，成功开发华科版微信校内漂流瓶和微信上墙等功能，迅速走红校园。

3. 灵活时间，增强互动

学生一般习惯晚睡，除了在晚上 9 点到 11 点使用微信，在中午 12 点到 14 点这个时间段也是使用微信的高频段。因此，根据学生的生活作息习惯，灵活制定微信发布的时间是很重要的。

当然，除了制定时间，和粉丝互动是很关键的一个环节。增强互动就需要知道受众需要怎样的互动话题，需要怎样的互动形式，确立良好的互动关系。要增强校园微信的互动性，首先，应该想到“互动话题”本身能够引起学生的感兴趣度，如：“那些年我们一起……”等，使更多的学生“有话可说”。其次，利用奖品吸引学生积极参与，提高互动粉丝的福利。最后，应该为学生受众提供更多的互动机会，并不一定只有互动话题才能参与，可以开设一个专门和粉丝互动的栏目，接收学生受众提供的各种信息。

4. 整合资源，优化人员

校园微信公众平台的整体运营包括微信运行后台，内容提供者——校园编辑、移动接收终端，学生用户等几部分。在这几个部分中，学生用户是主体，对各部分都起着显性或隐性的导向作用；而运行后台和接收终端是联系各方的传送血液。

一个新媒体的产生和发展离不开一个优秀的团队人员，同样校园微信公众平台的运营也离不开微信的编辑人员。编辑就是一个把关人，一个优秀的编辑不仅需要拥有对新闻的敏锐性、知识的丰富性和视野的广阔性，还要拥有对受众足够的了解和认识以及对各方面信息的整合和分配。只有全面提高编辑素质，才能使之成为真正的校园意见领袖，才能充分发挥校园微信公众平台的作用，在自媒体时代更多地引导学生的价值观、人生观和世界观，传递积极向上的正能量。

校园微信公众平台随着微信的爆发式发展，也逐渐渗透进人们生活、学习、工作的方方面面。作为一种传播校园信息、传承校园文化的新媒体，必然受到学生的青睐。总之，校园微信公众平台顺应了新媒体的发展趋势，其必将在高校内开启一个全新的信息传播时代。

案例分享

以下是华中科技大学微信公众平台的成功案例：

“华小科”的二三事——华中科技大学官方微信经验分享

提到华中科技大学，也许大家马上会根据它奇葩的男女比例7：1，想到“关山口男子职业技术学院”或是“华中可基大学”，很少有人会想到妹子。然而这篇秘籍的主角却是一个“萌妹子”——华中科技大学官方微信“华小科”。

“华小科”是由一支播音团队运营的虚拟形象。每天都会有一个萌妹子亲切地给大家道晚安，并且在不断地发展过程中增添了许多版块，如电影赏析、音乐推荐、听歌猜歌名、文字冒险等互动环节。

“华小科”诞生于2012年8月25日。起初只有四个人组成的团队——“华中科技大学新媒体中心”在全国高校中首创“微信迎新”。华科变身萌妹子“华小科”，不仅会在线解答新生们的问题，还会亲切地道晚安，开学第一天就吸引了上千的粉丝。而现在经过三次招新的“华小科”团队共有31位战友，大家正在一起为了这个微信品牌的发展而努力。

1. 微信互动特辑

第一个学期，“华小科”一共发起了4次较为大型的互动节日——“华科好声音”“万圣节特辑”“光棍节特辑”和“世界末日特辑”。“华科好声音”一周总回复超过13 000条，“万圣节特辑”当天回复量就有3 227条，而“华科大冒险”当天收到了5944条回复。

而粉丝参与度最高的应该是“万圣节特辑”，因为总共6条就收到了3 227条回复，而“华科大冒险”一套完整的游戏回复应该是18条，当晚总回复在5 944条，说明粉丝参与度其实并不是太高。

2. 华科好声音

该活动是受中国好声音的启发并结合微信平台的特点进行的。此次活动进程比较紧促，周日开始征集声音，周一周二是听众投票，周五正式公布最佳声音和最欢乐声音。周六周日则邀请华科好声音为大家献唱一曲。

经过统计，“华科好声音”举办当天就有342条回复，其中100人左右参与了比赛。而公布了“华科十五强”名单，并且开始投票活动后，两天内就收到了8 000条回复。而我们粉丝人数也随之增加近400。

“华科好声音”的受众层比较广，更能引起大家的兴趣，连学校的老师也有所关注，不得不说是一个小进步。但是，同时比赛也存在许多不足。比如好声音十五强选手里有四个都是我们的组员，减少了别人参加的机会，这是策划当中的失误。但这次互动设计是一次宝贵的尝试，让新成员可以自己策划发起活动并熟悉业务，一定程度上扩大了“华小科”的影响力。

3. 万圣节特辑

这是播音组所有成员的一次大胆尝试，打破往日“萌妹子”形象，由男女生一起为大家讲述鬼故事来庆祝万圣节。当天晚上收到了 3227 条回复。

4. 光棍节特辑

“光棍节特辑”是华小科准备最久也是最有影响力的一个活动。该活动分为“有缘华科来相会”“同学帮帮忙”“打开天窗说亮话”和“华科大冒险”。

“有缘华科来相会”是一个小科当红娘，给广大华科单身男女提供交友平台的互动；活动参与人数 130 人左右，网页点击量当天就达到了 7 500 次，一周点击量突破 28 000 次。

“同学帮帮忙”则是小科帮有困难的同学发布求助信息、求大神帮忙的互动，点击量达 2 000 次。

“打开天窗说亮话”则是同学们通过小科向朋友和爱人送祝福或是表白，共有 40 人送出了自己的祝福。网页点击量有 1 800 次。

而“华科大冒险”则是小科精心准备的以华科为背景、神雕侠侣为主人公的 rpg 游戏。当天回复量就达到了 5 944 条。

在这一周华小科的听众粉丝量增加 400 人。这是有史以来增长速度最快的一次。因为除了开学和招新之后，华小科没有做过线下宣传。同时，小科也拥有了一批稳定的忠实听众，保证了每晚的回复量。

5. 世界末日特辑

这是在小科拥有了近 1 万固定粉丝群后，首次做感恩回馈活动。活动主题为“致未来的你”。大家留言回复相对未来的自己或是未来的他说的话，“华小科”会在你指定的日期送上明信片。这次活动让大家感受到“华小科”不是一个冷冰冰的机器，而是有血有肉的人，这增加了听众对“华小科”的依赖感。

三、达人类微信公众号“牛弹琴”的探索与思考

（一）为什么要做自媒体？

因为现在有一种说法，所谓的自媒体，尤其是媒体的自媒体，都是一群上年纪的老媒体人带几个不太年轻的编辑做给年轻人看的。所以很多媒体的微信、微博，认真去看，都不太令人满意。

传媒自己的想法、看法，在报纸和网站上呈现时，就有可能不一样，但

自媒体就不一样，自媒体自己就是一个总编，自己怎么想，自己怎么写，最后就是怎么样，是一个新的呈现。

（二）传统媒体人做新媒体的困境是什么？

传统媒体卖的是销量与点击率，新媒体不一样的地方在于它寄生在其他的平台上，无论是微信还是微博。宣传部之前对网络大V下狠手，为什么？因为其言论的不琢磨性与难掌控性。这是自媒体人的一个困境。

（三）微信文章与传媒文章要有何不同才能吸引人？

1. 不要一本正经

语言要轻松活泼。要相信幽默的力量，很多人转发朋友圈，转发文章要么触动心灵，要么实用，要么就是文风幽默。所以在行文时，能有一些幽默的色彩，对文章的传播是有利的。

2. 反应速度要跟上

一般公众号一天只能发一次，与《人民日报》这样的公众号是不同的，如果要做影响力的话，反应一定要迅速。如果有突发性的事情，先发制人的推送，是对影响力逐渐扩大有帮助的。

3. 什么才是王？内容？渠道？

人们常说，传媒时代以内容为王。但新媒体发展起来之后呢？到底是内容为王，还是渠道为王，还是其他呢？个人觉得内容依然是最重要的（没有内容，忽悠一次可以，但次数多了就不行了）。不过内容要加上好的创意和形式。内容的形式包括H5、添加音乐、微视频，以及其他的创意方式，这是与传媒坐而论道不一样的，这也是新媒体的一个特殊生态。渠道这个东西，不是在什么时候都适是最实的。

（四）为什么有的文章用心了没人看，看似随便一做的却能吸引眼球？有什么需要注意的吗？

1. 短视频

2. 干货

3. 有趣的文字，好的文章，文字可以长一点，但文章趣味性一般，文字不宜过长，不要死板；

4. 标题

（五）内容要有建设性但更要有理性

做内容的时候要有一些底线，底线有时候是具有弹性的，有时候是可以，但有时候是不可以的，那么如何把握这个弹性呢？比如禁令没有出来，就是可以的，出台了，就不行了。

（六）新媒体创造力为什么越来越贫瘠？

这与知识产权没有得到保护是密不可分的，纸媒为什么衰落？这是有个大趋势，但抄袭也是个很大的原因。国内很多门户网站，为什么能容纳这么多新闻？其实里面就有这样一个问题的。

（七）做新媒体要明白哪些问题？

1. 读者到底是哪些人？读者要看什么？

内容的好坏似乎有很多依据，比如点击率、打开率、收藏率。一篇文章是否真的有影响力，应该从转发量来看。其实很简单的一个标准，在你发一个文章的时候，你首先想，自己如果是读者，你自己会不会转发？如果不会，那么这个文章肯定是不行的。包括私信转发还是朋友圈转发，都需要思考。

2. 一半的成功都来自于标题

一张有诱惑力的图，会吸引人来点击；标题也是如此。标题需要精心地设计，一个有争议的字眼，一个带有感情色彩的标点符号，再比如“10 大”这样的数字，这些是比一般的标题要讨巧的。

四、《中国教育报》以微信运营撬动全媒体改革发展

由教育部主管主办的国家级教育新闻媒体《中国教育报》，2013 年 6 月上线的《中国教育报》微信订阅号，致力于打造全国教师、家长、校长和局长

身边的“教育资讯专家”。2015年8月，微信订阅用户突破百万大关，随后在第八届中国报刊广告大会上获评“全国最具创新活力报刊新媒体”称号。

1. 报纸与微信的用户差异性

《中国教育报》的定位是：教师、校长、局长等主流群体，由于是教育部主办的，所以具有一定的官方色彩，而官方微信就弥补了这一不足，对用户进行拓展，以符合家长需求。

2. 报纸与微信的内容差异性

微信上开展专属栏目，推送相关语音，提升用户的互动性。内容生产上有一些这样的特点：微信推送时，重视数据化和可视化阅读，而这样的做的效果是可喜的；碎片化阅读；打情感牌达到增长阅读量，我们要先找到用户的需求，我们再去找自身的格调，比如我们推送《谁动了教师的福利》《教师为什么那么累》《我不愿意这样做教师》，等等；重点阅读，即干货，开篇时要以问题切入，吸引读者的兴趣，这样的操作方式效果会比较好。

运营方面。做了微社区推广、微信上开微店卖书、抢票线下活动等等。虽然说我们是以内容取胜，但运营者要尝试更多的运营，当用户数达到一定的规模后，要把沉淀的用户激活，所以我们在运营上了一些小尝试。

内容生产的机制。选题的产生—辐射全国—用户生产—用户反馈—选题，形成一个闭环。一方面，我们受益于微信的媒体影响力；另一方面，也给我们打了一针强心剂，同时，对采编流程以及思维的转型也起到了一定的作用。比如，我们会在微信上抛出几篇文章，对用户的信息和反馈进行整合，再请专家在报纸上进行剖析与舆论探讨。所以整体而言，我们形成了一次采集多次生成，多终端多次传播的立体化的格局。

其实，现在我们要做的不是传统媒体向新媒体的转型，而是向全媒体转型，尤其是现在这种被唱衰的传媒，也算是自己找出路的方法。所以全媒体转型、升级的核心要点在于：流程的再造，以用户需求为出发点，以产品的思维来进行整体策划，由不同介质的媒体跟进与呈现；更根本而言，是组织机构的再造，在组织架构上进行改造，进行资源的整合和整体的组织布局，比如现在《中国教育报》希望未来形成一个三足鼎立的态势，有纸媒方阵、网媒方阵、掌媒方阵。

3. 我们做了哪些事呢？

（1）打通壁垒，资源融合。比如“两会”时，我们是这样尝试的，我们首先组建“两会”报道的编辑部，把两报四刊（这里是两网，相当于很多媒体有的“中央厨房”的概念。）把选题、方案做一个整体的策划，形成资源的融合与统筹。

（2）形成全媒体一体化的采编机制，提升工作效率。比如我们当时推出了一个栏目，我们把报社所有的媒体，各个报社的编辑部、教师代表等邀请到我们总编室做一个集体的访谈，形成一个总资源，再根据不同媒体的优势分发内容，如果是做干货的就提炼干货，微信上就发短的、精练的视频，达到了1+1 ＞ 2 的传播态势。

（3）多媒体形式的探索。不仅仅是新媒体、网媒，其实纸媒也在做这样的探索，比如加一些二维码、H5 技术的试水，等等。

我们希望打造“两类融合产品”，建设“三个融合”平台，努力实现“三个转向”。

两类融合产品：我们希望是以影响力为导向来打造我们的内容产品，以满足用户多方面需求的服务性产品。

三个融合平台：全媒体内容生产平台、垂直服务平台、教育信息服务平台。

三个转向：平面纸媒转向全媒体、内容特色新闻特色为主转向新闻加服务为主、广告营利转向线上线下服务。

第六节　口袋校园（PU）

一、口袋校园（PU）简介

口袋校园（PU）是2013年8月中旬开始的，由一群普通的大学生创业发起的苏州天宫信息技术有限公司自主开发，目前国内唯一一家专注于“第二课堂”的高校成长服务平台。口袋校园（PU）在短时间内迅速覆盖了江苏全省113所高校，并成功在北京、上海、广东、云南、青海、陕西、甘肃、宁夏、安徽等20个省市自治区高校开展推广、对接。目前，口袋校园拥有合作高校200所，注册用户300万。

高校学生可凭学号登录平台，通过在线参加活动获得第二课堂学分、开展社团活动。口袋校园（PU）利用强大的编程开发和微信公众账号第三方扩展的特性，为同学们提供三类服务功能：

1. 查课表、查成绩、查教室、查菜单等查询类功能
2. 校园新闻、互动聊天、爆照等校园娱乐类功能
3. 校园团购、校园O2O等生活服务类功能

口袋校园（PU）微信公众号：pocketcampus

二、口袋校园（PU）功能概述

目前，口袋校园（PU）集成的功能有：查课表、查成绩、查天气、查百科、查词典、查英语四六级成绩、查浴室开放情况、查空教室、查公交、查快递、

查校历、查餐厅菜单、蹭课等 10 余种校园生活服务功能。

2016 年，职业培养、在线测评系统、培训辅导、线下成长服务中心等功能模块也已逐步上线。此外，平台还搭载了校园金融、创就业等服务功能，学生可在线申请社团活动基金、进行生活费理财并尝试兼职、创业等服务。

三、口袋校园（PU）高校合作案例

南京工业大学团委以“第二课堂成绩单”项目入选全国学校共青团工作创新试点项目为契机，在一年半的实践过程中，在完善制度、丰富载体和提升内涵等方面开展工作，扎实推进高校团工作的全面有效覆盖。

1. 目标定位

第二课堂作为第一课堂的延伸和补充，已经成为高校育人体系中的重要环节。然而当整理众多实践育人品牌时，我们常常深感实践育人工作的内涵过于宽泛，缺乏衡量全体同学综合素质的有效载体，工作中往往是活动看得见、成效难量化。而第二课堂成绩单，由于其直观性、客观性，可以成为解决和弥补这一问题的重要抓手。

2. 创新做法

制度为基，通融第一课堂与第二课堂。学校通过不断完善制度建设，使第二课堂与第一课堂相互促进，共同实现人才培养的教育本源。南京工业大学制定出台了《关于本科生培养计划中社会实践学分认定及成绩评定的实施细则》（南工校教〔2014〕136 号，以下简称《实施细则》）。文件规定，“社会实践”课程为学生必修课程，课程学分由团委统筹。

载体为先，建设过程控制和考核平台。在江苏团省委学校部的支持下，南京工业大学成为“大学生实践成长服务平台项目”（简称 PU 平台）的首批试点单位。学校与江苏天宫信息技术有限公司合作，对照《实施细则》的内容，将该平台作为第二成绩单的实现载体全面打造。平台开发了活动参与、学时认证、考核记录、校内通知、成绩单打印等个性化模块，实时记录了学生参与活动的经历和效果，为打造第二成绩单提供了翔实可靠的数据。2015 年，学校获得全省高校唯一的“PU平台建设特等奖”。

内涵为本，打造实践育人课程体系。在此基础上，学校不断加强第二课堂成绩单的内涵建设，推进实践育人的课程化培养体系，基于目标导向的第二课堂成绩单建设思路及路径研究，2015年还得到了全国学校共青团课题研究立项。

引领为要，差异化评分服务团的根本使命。校团委通过第二课堂成绩单制度，深化青年的思想引领工作。《实施细则》规定，“学生在校期间所修的公益服务学时不得少于10个”，同时对寒暑期参加重大志愿服务活动给予额外学时认定。学校积极开展品牌志愿服务立项工作，PU平台数据显示：2015年，15 000余名南工青年参加了747项志愿服务活动。此外，校团委积极打造“与信仰对话”“我的青春故事——奋斗的青春最美丽”等主题报告会，在思想引领类活动的实践学时设置上采取特惠制办法，适当增加实践学时数，增强思想引领类活动的吸引力，让青年学生迅速融入时代主旋律。

3. 实施进展

第二课堂成绩单项目有力地促进了学校共青团工作的全面、有效覆盖。

4. 推广价值

南京工业大学团委充分发挥第二课堂在育人体系中的作用，不仅明确了课程化的理念，更详细制定了可以量化的第二课堂考评体系，为青年学生成长成才保驾护航的同时，在制度和机制上保证了团工作覆盖面，实现了共青团工作覆盖全体青年，也切实促进了团组织的全面活跃。当前，高等教育正在全面深化综合改革的进程中，建立以学生为中心、以综合能力培养为导向的第二课堂成绩单制度，对于党政、对于青年、对于团组织自身，以及社会都发挥着积极作用。

第七节　易班（E-Class）网络社区

易班（E-Class）是提供教育教学、生活服务、文化娱乐的综合性互动社区，也是一家非商业性质公益网站，成立于2007年。易班网站融合论坛、社交、博客、微博等主流的Web2.0应用，加入为在校师生定制的教育信息化一站式服务功能，并支持Web、手机客户端等多种访问形式；在高校中设立了学生工作站，开展丰富多彩的校园文化活动，为全国教育系统的知名文化品牌。

一、易班（E-Class）简介

易班（E-Class）是一个以高校师生为主要使用对象的网络虚拟社区，由上海市教委党委、市教委依托市教育系统网络文化发展研究中心自主研发，是市教委在上海市高校中重点推进的网络文化建设项目，被昵称为“易班”。易班集成了BBS、SNS、博客、微博、手机应用等多种新型互联网应用。其中包含了新闻、通讯录、校园应用、博客、微博、相册、互动社区、论坛、邮箱、网盘、掌上易班。通过该网站，高校辅导员、教师及学生可在线互动交流、交换各种信息及资源、上传照片、撰写博客等。

二、易班（E-Class）的主要功能结构

易班的主要功能结构有：主页面结构（主页面）、网站层次结构（学校）、

班级主页结构（班级）、个人主页结构（个人主页）。每个结构都有其相对应的主要模块和功能。

易班最为主要的功能就是班级功能，他能让每个进入易班的同学找到自己相对应的班级，并帮助辅导员管理整个班级。班级的主要功能有话题、相册、网盘。

三、高校“易班”（E-Class）网络社区的兴起和发展

网络社交已经成为现代社会一种重要的交往方式，尤其对于在校大学生而言，网络社交已经成为其生活不可或缺的重要部分。近年来，国内出现了诸多的社交网站（SNS 网站），如人人网、开心网等。据 Alexa 公布的数据显示，国内最受欢迎的社交网站排名，人人网高居第一位。人人网主要是以学校为分类单元，其参与者主要是通过学校、年级和班级来进行交往，并且网站采用实名制注册方式。人人网网民相较于一般互联网人群而言更加年轻，年龄一般都在 18 ～ 24 岁，而且大多数都拥有良好的教育背景。以人人网为代表的网络社区影响着青年学生的生活方式、学习方式、交往方式、娱乐方式甚至语言习惯，但是网络社区中弥漫着“偷菜”“抢车位”等泛娱乐文化，这在一定程度上不利于大学生思想的健康成长。而校园网、校园 BBS 却因功能和技术落后，难以进一步吸引学生，网络思想政治教育的效果也受到影响。

易班在高校的应用有利加强和改进网络思想政治教育。易班对大学生网络生活及网络行为影响主要体现在：网络发言更加多元化，更能有效地发表自己的言论，畅所欲言，并且起到好的引导作用。沟通交流人群更有针对性，方便学校与学生，学生与学生，学生与老师之间的交互沟通。影响着青年学生的生活方式、学习方式、交往方式、娱乐方式甚至语言习惯。

易班建设在有条不紊地进行中，有很多还需要改进的地方，不论是易班的布置还是思想的创建，都离不开同学们参与。只有集思广益，充分发挥他们的想象力和创造力，激发他们用自己的智慧和双手来创设有特色的易班文化环境，才能使这一项工作得到实施和发展。

第八节　APP

APP 是目前移动设备上的应用软件，系统自带的 APP 软件是系统的 APP 应用，比如：打电话、拍照，都是一种 APP 应用软件而已。

目前除去基础的系统 APP 软件外，还有很多的第三方应用软件，比如：聊天用的 QQ、微博、微信等。目前，在高校里，第三方 APP 应用软件的使用如火如荼。

一、APP 是什么

APP 指的是移动设备的第三方应用程序的统称。不管是聊天交友软件还是另外的什么软件，只要不是内置的基本功能性程序都是 APP，通常用来扩展设备的功能。因此，没有一款软件跟它类似，因为它不是一款特定的软件。

每个 APP 都有着不同的功能，APP 之间是会有类似功能的。在下列应用商场中可以下载到想要的 APP：苹果的 AppStore，谷歌的 Google PlayStore，诺基亚的 Ovistore，黑莓的 BlackBerry AppWorld，还有微软的 Marketplace 等。

一开始 APP 应用只是作为一种第三方应用的合作形式参与到互联网商业活动中去的，随着互联网越来越开放化，应用作为一种萌生与 iPhone 的盈利模式开始被更多的互联网商业大亨看重，一方面可以积聚各种不同类型的网络受众，另一方面借助 APP 平台获取流量，其中包括大众流量和定向流量。

二、APP 的主流版本及对应文件格式

目前，APP 主流的应用版本有以下四个。

（1）苹果的 iOS 系统 APP 格式有 ipa，pxl，deb，这里的 APP 都是用在 iPhone 系列的手机和平板电脑上。据收集的数据显示：这类手机在中国的市场的占用率是 10% 多一点。

（2）Android 系统 APP 格式有：apk，这里 APP 主要用在使用安卓系统的智能手机上，这类的手机在中国市场上的占用率最高，据收集的数据显示：差不多现在快占有市场 80%。

（3）诺基亚的塞班系统格式有 sis，sisx，市场占有率比较低。

（4）微软的 WindowsPhone7、WindowsPhone8 系统，APP 格式为 xap。

三、下载 APP 的应用商店

目前，比较著名的 APP 商店：有苹果公司 iTunes 商店里面的 AppStore；Android 的 Google PlayStore；诺基亚的 Ovistore；还有 Blackberry 用户的 BlackBerry AppWorld；Android 的 PlayStore，如今，随着安卓智能手机的普及，安卓 APP 商店也越来越多，比如 360 手机应用商店，百度 Android 应用中心，豌豆荚，91 手机助手等多个第三方应用平台。

直观的说 APP 就是应用软件，现在主要指的都是 iOS，Mac，Android 等系统下的应用软件；再直观一点地说，APP 就我们使用的智能手机上的第三方应用软件，这些软件我们通常都可以在上述列出的应用市场下载。

四、APP 开发采用的系统语言

对于很多有志于开发手机应用的朋友来说，他们最关心的是开发各种 APP 所要使用的编程语言，下面就跟大家介绍一下现在比较主流的手机系统，开发手机 APP 所要使用的编程语言。

APP 开发的语言有很多种，主要为以下四种：

1. iOS 平台开发语言为 Objective-C

开发者一般使用苹果公司开发的 iOSSDK 搭建开发环境，iOSSDK 是开发 iPhone 和 iPad 应用程序过程中必不可少的软件开发包，提供了从创建程序，到编译，调试，运行，测试等一系列开发过程中所需要的工具。

2. 安卓 Android 开发语言为 Java

开发者一般是用谷歌公司开发的 Androidsdk 搭建开发环境，使用 Java 进行安卓应用的开发。

3. 微软 Windowsphone7 开发语言是 C#

4. 塞班 symbian 系统版本开发语言是 C++

总之，针对不同的手机系统，各个手机系统开发公司都开发有针对自己系统的应用软件开发工具，我们利用他们的开发工具，可以轻松地搭建出开发环境，通过学习相应 SDK 的开发文档，进行各种 APP 的开发（具体可查看《详解 APP 软件开发过程中的解构和重构》的相关介绍）。

五、APP 给人们带来的方便

目前比较著名的 APP 商店有苹果公司的 iTunes 商店里面的 APPStore，因为 iOS 系统的不开源性，iOS 系统的 APP 商店就只有苹果公司的 APPStore，所有使用 iPhone 手机或者 MAC 电脑，或者 iOS 系统的平板电脑的用户，通常就只能在 APPStore 上面下载 APP，也就是下载应用软件。

Android 系统比较出名的 APP 应用商店有谷歌公司的 Google PlayStore，360 手机应用商店，百度 Android 应用中心，豌豆荚，91 手机助手等，诺基亚的 Ovistore，还有 Blackberry 用户的 BlackBerry AppWorld。

APP 创新性开发，始终是用户的关注焦点，而商用 APP 客户端的开发，更得到诸多网络大亨们的一致关注与赞许，总的来说，APP 有以下几点好处：

（1）APP 用户增长速度快、经济能力强，思维活跃。

（2）APP 可整合 LBS、QR、AR 等新技术，带给用户前所未有的用户体验。

（3）APP 基于手机的随时随身性、互动性特点，容易通过微博、SNS 等方式分享和传播，实现裂变式增长。

（4）APP 的开发成本，相比传统营销手段成本更低。

（5）通过新技术以及数据分析，APP 可实现精准定位企业目标用户，实现低成本快速增长成为可能。

（6）用户手机安装 APP 以后，企业即埋下一颗种子，可持续与用户保持联系。

对于中小企业而言，APP 应用可以为其提供更有效的客户资源管理模式，能够更有效地管理客户、挖掘客户需求、推广产品及服务。

同时，由于互联网营销的高效与低成本，企业可以通过 APP 开发营销提升业绩、降低成本，还可以利用互联网强大的传播能力，以优秀的 APP 为卖点，迅速提升企业的品牌知名度及影响力。

六、APP 的盈利模式

也许有人会问 APP 的商业模式不就是“收费”或“免费但附广告”这两种？当然不只这么简单，借用老祖宗的说法太极生两仪，两仪生四象，四象生八卦，八卦又可以化为八八六十四卦。所以光是收费或免费，其实都还有种种衍生的组合。而这些不同的组合与变化，正是创业家与开发者得以由其中获利的方式。这里列举了移动 APP 的九种盈利模式。

模式一：单纯出售模式

这种应该就是最单纯的模式。开发者制作 APP，透过 AppStore 或 Market 销售给使用者。在这种模式中，重点是让单价 × 销售量所得的销售额极大化，看起来似乎像是废话，但是值得思考的是假如某个 APP 对特定族群来说是很有用的，但对于大众来说也许不具吸引力，那么与其定 $0.99 但是也不会因此多卖几个，是否反而应该把价格定高一些，然后通过正确的宣传方式让有需要的人得知此信息，虽然销售量有限，但是因为单价够高，整体销售额也许更有利。且因为单价高，之后还有打折促销的空间，进一步吸引价格敏感的消费者抢便宜。但是，国内的用户有国内用户的习惯，国内 98% 的用户没有主动为应用付费的习惯；其次，移动支付手段滞后，用户的支付习惯尚未养成；最后，免费应用越来越多，收费应用推广越来越难。

模式二：广告模式

这也是相对单纯的模式，实际运作在广告主与开发者之间应该还有 Apple 或 Google 这两大广告代理投放平台才对。而此一模式的获利主要就是靠广告，因此要尽可能冲高 APP 下载量，所以如果可以结合使用者有需要的服务，例如信息或情报，一来需求已经存在，二来广告媒合效果也会更明显。

模式三：收入组合模式

这是单纯出售模式的延伸，意思是借由其中一两项特别便宜的产品吸引消费者上门，再顺势同时卖其他的产品给他，就像是现实生活大卖场通常会有所谓的特价商品吸引消费者到卖场消费，同时有机会购买其他的东西提高营业额是相同的道理。

模式四：持续推出更新附属功能模式

这里指的是除了主程序之外，持续推出可以额外付费下载的附属功能，像是游戏的新场景或是拍照软件的新滤镜效果等，让收入可以持续增长。同样的也可以让主程序的费用是 $0（搭配广告模式），或是运用收入组合模式的心理效果。

模式五：月租费模式

顾名思义，只要使用者持续使用，随着时间流逝就要定期付出费用。这种模式的变形也许绑的不一定是时间，而是使用量。而订阅内容也会运用此模式。

模式六：二次运用模式

同样的产品或服务，有没有可能经过重新组合或筛选之后变成另一款产品？真实生活中最典型的例子就是漫画杂志定期会把其中的连载集中再推出单行本，因此卖杂志时赚一次，卖单行本时又赚一次。而这种模式在App领域除了内容之外，也可以成为持续推出更新附属功能模式的变形。例如游戏在持续推出新场景（持续推出更新附属功能模式）后，隔一段时间再把其中比较受欢迎的场景组合之后推一个特价包，借以吸引尚未下载的另一批顾客。

模式七：平台媒合模式

像LBS服务就可以发展出这类模式——媒合当地商家与当地的消费者。对于商家来说，平台媒合模式比起单纯的投放广告也许更加精准，因此甚至愿意投资更多的预算。

模式八：代为开发模式

这也是相当单纯的模式，就是帮有需要的企业代为开发，固然也许营收有限，但是不失为练功或是维持组织固定营收的方式。甚至有机会与上述的模式四、模式五、模式六混搭运用。

模式九：授权模式

内容与信息不一定要由开发者自己产生或者只能使用open的内容，也可以以取得授权的方式与其他企业合作，同样的，此一模式也可以与上述的模式四、模式五、模式六混搭运用。随着越来越多的同业者加入，随着移动广告市场越来越成熟，移动支付越来越便捷，国内移动开发者们实现整体盈利将不再是难事。但在此之前，开发者还需要尝试更多的盈利模式，才能确保不迷失在盲目追逐移动广告的路上。

本章小结

本章主要介绍掌上校园（Myouth）、青年之声网络社交互动平台、微信、微博、易班（E-class）网络社区以及爱学号、口袋校园（PU）等几款高校常用APP的基本情况和使用指南，能够帮助新手迅速掌握高校常用网络新媒体的使用方法，实用性、指导性较强。

附　录

第一节　团中央领导重要讲话

第二节　团中央重要文件

第三节　团安徽省委的主要经验

第一节 团中央领导重要讲话

秦宜智在“青年之声”互动社交平台服务能力建设推进会上的讲话

（2015 年 6 月 24 日上午，根据录音整理）

今天的推进会，是“青年之声”互动社交平台成长过程中召开的一次重要会议。我们把团中央机关各部门、试点省份团委有关同志，“青年之声”技术平台负责同志以及八个服务联盟、婚恋服务委员会、爱心传递基金的负责人和成员代表召集在一起，就是要群策群力，总结经验，分析问题，对平台下一步发展进行再思考、再动员和再部署，特别是深入探讨如何提高服务能力、把“青年之声”平台建设工作做得更深入、更扎实、更有效。

着眼于搭建共青团与青年之间密切联系的网络沟通桥梁，今年五四前夕，我们在认真研究、充分论证的基础上，开通了“青年之声”互动社交平台。近两个月来，平台的访问量达 1.44 亿人次，青年留言和提问达到 5 万多条。这两个数字，分别相当于团中央官方网站历年访问量的总和和团中央机关一年信访量的 100 多倍，充分体现了平台不同于以往团青联系方式的巨大优势。

事实证明，我们通过“青年之声”平台广泛联系青年、倾听青年诉求的探索见到了初步成效，展现出广阔空间。李源潮同志对于“青年之声”平台给予了充分肯定，指出“网络平台很有创意”。要不断创新，加强管理，确保政治方向，吸引广大青年参与，使之成为团结和引导广大青年跟党走的新阵地。在短时间内能够取得这样的成绩，离不开参与“青年之声”平台运行的各方面同志的扎实工作和辛勤付出。

平台建设工作协调小组尽职尽责，积极推动解决实际运行中遇到的困难和问题。机关各部门以高度负责的态度，认真做好青年提问的分办和回答工作，目前已累计回复问题 3 000 多条。网络影视中心承担了平台日常运行管理和技术保障工作。有关直属单位和社会专业机构牵头组建线下服务联盟提供专业化服务。各省级团委积极推进平台的纵深发展，目前已有12个省份启动了本地“青年之声”的试点建设。在这里，我代表团中央书记处，向所有为“青年之声”平台建设付出努力和汗水的同志们，致以衷心的感谢！刚才 9 位同志结合各自工作实际，从不同角度介绍了平台运行和建设情况，既有经验交流，又有问题分析，还有工作打算和建议，对于进一步推动“青年之声”平台建设很有启发意义。下一步，由八个服务联盟、婚恋服务委员会、爱心传递基金构成的十大服务体系将进入实际运行阶段，12 个省份的试点工作也将全面铺开，任务是十分艰巨和繁重的。希望大家高度重视、精心组织、扎实推动，既全团步调统一、实现规范公转，又要突出各自特色、实现漂亮自转，推动“青年之声”不断迈上新台阶。

下面我围绕加强服务能力建设、推动“青年之声”平台巩固深化，谈三点意见，与大家交流。

一、深刻认识建设“青年之声”互动社交平台的重要意义，切实增强做好这项工作的责任感、紧迫感

习近平总书记对于共青团做好网上青年工作高度重视，强调扩大团的工作有效覆盖面不仅要看到有形的对象，而且要看到无形的对象。团十七大以来，全团认真贯彻落实习近平总书记重要要求，扎实推进网络新媒体工作特别是网上舆论引导工作，取得了阶段性成果。在此基础上，团中央提出建设“青年之

声”互动社交平台，是进一步全面落实习近平总书记重要要求的深化之举、创新之策，是树立互联网思维，密切团青关系的探索和尝试。

1. 建设“青年之声”平台，是共青团破解根本问题、实现正本清源的必然要求

共青团是党领导的先进青年的群众组织，其力量来源于青年，其价值也体现在对广大青年的联系服务、组织动员和团结凝聚上。现在，团组织和团干部中存在不少问题，其中最根本的问题就是离青年太远，不深入青年，不了解青年，不会和青年交流，难以解决青年的困惑。通过“青年之声”反映青年呼声、回应青年诉求、维护青年权益、服务青年成长，是我们打破这一困局的有益尝试。不到两个月的时间里，大量青年在“青年之声”平台上聚集，充分体现了青年对平台的认可和对共青团组织的信任，从中也能感受到青年对我们的很高期待。同时，在“青年之声”这个平台上，青年满意不满意是最重要的评价标准，让青年说了算，很好地体现了青年的主体地位。实践充分表明，做好“青年之声”工作，有助于拉近团青之间的距离。目前，虽然很多工作只是刚起步，但这种好的趋势是明显的，我们只要朝着这个方向坚持做下去，一定可以从根本上扭转团青关系疏远的困局。

2. 建设“青年之声”平台，是共青团紧跟时代步伐、把握青年脉搏的重要渠道

习近平总书记指出，共青团要紧跟党走在时代前列、走在青年前列；团的工作要把握住广大青年的脉搏。当今时代的一个重要特征，就是网络技术的快速发展和广泛运用。当代青年生来就是互联网空间的“土著居民”，是名副其实的“网络一代”。我们经常讲，青年在哪里，共青团就要出现在哪里，团的工作就要做到哪里。现在，青年在网上，共青团的工作就要及时跟进。“青年之声”平台就是我们推进团的工作网络化转型，更好贴近青年、贴近时代的重要举措。这已经不是我们想不想做的问题，而是时代前进、青年变化的脚步要求我们必须这样做。同时，我们也要看到，共青团是党和政府联系青年的桥梁和纽带，要把这种作用发挥好，前提就是要把党政和青年这两头的要求、诉求掌握清楚。目前，我们对党政要求的贯彻执行是坚决有力的，但在对青年诉

求的掌握上还存在很多信息不对称的情况。网络的出现与运用，一方面让青年变得更加独立，另一方面也为团组织找到青年提供了新的技术途径。“青年之声”平台发挥网络新媒体的开放性、即时性、扁平化等优势，开辟了及时、准确了解青年群体诉求的崭新渠道。经过近两个月来的实践探索，我们感到，能够直接收集到海量的青年信息是平台的一大优势，在此基础上形成的大数据分析使团组织能够更加全面、准确地把握青年脉搏，进而有针对性地调整和设计团的工作。

3. 建设“青年之声”平台，是共青团在网络空间践行群众路线、开展青年群众工作的重要载体

我在团中央书记处第十六次集体学习时说过，互联网思维不是什么全新的思想。互联网思维跟我们党全心全意为人民服务的宗旨、密切联系群众的优良传统在本质上是一致的。对共青团来讲，互联网思维就是如何更好地融入青年、服务青年，为党做好新形势下的青年群众工作。这是希望大家从思想上重视互联网，重视网络空间的青年群众工作。但是光有想法还不够，还必须落实到行动上，要有具体的工作抓手和载体。“青年之声”就是这样的探索和尝试，是青年群众工作的内在要求和体现。以前，我们也有网站、微博、微信等网络阵地和载体，但是基本上是以“团说青听”为主，互动性不够。“青年之声”就是在这些载体的基础上，强调“青说团听”“青说团做”，进一步把“从群众中来、到群众中去”这一党的群众路线的要求，在网络空间里具体化、有形化。

4. 建设“青年之声”平台，是团组织和团干部转变作风的重要举措

上半年，团中央围绕贯彻落实中央 4 号文件精神，深入基层开展了大范围的调查研究。调研发现，机关化、脱离青年，是当前团的作风建设中存在的突出问题。我们强调团要管团，其中一个很重要的方面，就是要切实改进团风，真正把各级团组织建设成为“青年之家”，真正使每一名团干部都成为青年之友。作风的转变与改进，既要靠经常性的思想教育，又要靠科学合理的制度设计。

“青年之声”很好发挥了倒逼机制的作用，能够有力促进团组织和团干部转变作风。过去，团的领导机关开展工作存在见物不见人的倾向，主要靠开会、发文来部署和推动工作；收集青少年信息也主要靠逐级报送，来自基层的

鲜活信息经过层层审核后会出现“衰减”现象，信息的时效性也难以得到保证。很多时候，机关化倾向就是在这种层级化的信息传递过程中产生的。“青年之声”平台，在很大程度上打破了这种层级化的信息传递链条，使得团的领导机关能够直接从广大青年中获取大量第一手资料，第一时间帮助有需要的青年解决困难。

大家要充分认识到，通过“青年之声”平台与广大青年交流互动、为广大青年排忧解难，是团组织和团干部克服机关化倾向、转变作风的常态化实现路径。最后，我想强调一点：要把“青年之声”互动社交平台建设作为共青团深化改革的重要突破口。今年初，中央出台了关于加强和改进党的群团工作的意见，为共青团改革发展提供了重大契机；习近平总书记也明确要求群团组织落实中央4号文件要突出改革精神。

现在，团中央正在按照中央的要求，谋划共青团深化改革的总体框架与举措。共青团深化改革，既需要整体谋划和推进，也需要重点突破和带动。“青年之声”就是这样一个重要的改革突破口。我们要深刻认识到，“青年之声”不仅仅是一个技术平台，更是涵盖团的各方面职能履行与自身建设，涉及理念、内容、方式等多角度、全方位的革新。从这个意义上看，“青年之声”平台建设，对于“团要管团、凝聚青年、当好桥梁”都有重要牵动作用。全团要牢固树立共建“青年之声”的共识，努力把平台建设成为贯彻落实中央群团工作文件精神、反映共青团改革进展的重要“窗口”。

二、切实加强“青年之声”平台服务能力建设，全方位提升平台联系服务青年的实效性

“青年之声”平台初步搭建了深入青年、了解青年的渠道，而引导青年、凝聚青年最终还要靠为青年提供有效服务，这是构成“青年之声”闭环的重要元素，也是平台可持续发展的关键环节。平台运行近两个月来，我们发现，服务能力跟不上是目前的突出问题和薄弱环节。以前是找不到青年，现在找到了青年、了解了需求，但是我们服务不了、服务不好。因此，服务能力建设在“青

年之声”平台建设中居于枢纽性地位。这次推进会把主题确定为服务能力建设，就是坚持问题导向，聚焦关键问题，共同来想办法、谋实招。

1. 注重提高服务青年的精准度和实效性

我们通过“青年之声”平台服务青年，既要重视点对点的个案帮扶，更要注意从这些分散的个案中把握青年的普遍性需求。“青年之声”平台的一个重要功能，就是打捞青年中“沉默的声音”，让青年把平时不好说、不愿说的一些真心话，通过这个平台讲出来，帮助团组织全面、真实地把握青年诉求。最近，我们对 2.3 万条 PC 端和移动端的留言进行了大数据分析，结果显示，青年最关注的问题集中在学习成长、创业就业、心理健康、权益维护、婚恋交友等 5 个类别，分别占 24%、20%、17%、13%、8%，合计为 82%。了解了这些需求，就为我们开展更加集中、有效的服务提供了指引。十大服务体系就是在梳理分析的基础上，针对青年反映最多的一些需求领域成立的。各地建设“青年之声”平台，也要注重通过平台去把握本地青年的特点和需求，有针对性地开展服务工作，既要让我们的服务惠及参与平台的青年，也要为潜在需要帮助的更多青年提供有效服务，通过服务的精准度和实效性，增强“青年之声”的黏性。

2. 注重提高寓引导于服务的能力

开展思想政治引领是共青团的根本任务。做好网上思想引导、清朗网络空间，是习近平总书记交给我们的政治任务。“青年之声”平台既有服务性，也有政治性，政治性是根本。我们建设平台，不是为了服务而服务，而是要寓引导于服务，在热忱服务青年的同时，引导他们自觉抵制错误言行的影响，按照党的要求健康成长，巩固和扩大党执政的青年群众基础。要通过主动设置正面话题开展讨论、及时反馈党和政府关心帮助青年的情况、反映团组织积极解决青年困难的努力、组织专家学者和青年榜样走进青年群体等多种方式，把思想政治引领工作潜移默化地渗透在服务活动中。比如，平台在“面对面”中推出的《奉献的青春最美丽》《青春志愿行》等系列节目，就以富有参与感和体验性的方式，起到了弘扬主旋律、传播正能量的作用。今后，在“青年之声”工作评估机制中要注意加入体现思想政治引领成效的指标，形成鲜明工作导向。

3.注重发挥共青团的组织优势

目前，“青年之声”平台处于初建时期，主要是由团中央机关各部门、团中央网络影视中心具体负责运行。这一方面是在探索积累经验，另一方面也是为全团作出示范。同时，我们也要看到，共青团服务青年最大的优势是组织动员优势，这种优势的基础是我们拥有大量扎根青年的基层团组织。随着“青年之声”平台吸引越来越多的青年参与互动交流，我们只有把大量基层团组织调动起来，才能更好解决服务青年“最后一公里”的问题，对青年的联系和服务才能更到位、更精准，才能具备最根本、最核心的能力。今后，我们要在团中央层面继续探索完善的基础上，逐步将“青年之声”平台向基层团组织延伸，“公转”与“自转”并行，形成体系。确定12个省份进行试点是第一步，接下去，还要向其他省级团委、地市级团委、县级团委推进，最后扩展到基层团组织。同时，高校团委、大型企业团委等基层团组织，具备条件的也可以先行试点，为“青年之声”平台在全团推开积累经验。

4.注重整合社会力量共同参与

“青年之声”平台涵盖青少年需求的方方面面，不少青年提出的问题涉及法律、心理、健康等专业领域，需要团组织坚持“眼睛向外”，协调社会各方面力量共同为青年提供服务。我们成立十大服务体系，就是要进一步整合各领域的专家力量、专业资源，提升“青年之声”平台的专业化服务能力，使我们的回复真正契合青年的心理期待、有效解答青年的思想困惑，使我们提供的服务真正帮助青年排忧解难。各地在“青年之声”平台建设过程中，坚持“众筹”思维和“跨界”理念，主动加强与党政部门、专家学者、企事业单位、社会组织的合作，形成了不少值得借鉴的经验做法。比如，辽宁主动联系一批与青少年事务关系密切的党政部门，授权一批心理咨询、法律援助、公益创投类社会机构，聘请一批专业人士担任青少年事务联络员，通过这三支团外工作队伍，充实平台服务力量。四川计划组建由专职运营团队、专门工作团队和专家团队构成的平台工作队伍，以此提升“青年之声”的后台处理能力。

特别需要强调的是，十大服务体系的成员都是各行各业的专家，在繁忙的本职工作之余，热心参与“青年之声”平台服务，充分体现了强烈的社会责任感和奉献精神。你们的参与，奠定了“青年之声”平台的专业性基础，成为平台综合实力的重要来源。在这里，我要向民政部、人社部等给予平台以大力支持的部门表示感谢，向参加服务联盟的北京市律师协会、“医家仁”、中国孔子基金会等社会组织和各方面专家表示衷心感谢、致以崇高敬意。

5. 注重提高平台的技术服务能力

“青年之声”平台是依托网络技术建立的，强大的技术支撑是保证平台良好运行、有效服务的重要前提。一是要适应青年特点，加快技术迭代。网络青年喜欢简约、新颖，我们的平台界面也要始终朝着这样的方向去进行技术设计和迭代更新。目前，一些“青年之声”还存在界面不够简洁、页面跳转次数较多、连接入口不太便利等影响使用体验的问题。今后，我们要学习借鉴苹果手机操作系统等极致简约的成功经验，设身处地地站在用户使用、操作的角度进行改进，提高平台使用的便捷性。二是着力提升后台大数据分析技术，更好把握青年的群体特征和普遍需求。要在进一步完善平台数据处理功能的基础上，探索建立即时更新的网络青年大数据库，为相关问题、政策的研究提供数据支撑和决策参考。三是加强移动端的技术研发。针对青少年对移动互联网的使用偏好，加大“青年之声”移动客户端的开发力度，构建集“三微一端”（微博、微信、微帮、手机 APP）为一体的“青年之声”移动工作矩阵。

6. 注重形成高效可持续的平台运行机制

一是要健全完善服务需求与服务力量的对接机制。目前，从“青年之声”平台了解到的青年需求是海量的，为了服务好这些海量的需求，我们通过十大服务体系建设，通过调动团的组织体系力量，形成的服务队伍数量也将是十分庞大的。如何在这两者之间建立起方便快捷而又专业对口的联系，是下一步加强服务能力建设必须着力解决好的关键问题。我们可以探索技术解决的途径，通过技术手段的改进升级，在后台对大量的青年提问进行初步筛选分类，交由相关服务团队处理。二是要健全完善从线上向线下延伸的 O2O 机制。联系网络青年，前提和基础是“键对键”，增强黏性的关键还是要“面对面”。我们要在网上联系青年的基础上，结合青年网络文明志愿者行动、青年社会组织等工作，探索开展线下的思想交流、经验分享、兴趣互助等活动，真正使“青年之声”网友变为共青团的“粉丝”。三是要健全完善“青年之声”平台与共青团现有工作的融合机制。“青年之声”是一个整合的平台，不是一个独立的实体。建设“青年之声”不是要另起炉灶，另搞一套服务青年的体系，而是要最大限度地融入团的现有工作格局中，紧密结合“三创”工作、维权工作、基层服务型团组织建设、青少年综合服务平台建设、12355服务台等现有重点工作，主动依托各部门各战线的工作资源，帮助青年解决问题。

总之，我们加强“青年之声”平台的服务能力建设，最终目标就是要让平台能够满足更多青年表达诉求、反映困难、获得帮助的需要，真正使共青团走进青年之中，让青年感知得到，觉得有意义、有价值、有获得感，真正成为广大青年遇到困难时想得起、找得到、靠得住的力量。

三、齐心协力抓落实，共同把“青年之声”平台建设提高到一个新水平

当前，“青年之声”平台建设刚刚起步，还处于爬坡阶段。向上攀登难，向下滑坡易。前期的努力和探索取得了初步成效，进一步深化需要我们付出更多的坚持和努力。关于“青年之声”下一步的建设发展，团中央书记处已经作出了明确部署，相关部门提交了具体方案，全团上下也形成了广泛共识。希望大家拿出抓铁有痕、踏石留印的韧劲，按照虚功实做、难事长做的要求，持之以恒抓好落实，确保“青年之声”平台建设工作稳步推进、再上台阶。

1. 要提高认识，树立“三种意识”

一是树立强烈的责任意识。要充分认识到，“青年之声”的诞生是共青团主动适应当代青年成长的新特点和新规律的大势所趋，做好“青年之声”工作是各级团组织和广大团干部的责任所系，绝不是额外添事。要以等不得、慢不得、应付不得的高度责任感和紧迫感，投入到“青年之声”平台建设工作中来，找准结合点，抓住关键点，从不同角度推动平台发展壮大。二是树立强烈的合作意识。“青年之声”平台相对应于传统工作思维而言，是一种突破性的变化，需要建立新的合作观念和机制。比如，打破了层级间的相对独立，需要

不同层级团组织进行更加紧密的沟通与合作；打破了部门之间的相对分割，需要加强团的领导机关内部跨部门的联系与合作；打破了团内团外的界限，需要建立更为紧密的团内外力量合作开展服务的格局。三是树立强烈的问题意识。坚持问题导向，把能不能帮助青年解决实际问题、具体困难作为衡量平台工作成效的关键标准。以解决问题、务求实效为牵引，积极寻求各级党政支持，整合社会各方力量，用好社会化动员手段，千方百计地提高服务能力，把“青年之声”务实管用的牌子在广大青年中树起来。

2. 要加强统筹，形成工作合力

“青年之声”不是网络影视中心或机关某几个部门自家的“责任田”，而是全团共同的事业。全团上下、机关各部门和网络影视中心必须密切合作，构建既各司其职、又通力协作的全团联动格局。机关各部门要主动支持网络影视中心的工作，在问题答复、信息交流、人员培训、活动开展等方面给予帮助。各直属单位要发挥好延伸团的工作手臂的作用，积极提供专业性支持。网络影视中心要加强对各试点省份的技术支持和经验介绍，做好标准统一、流程规范等工作。各地团组织要增强全局意识，准确把握团中央的工作信号，按要求、依标准、有步骤地推进“青年之声”落地工作。需要强调的是，“青年之声”建设只有走统一化、规模化的道路，集全团之力树形象、创品牌、建渠道、发声音，才会有生命力和竞争力。因此，“青年之声”在各省份落地，不是开自营店，而是开连锁店，不是在窗口上分割，而是在后台上分工。大家应当按照统一界面形象、统一技术规范、统一管理机制、统一后台数据的要求，在网络影视中心的具体帮助下，做好标准化建设，让“青年之声”在网络空间覆盖越来越广泛，声音越来越响亮。

3. 要结合实际，鼓励探索创新

“青年之声”平台本身就是一个创新、一种尝试，许多模式、机制都不是固定的，需要在实践中不断丰富完善。各省份在试点过程中，要充分照顾工作基础、工作特色，尊重基层探索，鼓励创新实践。这与加强统筹、形成合力并不矛盾，而是相辅相成的。原则方向讲统一，操作环节重创新。比如，在“青年之声”接入平台的选择上，试点省份要根据本地青年网上聚集特点，综合运用门户网站、H5 页面、微博、微信、手机 APP、O2O、微帮、新媒体矩阵内容聚合等移动互联网新技术新业态，推动“青年之声”在青年中广泛传播。选择哪一种接入都可以，关键要把握好影响力原则，优先选择在当地青年中影响力最大、受众面最广的平台作为“青年之声”的接入平台。只有这样，才能在最短时间内，最有效地把“青年之声”平台推广出去，吸引最广泛的青年参与其中。

同志们，开弓没有回头箭。“青年之声”互动社交平台建设，既是共青团工作内容和载体的创新，也是共青团工作思维和理念的革新；既是对我们作风的考验，也是对我们能力的检验。我相信，只要我们自觉顺应时代发展和青年变化的趋势，在各级党委的领导和支持下、在社会各界的关心和帮助下，通过全团上下的共同努力，“青年之声”一定能够越办越好，在“团要管团、凝聚青年、当好桥梁”的三维共青团工作格局中发挥出独特的重要作用！

秦宜智在全团“青年之声”建设推进工作电视电话会上的讲话

（2015 年 10 月 22 日）

再过几天，“青年之声”就半岁了。在全国省级团委班子学习中央 4 号文件和党的群团工作会议精神主题读书班期间，我们召开全团“青年之声”建设推进工作电视电话会，总结交流前一阶段工作情况，研究部署下一步工作任务，把学习中央精神与指导推动工作结合起来，进一步扎实推进“青年之声”建设，以改革创新的实际行动落实中央党的群团工作会议精神。在全团建设“青年之声”互动社交平台，是团中央贯彻落实中央 4 号文件和党的群团工作会议精神、推进共青团改革创新的一项重要举措。这项工作自今年五四前夕正式启动到现在已近半年时间。刚才，我们一起观看了“青年之声”视频短片，团中央网络影视中心介绍了“青年之声”建设的总体进展，团河北省委、中铁装备集团公司团委、哈尔滨工程大学团委以及团贵州思南县委分别介绍了有关工作情况，听了以后很受鼓舞、很受启发。半年来，全团按照团中央统一部署，大胆探索、勇于实践，做了大量深入细致的工作，推动“青年之声”建设取得了阶段性成果。

第一，初步探索了“青年之声”互动社交平台建设的基本模式。“青年之声”互动社交平台建设是一项开创性工作。全团运用互联网思维和技术，在平台建设的很多重要环节实现了突破。一是初步建立了密切联系青年的网络渠道，形成了以“三微一端”为主体的多个便捷途径，使青年随时随地可以找到团组织并进行互动。二是自主研发了比较完善的技术系统，推出了具有自主知识产权的Ⅴ 3.0 工作平台，形成了有别于一般社交和商业网站的特色功能。三是组建了服务青年的联盟体系，通过“团帮青、专帮青、青帮青、政帮青、社帮青”等多种方式，成立了青年就业、婚恋、心理、维权等多个服务体系，使服务工作真正落到实处。目前，全团已有 4 万多名各领域专家入驻“青年之声”，组建各类线下服务实体 500 多个，广泛开展了各类主题活动和实地帮扶。四是探索了比较科学的运行机制，建立了问题接收、审核、分办、回复、考核等一系列制度，实现了平台有序运转。五是初步构建了一体化的工作格局，按照试点先行、全团协同的原则，目前 31 个省级团委、3 个行业团委都已正式上线并实现互联互通，300 多个地市级团委正在扎实推进，县区、企业、学校工作也在有序展开，形成了全团集中推进的工作态势。

第二，“青年之声”联系服务青年的积极作用正在逐步显现。目前，“青年之声”平台累计访问量达 6.5 亿人次，其中绝大多数是青年，涵盖大中专学生、创业青年、进城务工青年、社会组织成员等各类青年群体；接受咨询、求助和问题反映 15 万条，团组织有效回复 2.2 万条，向有关职能部门转办问题线索 1 000 多条，涉及青年创业、交友、心理、维权等各个领域；各地开展主题活动 2 000 多次，实地帮扶青年 1.5 万多人次。“青年之声”在倾听青年呼声、反映青年诉求、维护青年权益、服务青年成长中发挥了积极作用，在青年中的影响力和感召力不断增强，得到青年的信任和社会各界的肯定，充分展示了这一“共青团 + 互联网”创新工作模式的显著活力。

第三，“青年之声”建设对共青团改革创新带来若干重要启示。“青年之声”所蕴含的工作理念、工作方式、运行机制，体现了青年群众工作的一些基本要求，对祛除“四化”现象，增强共青团的政治性、先进性、群众性都有积极影响。比如，青年工作必须充分运用互联网即时性、互动性、隐匿性等特点，解决团组织找不到青年的问题，更好地联系各界普通青年；青年工作必须落细落实，真心实意关心青年现实利益诉求，才能不断增强团组织吸引力凝聚力，使青年主动来找团组织；青年工作必须善于运用大数据等技术手段来打捞青年“沉默的声音”，准确把握青年脉搏，使团的工作从供给主导转变为需求主导；青年工作必须注重线上线下相融合，既要键对键、也要面对面，更好地服务青年的实际需求；青年工作必须重视资源整合，充分利用“众筹”和“共享”理念，实现全团资源集约共享，推动团的各级组织重心下移、面向基层，等等。这些启示，直接关系共青团工作思路、理念和方式的转变，代表了共青团改革创新的基本方向，为团组织正本清源、克服“四化”问题提供了有益思路。半年来，“青年之声”以创新的思维和务实的工作，初步探索了共青团在互联网条件下开展青年工作的有效模式，破解了当前共青团工作中面临的一些突出问题。“青年之声”建设的进展，是全团上下共同努力的结果，也是同社会各界的大力支持分不开的。今天参加会议的，除了各级团组织的同志，还有来自社会各界参与“青年之声”建设的代表，大家以高度的责任感、使命感，以极大的工作热情和奉献精神，为“青年之声”建设付出了辛勤劳动，推动这项工作在较短时间内实现了突破。在这里，我代表团中央书记处向大家表示衷心的感谢！“青年之声”建设和发展取得的成效，进一步坚定了我们推进工作的信心和决心。但同时必须认识到，“青年之声”是一项开创性的工作，也是一项极具挑战性的探索，在推出这项工作之初，我们就对可能遇到的困难和问题做了较充分的估计和预判，正是“青年之声”所蕴含的重要意义和价值，以及“青年之声”建设发展的实践，让我们坚定不移地把这项工作做好。当前，“青年之声”建设进入向基层延伸推广、线上线下深度融合、全团统筹推进的新阶段，“青年之声”建设和发展面临的任务将更加艰巨。比如，“青年之声”如何实现供需有效对接，满足不断增长的青年个性化、多样化需求；如何改革创新团的运行机制和工作方式，更好地适应这种新常态，推动平台建设可持续发展；如何提供富有特色功能的技术支持，保持技术引领的优势；如何保障平台安全，有效规避各种技术和运行风险，等等。面对“青年之声”建设的形势和任务，全团要进一步统一思想、坚定信心，攻坚克难、锐意进取，推动“青年之声”在共青团改革创新中取得更大发展。下面，我讲三个方面的意见。

1. 充分发挥“青年之声”在全团四维工作格局中的牵动效应，努力推动共青团改革创新不断取得新突破推进改革创新是共青团落实中央党的群团工作会议精神的紧迫任务

今年以来，我们在深入调研和论证基础上，集中全团智慧形成了以“凝聚青年、服务大局、当好桥梁、团要管团”为主要内容的共青团四维工作格局，这是我们贯彻落实中央精神、推进共青团事业改革发展的总体思路，团的各项工作与活动都要自觉融入和服务这一格局。实践证明，“青年之声”涉及团的工作理念、组织体系、运行机制、方式方法等方方面面的变革，对贯彻落实四维工作格局具有牵一发而动全身的牵动效应，是共青团深化改革的重要突破口。“青年之声”是凝聚青年、密切团青关系的重要平台。我们强调，共青团吸引凝聚青年，要突出思想政治引领这一灵魂、突出服务青年这一生命线、突出青年社会组织这一伙伴、突出新兴领域青年群体这一关键，这是我们吸引凝聚青年的核心要求、基本手段和工作重点。当前，共青团吸引凝聚青年存在着两个方面的突出问题，一是团组织难以有效联系覆盖青年，二是团的工作难以有效引导感召青年。我们看到，一方面，“青年之声”依托实时互动的互联网技术，打破了时空限制，成为青年随时随地找得到的身边共青团，进而通过负责、严谨、务实的服务和互动，赢得了各界青年的信赖，实现了从“团找不到青年”到“青年主动找团”的转变。同时，“青年之声”的公益性特色，吸引了更多有困难的普通青年，改变了团组织联系青年精英化、圈子化、小众化等弊端。目前，平台日均访问量稳定在500万人次左右，成为互联网上青年自发聚集的重要空间，为我们凝聚青年提供了条件。另一方面，“青年之声”秉承寓引导于服务的理念，通过有效服务，引导青年在感情认同的基础上实现理性认同，顺应了青年引导工作的内在规律。同时，各级团组织在工作中传播正面信息、主动设置议题、开展主题活动、放大网络自净功能，通过营造向上向善的舆论氛围，对广大青年产生了吸引和感召。目前，在“青年之声”网站上，主流和正面的声音占了90%以上，被誉为用正能量吸引正能量的青年大本营。“青年之声”是服务大局、有效组织动员青年的重要渠道。当前，共青团服务大局的核心任务，就是带领青年在推进“四个全面”战略布局中，在推动经济建设、政治建设、文化建设、社会建设、生态文明建设中发挥生力军作用，在改革发展稳定第一线建功立业。一定意义上讲，“青年之声”具有资源和信息配置的重要功能，它通过互联网技术和手段提高了对青年组织动员的效率。自开通以来，各地“青年之声”围绕全面深化改革、推进依法治国、促进创业创新创优等主题，开展了一系列网上活动，解读中央政策、发出行动倡议，在青年中产生了积极反响。近期，团中央“青年之声”与劳动就业部门合作推出全国200多个城市的就业岗位信息，为促进青年就业作出了贡献。河南“青年之声”多次开展社会救助、协助抢险救灾，在参与社会治理方面发挥了重要作用；河北“青年之声”围绕全省“美丽乡村”建设计划，在农村青年中开展了富有特色的活动。这些都充分说明，拥有庞大受众群体和先进传播手段的“青年之声”在服务中心大局、组织动员青年方面大有作为、大有可为。“青年之声”是当好桥梁、及时准确反映青年诉求的重要依托。发挥好党联系广大青年的桥梁作用，是党章赋予共青团的职能地位。我们强调，做好这一工作，一方面要着眼于把党的主张和任务转化为青年的自觉行动，加强思想政治引领和形势政策教育，引导广大青年自觉用党的科学理论武装头脑、指导实践；另一方面要着眼于把青年的呼声诉求反映给党和政府，密切关注青年思想、学习、工作、生活等方面的变化，倾听青年心声、回应青年关切。实事求是地讲，长期以来，我们对党政要求的贯彻执行是坚决的，但在对青年诉求的把握上还存在信息不对称、反映不及时等问题，直接影响了代表青年的实效。在“青年之声”平台上，因为网络匿名等特点，青年更愿意发出真实心声，反映出我们平时在正式座谈和调研中听不全、听不到的问题。青年在平台上留下的鲜活个案和海量数据，为共青团通过大数据分析精准掌握青年动态，及时反映青年诉求创造了条件。同时，“青年之声”平台通过设置“问计青年”等意见征集栏目，常态化征集青年的意见建议，在冬奥会申办、“9·3”阅兵、习主席访美等重要节点和重大问题上，向有关部门报送信息，及时传递党和政府的声音，在党和青年之间架起了信任的桥梁。

“青年之声”是团要管团、倒逼制度改革和作风转变的重要动力。我们强调，共青团要向全面从严治党的标准看齐，从严从实管团治团。改革团的组织设置，推动团干部转变作风是其中的重要内容。一方面，“青年之声”的参与者很多是团员，他们在共青团主办的网络平台上聚集，实现了团组织对团员的二次联系覆盖，一定程度上为“互联网建团”提供了基础，这对管好团的组织、创新组织设置具有积极作用。另一方面，在“青年之声”这个公开透明的平台上，团的工作与活动全景式展现在普通青年面前。团组织、团干部干得好不好，青年用户可以通过留言点评、访问次数、@上级团组织等多种方式给出评价，拥有了话语权，倒逼团组织树立以青年为主体的工作标准，为团干部走出“高墙大院”“文山会海”，从青年之外走到青年之中提供了切实的路径。

2. 准确把握“青年之声”建设的基本规律和重点要求，着力打造富有时代特色的共青团工作新品牌

习近平总书记明确指出，“每个群团组织都要打造几个有影响力的服务品牌”。建设工作品牌，是共青团工作的良好传统和有效方式。长期以来，希望工程、青年文明号、青年志愿者等响亮品牌已经成为展示不同时期共青团形象的“名片”，它们都集中体现了时代要求、青年期待和青年群众工作的规律。当前，推进共青团改革创新，建设共青团工作新品牌更具有重要意义。“青年之声”顺应了网络化社会迅猛发展的时代潮流，满足了当代青年渴望平等交流、需要精准服务的群体特征，对团的各项重点工作具有较强的兼容性，这奠定了建设共青团工作品牌的重要基础我们要按照“布局科学、功能完善、技术优良、运行高效”的原则，把握规律特点，突出主攻方向，抓好重点环节，努力把“青年之声”建设成为共青团新的时代品牌。一是要构建全团统一的工作格局。这是品牌建设的基本要求，也是实现“青年之声”功能的基础。目前，31 个省级平台已经建立并联通，接下来要重点推进包括全国 300 多个地市级、2 800 多个县级平台在内的基层平台建设，各省要在建好本级平台的基础上，督促市县（区）尽快纳入全团总体格局，目前我们已具备了相应的技术条件。要按照团中央平台为中枢、省级平台为骨干、地市级平台为节点、基层平台为终端的

功能划分，形成总分结合、各司其职、共建共享、互联互通的工作格局。要统一平台形象，通过统一视觉标志、平台界面等方式，在青年中强化“青年之声”统一品牌形象的强大合力。要统一技术系统，在优势互补、功能兼容的前提下，让分散的资源集聚、流动起来，在用户、数据、后台力量等方面形成规模效应。要形成团内新型工作关系。一方面，要通过做减法，缩短反应链条，按照属地原则因地制宜地开展活动、提供服务，实现规范“公转”与漂亮“自转”相统一。另一方面，要通过做“加法”，解决基层服务需求和服务能力不匹配的问题，引导上级组织的资源和力量向基层一线配置。不久前，重庆“青年之声”向团中央“青年之声”转发了彭水县一位青年教师的问题，希望机关部门帮助回答，这个做法就很好。如果“青年之声”的基层终端主动把上级组织视作后盾和依靠，上级平台自觉把基层终端视作前方和窗口，共青团的组织优势就一定能转化为平台联系凝聚青年的强大力量。二是要不断强化平台核心功能。核心功能是“青年之声”竞争力吸引力的基础，是平台建设的关键环节。与一般商业、社交平台相比，“青年之声”有互动交流、信息传递等一般功能，同时又有自身特殊的核心功能。发展壮大“青年之声”，就是要在巩固一般功能的同时强化核心功能，提高平台的吸引力和竞争力。要聚焦服务青年成长这一首要功能。“青年之声”反映了青年多种多样的需求。我们在提供服务时要有所侧重、适当聚焦，把主要精力放在为青年健康成长释疑解惑、想招出力上。平台开通以来，在回答的两万多条问题中，80% 以上的问题涉及就业创业、情感困惑、学业咨询等成长性问题，开展的大量线下主题活动，大多也集中在青年成长领域。我们要明确，共青团创办的“青年之声”，不能办成知识百科全书，也不能办成生活服务热线，而要办成促进青年健康成长的“青年之家”，这是与知乎、百度知道等商业类社交网站的本质区别。要做实线下服务这一特色功能。线上线下相融合，为线上需求提供就近就便的线下服务，是“青年之声”的特色功能，也是我们强调形成全团统一格局的初衷所在。做好线下服务，资源整合是关键。一方面，要进行团内整合，把现有各类服务资源和项目纳入“青年之声”线下活动体系，构建起以平台上的青年需求来统筹各项工作和活动的机制。另一方面，要加强团外整合，用好“众筹”思维，实施社会化动员，广泛组建联合服务体系，为平台线下服务活动提供有力支撑。要做精思想政治引领这一根本功能。思想政治引领的要求贯穿于团的各项工作与活动，“青年之声”也不例外。同时，“青年之声”又有别于团的其他思想舆论阵地，应更加重视柔性引导。这就要求我们用好大数据分析，注重通过对平台海量访问信息的科学分析，找准引导青年思想意识关键点，提高引导的针对性。同时，要组织共青团网上工作力量进入平台，通过留言互动、设置议题等方式传播正能量、弘扬主旋律。三是要不断提高技术创新和支撑能力。“青年之声”是一项系统的网络应用工程，技术水平决定着平台的建设水平。在所有技术要素中，“便利”和“安全”是最核心的。前一段时间，团中央网络影视中心在多次技术升级的基础上，为平台量身定做了 V 3.0 系统，较好满足了现阶段的便利性和安全性要求。网络影视中心和各级平台技术部门，要在充分应用V3.0平台功能的基础上，紧跟技术发展趋势，围绕“更便捷”“更安全”两个要求，提高技术研发水平，推进技术迭代，力争在 APP 软件开发、界面模块优化、互动功能设计、智能语义分析、大数据分析、系统安全保障、运行质量监测等关键领域取得新突破，不断强化平台发展的技术支撑。四是要建设务实管用的长效机制。机制建设关系着“青年之声”全团协同的效率、关系着服务质量、关系着团的整体形象。通过全团的共同努力，目前“青年之声”初步探索形成了一套行之有效的工作模式，但还不够完善和稳定。下一步，要把具有规范和“定型”作用的制度建设摆在更加突出的位置，抓好日常运行机制、资源整合机制、层级协调机制、风险预警机制、考核评估机制、工作结合机制等基础制度建设。当前，特别要注意探索建立专家答题激励机制，确保专家参与答题的积极性和可持续性。此外，还要注意加强与党政职能部门的沟通联系，及时转办青年问题、跟进办理情况、反馈办理结果，有条件的地方团组织还可探索建立制度化的协调机制，更好履行青少年合法权益“代言人”的职责。

3. 坚持难事长做、久久为功，集全团之力扎实推进“青年之声”建设深入发展

当前，“青年之声”建设的方向已经明确、布局已经展开，全团要以强烈的责任意识、机遇意识和担当精神，凝聚起齐心推动平台建设的牢固共识和

强大合力。

一是要集中全团力量抓落实。“青年之声”涉及面广、牵动性强，做好这项工作需要汇聚全团力量。在前天的读书班上，我曾经谈到，要自觉认识和融入共青团工作新常态。“青年之声”的工作理念与运行模式，是共青团工作新常态的集中体现之一。各层级、各战线团组织和团干部都要克服把“青年之声”视作某个部门、单位的单项工作的片面认识，积极融入“青年之声”的工作链条，主动适应和熟悉通过网上平台参与青年群众工作。要促进“青年之声”与全团重点工作有机结合，使青少年思想政治引领工作、创业创新创优工作、维护青少年合法权益工作、基层服务型团组织建设、青少年综合服务平台建设、青年网络文明志愿者行动、青年社会组织工作等都能在平台上找到结合点和发力点，把这些领域的工作资源融合为平台建设发展的资源。同时，还要把“青年之声”作为团干部锤炼群众工作本领的“实训场”，每一位团干部都要通过“青年之声”把自己摆在青年面前、接受群众工作检验，从“键对键”“面对面”实现“心连心”，锻炼提高线上线下群众工作本领。

二是要求真务实、保证质量。在青年中，“青年之声”代表着共青团的公信力；在团内，“青年之声”代表着一级团组织的公信力。真情、实用是平台的生命力所在。因此，无论是对内对外，“青年之声”工作都要求真务实、真诚守信。目前，基层平台建设已经全面启动，各地团组织要结合本地实际，务实建设平台，务实开展服务，不能脱离实际情况搞“贪多求快”，更不能为显示成绩玩“数字游戏”。在平台运行中，要把提高答问质量、确保内容真实放在首位，完善内容审核机制，加强专家队伍建设，构建质量评估体系，努力使每一个回答、每一条信息都尽可能权威可靠，不辜负广大青年对团组织的信任。

三是要敢于担当、攻坚克难。建设“青年之声”是全团深化改革的突破口，尽管没有明显的利益关联和直接的矛盾冲突，但因涉及团的工作理念、思想认识和工作方式变革，带来了一定的挑战，也存在一些困惑和质疑。我们也注意到，有人提出，青年需求的无限性与团的服务能力有限性之间存在矛盾，担心“青年之声”会不会出现应接不暇、后继乏力的问题，对长期推进这项工作底气不足。需要强调的是，服务青年是我们的生命线，这不能成为一句空话。服务青年的能力要在供需对接的过程中得到检验和提高，而绝不是万事俱备以后才行动；同时，我们追求服务青年的权威性和实效性，但也要向青年讲明白，团的服务不可能包打天下，不可能把每件事情都做得尽善尽美，我们提倡在“众筹”理念下为青年提供更多的帮助，这也体现了大家都是平台的服务对象、但又都是平台的主人，建好平台青年都有一份力量，而不能只是旁观者、受益者，这样平台才能“众人拾柴火焰高”。还有人担心，让团干部直接面对青年，是否存在所谓的“政治风险”，怕给自己惹麻烦，这种说法更反映出我们有的团干部“不求有功、但求无过”的不作为心态。推进改革创新必然会遇到这样那样的困难，这些问题应该成为我们改进工作、奋发进取的动力，而不能成为推卸责任、消极懈怠的借口。在前一阶段工作中，一些欠发达地区平台建设和运行克服了种种条件局限，走在了全团前列，就是以担当精神激发动力、推动工作的有力印证。各级团干部要充分认识到，我们回应的每一个问题背后，都是一个个青年，都是一份份信任和期待，我们必须要以如临如履的敬畏来回应每一个问题。我们要引导广大团干部在“青年之声”建设运行这个新战场上，培养起、发挥好直面矛盾问题、勇于接受挑战、大胆开拓创新、保持工作定力的作风，埋头苦干、真抓实干，努力把“青年之声”打造成为一个经得起时代、实践和青年检验的工作品牌。

四是要科学考核、严格问责。中央党的群团工作会议指出，脱离群众是群团组织最大的问题；不“严”不“实”则是问题的根源所在。“青年之声”建设体现了全团的意志和行动，既然看准了，就要一抓到底，决不能虎头蛇尾、半途而废。我曾经说过，“青年之声”建设“开弓没有回头箭”，这样一项体现青年工作本质要求的工作如果不抓，是我们的失职；如果抓了结果虎头蛇尾、半途而废，是我们更大的失职。下一步，我们要建立起科学严格的考核机制，合理设置考核指标，引入第三方评估，发展青年用户评价，用好实时监测手段，开展大数据分析，在兼顾差异的基础上，不断提高科学性和精准性。需要强调的是，认真值守、及时更新是实现平台互动功能的基本要求。我们既然提出了建设让青年触手可及的共青团的目标，就要扎实抓好值守、回应工作，让青年感到共青团就在身边，尤其在平台建设、运行初期，这是树立口碑、赢得信任的关键。团中央对这项工作的组织推动也作了具体安排，前不久专门印发了平台建设的考核办法，有相应的部门组织考核督导。下一步，我们要以严的作风和实的态度抓好落实。在考核督导过程中，要注意形成良性压力传导机制，努力做到层层压紧、层层尽责，避免失之于宽、失之于松，对长期存在更新不及时、回应不主动、责任心不强等情况的地方和部门，要及时进行通报，必要时向同级党委通报，确保平台稳定、规范、可持续发展。同志们，“青年之声”包含着共青团积极适应时代潮流的不懈努力、全面深化自身改革的坚定决心、努力为党做好新时期青年群众工作的奋发作为。建好、用好、发展好“青年之声”，是我们的时代机遇、改革责任和使命担当。我相信，在全团共同努力下，“青年之声”一定会在共青团改革创新的进程中发挥重要作用、作出积极贡献，成长为崭新的时代品牌。

第二节 团中央重要文件

关于在全团推进“青年之声”互动社交平台建设的通知
中青办发〔2015〕15号

共青团各省、自治区、直辖市委，解放军总政治部组织部，全国铁道团委，全国民航团委，中直机关团工委，中央国家机关团工委，中央金融团工委，中央企业团工委，新疆生产建设兵团团委：

为深入贯彻习近平总书记关于共青团做好网络新媒体工作的一系列重要指示精神，探索运用“互联网 +”思维创新共青团工作的有效方式，今年五四前夕，共青团中央建设开通了“青年之声”互动社交平台，直接面向广大青年开展联系与服务。随后，北京等12个省级团委相继启动了“青年之声”试点工作。经过一段时间的运营和建设，平台在完善工作机制、搭建服务体系和推广技术应用等方面取得了积极成效，各项功能趋于平稳，在广大青年和社会上产生了积极影响。为深入贯彻落实中央党的群团工作会议精神，探索建立各级团组织联系和服务青年的长效机制，共青团中央决定在全团推进“青年之声”互动社交平台建设工作。现将有关内容通知如下。

一、基本思路

坚持试点先行、梯次推进，广泛覆盖、协调联动，以团中央“青年之声”

互动社交平台为统揽，由试点省份向所有省级团委、地市级和县级团委、基层团组织依次推进，努力实现对各领域青年的广泛覆盖。各级团组织紧密结合自身实际制定工作方案、选择接入方式、探索工作载体、完善服务能力，形成步调统一规范“公转”与突出特色漂亮“自转”有机结合、相互促进的工作体系。

二、工作任务

各级团组织落实“青年之声”平台建设的任务要求，重点要抓好五个方面的工作：

1.建设面向青年的便捷渠道

建设便捷的联系沟通渠道是平台发挥作用的基础条件。要以便捷联系青年为目标，紧密结合工作实际，充分考虑本地青年网上聚集的特点和规律，科学制定建设方案和落实措施，综合运用门户网站、H5页面、微博、微信、微邦、手机APP、O2O、新媒体矩阵内容聚合等互联网新技术新业态，选择建立最适当接入和运行模式，搭建起青年便于参与、乐于参与的网上交流渠道。

2.建设系统完善的服务体系

面向青年提供有效服务是平台的活力源泉。要围绕青年在学习成才、创业就业、权益维护、情感婚恋等方面的现实需求，灵活运用“团帮青、专帮青、青帮青、政帮青、社帮青”等方式开展工作。要主动加强与党政部门、专家学者、企事业单位、青年社会组织等方面的合作，广泛招募有相关专业和工作背景的志愿者，组建一支有专业能力、了解团的工作、熟悉网言网语、政治坚定、业务精湛的运行服务团队，经常性开展业务培训和问题研究，不断提升服务青年多样化需求的能力。要着眼建立与互联网相匹配的线下服务体系，组织各领域专家和志愿者有计划地走进各地青年群体，对接青年的具体需求，经常性开展在线解答和面对面沟通。

3.建设高效有序的运行机制

高效管理、顺畅衔接、有序流转的工作机制是平台运行的坚实保障。要主动借鉴已有的成熟经验，以可持续运行为原则，建设一套能够对平台信息进行高效收集梳理、筛选分类、转接督办、反馈归档的工作机制。要综合运用考核评估、团队协作、技术支持等手段，推动各项制度真正落实到位、发挥作用。各级团组织要配合团中央和上级团组织的制度设计，主动建立配套承接、有效互补的协作机制。

4. 建设互促共融的工作模式

实现与现有工作有效融合是推进平台建设的重要内容。要着眼于最大限度地融入现有工作格局，紧密结合“三创”工作、维权工作、基层服务型团组织建设、青少年综合服务平台建设、12355 服务台等重点工作，在充分研究论证的基础上找准结合点和切入点，积极推动有关工作资源和工作载体共建共享，实现平台建设与其他重点工作互促互融、共同发展。

5. 建设全团统一的网络格局

“青年之声”是全团着力建设的工作平台，既要分工合作，又要统筹推进。各级团组织要着眼全局，找准定位，积极主动地发挥作用。团中央本级“青年之声”Web 3.0 平台的建设和运营由团中央网络影视中心负责，为各级团组织开展建设提供技术和信息支持。省级团委要在整体工作格局下做好本地区、本系统的统筹设计和推动落实。地市级和县级团委要按照统一部署，结合实际积极探索开展工作的有效方式，有条件的可独立开展建设或由第三方承接建设。基层团组织要通过平台及时与青年诉求和服务资源进行衔接，努力成为直接联系和服务青年的前沿阵地和基础力量。高校团委、大型企业团委等基层团组织中，具备条件的也可以主动开展建设。

三、推进步骤

拟用半年左右的时间在全团推开这项工作，基本建成有效覆盖各级团组织和各领域青年的“青年之声”工作体系。1. 第一阶段（2015 年 8 月—10 月）：主要任务是在省级团委全面铺开。各省级团委开通本级“青年之声”端口，面向青年开展工作。制订在本地区、本系统内开展建设的实施方案，及时与各级团组织进行充分沟通，认真抓好落实。已经开展试点工作的省级团委要把提升服务能力作为工作重点。2. 第二阶段（2015 年 10 月—12 月）：主要任务是向基层团组织延伸。面向地市级以下团组织全面推开“青年之声”建设工作，引导找准各自的工作目标和重点，形成上下联动、协调推进的工作体系。鼓励各级团组织主动开展探索，及时总结推广好经验好做法，不断提升工作的科学化水平。

四、工作要求

1. 高度重视，加强领导。各级团组织要高度重视这项工作，列入当前和今后一个时期的重点工作内容，以等不得、慢不得、应付不得的态度完成好各项任务。要成立由主要负责人牵头、各方力量联动配合的领导机构，建立切实可行的工作机制，认真抓好各项工作在基层的贯彻落实。2. 精心部署，科学实施。各级团组织要准确把握工作思路，明确工作目标，细化建设方案，按要求、依标准、有步骤地推进“青年之声”的落地工作。要着眼工作的规范化、机制化建设，结合工作中出现的新需求、新特点，及时完善相关的制度建设，不断提高工作的科学化水平。3. 明确责任，务求实效。各级团组织要指定专人负责平台建设的组织协调、推进落实和督导执行等工作，确保守土有责、守土尽责。要以解决问题为牵引，切实服务广大青年的现实需求，实现长期可持续发展。团中央将结合工作推进情况，以平台活跃度和青年满意度等为指标，适时开展督促和考核。

共青团中央办公厅

2015 年 7 月 15 日

共青团中央办公厅关于印发
《“青年之声”互动社交平台建设指导意见》的通知
中青办发〔2015〕23号

共青团各省、自治区、直辖市委，解放军总政治部组织部，全国铁道团委，全国民航团委，中直机关团工委，中央国家机关团工委，中央金融团工委，中央企业团工委，新疆生产建设兵团团委：

现将《“青年之声”互动社交平台建设指导意见》印发给你们，请遵照执行。

共青团中央办公厅

2015年8月19日

“青年之声”互动社交平台建设指导意见

“青年之声”互动社交平台建设是新时期共青团具有全局性、战略性和基础性的一项重点工作，是贯彻落实习近平总书记关于做好网络新媒体工作系列重要指示精神，贯彻落实中央党的群团工作会议精神，构建“凝聚青年、服务大局、当好桥梁、团要管团”四维工作格局的重要举措，是共青团全面深化改革的重要突破口。为落实《关于在全团推进“青年之声”互动社交平台建设的通知》（中青办发〔2015〕15号）要求，加快推进平台有效延伸、发挥作用，实现规范“公转”与漂亮“自转”有机结合、相互促进，现提出以下指导意见。

一、加强技术支撑，建设便利青年参与的多终端平台。充分利用原有工作基础、工作特色，在9月底之前，完成以“一网三微”为重点的省级技术平台建设（确有困难的，应按期建成微博、微信平台，PC端建设可适当延后）。要综合运用官方网站、微博、微信、微邦、手机APP、H5页面、手机报、12355热线电话等多个接入口，方便青年通过计算机、固定电话、手机、邮箱、平板电脑等媒介随时随地找到和使用“青年之声”。

1. 建设网站主入口。“一网”指依托本级团组织官方网站或当地有影响力的门户网站，独立开展或由第三方承接“青年之声”PC端网上平台建设。团中央本级“青年之声”PC端Web3.0平台依托中国青年网建设，可为各地各系统平台提供技术接口，向有技术需求的省级团委提供PC端开发和运行服务。各地各系统建设的“青年之声”PC端平台，在功能设计上，要注重突出“听”“说”“答”“问”功能，设置接受提问和公开答复的功能版块。平台应遵循统一理念、统一品牌、统一形象的要求，名称可冠以“青年之声·地方或系统名称”（如“青年之声·河南”）；域名可采用官方网站的二级域名（如qnzs.hnyouth.org.cn)，其中，互动版块可嵌入团中央本级“青年之声”Web3.0版，域名可采用该平台下的三级域名（如henan.qnzs.youth.cn)；地市级和县级团委“青年之声”平台，可冠名“青年之声·市县名称”（如“青年之声·郑州”“青年之声·兰考”等）；乡镇街道一级基层团组织要通过上级团组织的平台及时与青年沟通对接，成为联系和服务青年的前沿阵地和基础力量。高校团委、大型企业团委等基层团组织中，具备条件的也可以主动建设本单位“青年之声”PC端平台。

2. 综合发挥“三微”作用。“三微”指依托微博、微信和微邦，开展“青年之声”移动互联网平台建设。要充分依托微博平台信息传播速度快、受众面广的优势，建立本地本系统“青年之声”微博矩阵。可在官方微博下开设“青年之声·地方”微话题（如“青年之声·河南”），公开征集、解答、分办问题；并将微博话题墙嵌入本级“青年之声”PC端页面。要发挥微信平台针对性、实效性、互动性强的优势，拓展全面、及时的交流沟通渠道，可申请本级团组织“青年之声”微信公众号，也可在原有公众号上增加“青年之声”栏目和内容。要发挥微邦层次性、组织性、保密性强的优势，建设系统化、层级化、网格化的“青年之声”专属即时通信工具，及时通过移动端开展沟通联络、问题回复、志愿帮扶等服务。

3. 加速技术平台迭代。在保障现有技术平台平稳运营的基础上，鼓励有条件的地方先行先试，加速技术研发和应用，进一步强化移动端布局，充分运用H5语言，优化页面设置、深挖网络语言，使平台技术更具逻辑性、整体性和系统性。努力提升后台大数据分析技术，探索建立即时更新的网络青年大数据库，为相关问题、政策的研究提供数据支撑和决策参考。在技术迭代过程中，要高度重视和同步升级网络安全系统，提升平台防护等级，预防黑客入侵、DDOS 攻击，确保用户个人注册信息、大数据统计信息等安全可控。

二、提高服务能力，构建线上线下有机融合的工作格局各级团组织要准确把握平台作为直接联系服务青年的“窗口”定位，以基层服务型团组织建设为统揽，以综合性服务平台为依托，充分整合各方资源，实现全团联动、内外互动，灵活运用“团帮青、专帮青、青帮青、政帮青、社帮青”等多种服务模式，切实提高服务能力，构建“听—答—办”的完整服务闭环。

1. 提高“团帮青”能力。各级团组织要组建涵盖各部门、各战线的回复团队，动态倾听、及时回复“青年之声”平台上的各类问题。精心设计、大力开展“青年之声”推广活动，组织各类“进校园”“进社区”“进工厂”“进农村”等活动，扩大平台知名度。要紧密结合“三创”工作、维权工作、基层服务型团组织建设、青少年综合服务平台建设、12355 服务台等全团重点工作，实现线上平台与线下既有工作的深度融合。针对青年普遍性的线上需求提供线下服务，切实帮助青年群众解决实际困难。要有序安排各级团组织负责人定期以个人名义回答网友提问，强化示范带动作用。

2. 整合“专帮青”资源。积极引进“外脑”，组建“青年之声”成长、创业、就业、法律、心理、健康、婚恋、公益等专家服务团队。组织专家线上解答青年疑问、线下解决青年困难，确保“青年之声”平台“有问有答有办”常态化、专业化。各省级团委要安排专人负责相关服务体系专家团队的组建、管理以及和团中央“青年之声”服务体系专家团队的对接工作。

3. 探索“青帮青”模式。要充分发挥青年的主体作用，以实现互助为目标，通过平台呈现青年所思所想、所需所求，围绕青年学习、工作、生活中遇到的疑惑和困难，广泛调动团员、青年志愿者、青年网民、社工等内生资源，提升青年帮助青年的积极性和创造性，促进青年之间的沟通交流和互帮互助。

4. 畅通“政帮青”渠道。要在及时发现青年共性问题的基础上，针对青年集中反映的教育、就业、健康等问题，主动联系党政部门，反映青年真实诉求，提出有关政策建议，协调党政部门对普遍性问题给予帮助引导，对迫切的具体困难开展救助帮扶，促进有关政策制定、落实。

5. 搭建“社帮青”平台。要坚持“眼睛向外”，以平台为依托，有效整合网络新媒体和传统媒体力量，引导社会舆论共同关心关注青年成长。主动联合企事业单位、行业协会、青年社会组织等社会力量，经常性开展公益沙龙、座谈会、交流会、面对面分享会等，为青年提供更加多元的帮助和支持。

三、着眼高效管理、有序流转，建立健全平台运行机制。各级团组织要在充分借鉴已有成熟经验的基础上，结合自身工作实际，坚持可持续、可推广原则，探索形成一整套涵盖信息收集、筛选分办、答复办理、督办反馈等各环节、全流程的工作运行机制，努力推动各项工作制度落实到位、发挥作用。

1. 信息收集、汇总机制。加强统筹整合，将微博、微信、12355、公共信箱、移动终端等平台收集的信息统一纳入“青年之声”入口管理，形成统一的团青互动渠道。设计科学合理的用户注册管理办法，规范入口管理。建立值班制度，加强日常运营维护，及时跟踪收集信息。

2. 信息筛选分办机制。各级团组织特别是省级团委要成立由相关部门组成的工作协调小组，明确信息筛选部门，按照内容和紧急程度对信息进行分类，对敏感或无效信息进行过滤；明确信息分办部门，及时、准确对信息进行分办或转送。

3. 信息答复办理机制。按照“于法周延、于事简便”的原则，建立答复工作的标准化流程，明确不同信息的答复口径、反馈周期、主责部门等，确定回复内容的审批层级和审批流程，切实做到所有回复有人把关、有人负责。要突出服务落地，努力为有困难和诉求的青年提供有效服务，增强团员青年对“青年之声”的黏性。

4. 督办落实机制。对经办的重点问题和重大事项进行实时跟踪和销号管理，对已经答复或办结的问题采取随机回访，探索建立青年满意度评价体系和第三方评价机制，以高度的责任感应答好青年的诉求和问题，把每一项工作做到青年心中。

5. 数据分析管理机制。充分挖掘平台数据价值，定期开展青年舆情动态监测、青年诉求大数据分析及对青年某方面问题的定向调研等，重点分析青年群体的普遍性政治诉求和利益表达，为团组织开展有针对性的工作提供依据。

四、加强组织领导，确保平台建设扎实推进各级团组织要高度重视此项工作，将其列入当前和今后一个时期的重点工作内容，以等不得、慢不得、应付不得的态度完成好各项任务。

1. 加强领导机构建设。各级团组织要成立由主要负责同志牵头的“青年之声”工作领导小组，负责统筹推进、督导考核平台各项建设工作，同时负责与上级团组织的配合协同。领导机构要形成责任分工、定期议事、工作协调等具体制度。

2. 强化工作督导考核。团中央将把“青年之声”平台建设作为全团重点工作，对各地各系统平台推进和运行情况进行测评。10月中旬，团中央将对各省级团委“青年之声”互动社交平台建设情况进行督导。11月中旬，各省级团委将对地市级以下团组织“青年之声”互动社交平台建设情况进行考核。各级团组织都要参照其他窗口行业的服务测评标准，结合实际，建立定期督导考核机制。

3. 建立完善培训制度。从提升平台建设管理维护的技术能力，提高专业化收集和分析信息的专业能力，提高用心理、法律等专业知识开展服务的综合能力等多个角度，加强对各级“青年之声”运营团队的长效培训。要建立定期培训机制，推出统一培训教材，注重理论与实战相结合，努力培养一支政治坚定、业务精湛、贴近青年的骨干队伍，为“青年之声”平台持续健康发展提供人才支撑。“青年之声”互动社交平台建设既是共青团工作内容和载体的创新，也是共青团工作思维和理念的革新，是共青团全面深化改革的集中体现。全团要进一步增强责任意识、合作意识和问题意识，坚持虚功实做、难事长做，积极探索，大胆实践，推动“青年之声”互动社交平台建设工作深入发展、再上台阶。

共青团中央办公厅

2015 年 8 月 21 日印发

共青团中央办公厅关于印发《“青年之声”平台建设与运行考核办法（试行）》的通知
中青办发〔2015〕28号

共青团各省、自治区、直辖市委，解放军总政治部组织部，全国铁道团委，全国民航团委，中直机关团工委，中央国家机关团工委，中央金融团工委，中央企业团工委，新疆生产建设兵团团委：

现将《“青年之声”平台建设与运行考核办法（试行）》印发给你们，请遵照执行。

共青团中央办公厅

2015年10月10日

“青年之声”平台建设与运行考核办法（试行）

“青年之声”互动社交平台是全团贯彻落实中央党的群团工作会议精神、全面深化改革的重要突破口，体现了新时期青年群众工作的本质要求，对落实“凝聚青年，服务大局，当好桥梁，团要管团”四维工作格局具有重要牵动作用。为进一步推动工作，提高各级“青年之声”平台建设与运行水平，特制定本办法。

一、基本思路

按照“以省为主，省内统筹，战线融入，兼顾差异”的原则开展考核。在对象上，以各省级团委为考核对象主体，通过测评省级平台建设与运行情况，综合反映省内工作开展情况和团内各战线统筹配合情况，同时注意照顾不同地区的差异性。在内容上，重点围绕全团工作部署落实、功能定位把握、本地区平台建设进度和现有平台运行质量等方面进行评估。在方法上，以系统数据生成为主，结合考核部门评估、青年用户反馈等方式，力争客观、准确、全面反映各地工作情况，增强“青年之声”平台建设运行的规范性和科学性。

二、考核内容

主要内容包括以下 6 个方面，总分为 100 分。

1. 运行机制建设。侧重考核各地是否构建了科学有效的工作机制，形成了权责明确、流程清晰、衔接紧密的工作闭环。通过考核，引导各地加强平台运行制度建设，确保“青年之声”平台规范、安全和长效运行。核心指标：平台建设和运行协调机制、值班制度、问题分办、内容审核、省级团委对下级团组织督导制度建立和落实情况。

考核分值：10 分。

2. 平台运行活跃度。侧重考核平台对青年的覆盖面和吸引力，反映平台互动功能的实现程度。通过考核，引导各地抓住用户体验这一平台建设的基本任务，通过优化界面设计、提高答问效率等方式不断增强用户黏性，把“让青年找团”落到实处。核心指标：用户注册数量占本地常住青年人口数比例（含 PC 端和移动端，下同）；用户访问数量占本地常住青年人口数比例；用户提问数量增长率；答问数量占提问数量比例；用户点赞数量占答问数量比例；平台平均答问及办理时长；技术人员配备、培训情况；平台迭代更新情况。

考核分值：25 分。

3. 线下服务工作

侧重考核根据线上需求开展线下服务活动情况，反映各地构建共青团“020”模式的进展。通过考核，引导各地高度重视、积极打造线下服务这一“青年之声”平台有别于其他网络平台的核心竞争力，以线上倒逼线下、线下承接线上，提高“青年之声”综合服务能力。核心指标：线下服务联盟组建数量；专业服务力量动员情况；常态化服务项目数量；个体帮扶案例汇总；主题活动开展数量和覆盖人数。

考核分值：20 分。

4. 与全团重点工作融合。侧重考核平台工作与全团其他重点工作的结合、联动程度。

通过考核，引导各地主动依托已有工作基础推进平台建设和运行，使“青年之声”在团的四维工作格局中发挥以点带面的牵动作用。核心指标：结合青少年综合服务平台、基层服务型团组织、联系引导青年社会组织、参与购买政府服务等重点工作开展活动的情况；各战线部门与平台工作融合情况；运用平台破解具体工作难题案例。

考核分值：15 分。

5. 主动设置议题。侧重考核各地利用平台开展思想政治引领工作和设置开展主题活动的情况，反映平台把握工作主动权、服务团的根本任务的工作水平。通过考核，引导各地牢牢把握“寓引导于服务”的根本任务，进一步提高运用平台引导青少年健康成长、参与构建清朗网络空间的自觉性与主动性。核心指标：对团中央网络舆论引导任务的响应情况；主动设置议题数量；主动设置线下主题活动数量；议题参与讨论人数；参与主题活动人数。

考核分值：10 分。

6. 青年满意度

随机抽检注册用户对平台运行情况的满意程度，综合反映用户体验结果。通过考核，引导各地牢固树立“青年至上”的需求导向工作思路，真正把“青年之声”建设成为青年自己的平台，同时也为全团其他工作开展青年群众评价探索积累经验。核心指标：从属地注册用户中随机抽选青年反馈评价。

考核分值：20 分。

三、组织实施

1.“青年之声”平台建设与运行情况纳入全团重点工作月度推进督导范围，按月度考核。考核工作由团中央办公厅、团中央网络影视中心组织实施。

2. 团中央开发制作“青年之声平台工作推进电子日志”。各省级团委平台建设主责部门负责填写日志，并与团中央办公厅、团中央网络影视中心共享信息。

3. “平台运行质量”类指标相关数据由后台系统自动生成，无须填报，由团中央网络影视中心负责审核把关。

4. 团中央办公厅根据各地每月工作情况综合评判赋分，进行各省排名，报送团户央书记处领导，向各省级团委主要负责同志、分管同志通报。考核结果不定期向省委分管领导通报。

四、有关要求

全团务必凝聚共识、形成合力，保持工作韧劲，以踏石留印、抓铁有痕的精神将这项基础性、根本性工作扎实推进、引向深入。

1. 高度重视，形成有效机制。各地要根据考核办法要求，建立简便有效的信息收集机制、审核机制和上报机制。要指定专人做好电子日志填报工作，确保填报进度和质量。要与团中央保持顺畅联系，及时协调、沟通情况。

2. 把握实质，发挥导向作用。各地要认真理解、准确把握考核内容所包含的工作思路和导向，进一步提高认识水平，强化思想共识，明确重点任务，把准平台建设的正确方向，把工作要求落到实处。

3. 严肃纪律，务求真实准确。各地要以高度负责的精神严把信息质量关，确保填报信息、数据真实准确。各省级团委分管领导要亲自审核把关，平台建设主责部门要做好信息、数据汇总、复核工作。对严重虚报瞒报现象，团中央办公厅将进行全团通报。

4. 科学务实，用好考核结果。团中央有关部门要注重对结果进行历史分析、专项分析、区域分析等深度分析工作，从中发现趋势、总结规律、聚焦问题，有针对性地提供工作指导和保障服务。地方团组织要善于从考核结果中找到差距、借鉴经验、激发动力，不断提高本地平台建设和运行水平。

共青团中央关于组织广大团员青年深入学习贯彻习近平总书记在网络安全和信息化工作座谈会上的重要讲话精神的通知

中青发〔2016〕9号

共青团各省、自治区、直辖市委，中央军委政治工作部组织局群团处，全国铁道团委，全国民航团委，中直机关团工委，中央国家机关团工委，中央金融团工委，中央企业团工委，新疆生产建设兵团团委：

4月19日，习近平总书记主持召开网络安全和信息化工作座谈会并发表重要讲话。讲话立足战略和全局高度，牢牢把握国际国内大势，提出了关于网络安全和信息化的一系列重大论断和战略部署。讲话具有很强的指导性、思想性、战略性，为我国网信事业的发展指明了方向，提供了基本遵循，也是共青团做好网络新媒体工作的重要指南。各级团组织要把组织引导广大团员青年和团干部认真学习宣传贯彻讲话精神作为当前和今后一个时期的重要政治任务，高度重视、积极部署，切实抓紧抓好。

一、深入学习领会讲话精神实质，切实增强做好共青团网络新媒体工作的责任感、使命感

要深刻领会我国网信事业要在践行创新、协调、绿色、开放、共享的新发展理念上先行一步，为我国经济发展新常态注入新动力，让互联网更好造福人民。要深刻领会必须发挥网络引导舆论、反映民意的作用，建设网络良好生态，让互联网成为贴近群众的新途径、发扬人民民主的新渠道；同时要依法加强网络空间治理，为广大网民特别是青少年营造一个风清气正的网络空间。要深刻领会我国坚定不移实施创新驱动发展战略，努力集合精锐力量，作出战略性安排，力争尽快在核心技术上取得突破。要深刻领会网络安全和信息化相辅相成，安全是发展的前提，发展是安全的保障，必须集合社会各方面力量共筑

网络安全防线。要深刻领会我国互联网企业在稳增长、促就业、惠民生等方面发挥的重要作用，要鼓励和支持企业做大做好，共同促进互联网持续健康发展。要深刻领会网络空间的竞争，归根结底是人才竞争，我们必须聚天下英才而用之，为网信事业发展提供有力人才支撑。

二、认真落实讲话要求，牢牢把握共青团网络新媒体工作的基本原则

必须坚持党管网络、党媒姓党的政治方向。共青团开展的全部网上工作，各级团属网络媒体，都要坚守党性原则，进一步增强政治意识、大局意识、核心意识、看齐意识，坚定不移地在网上同党中央保持高度一致，体现党的意志、反映党的主张，维护党中央权威、维护党的团结，做到爱党、护党、为党。必须坚持围绕中心、服务大局的工作主线。共青团网络新媒体工作要始终围绕经济社会发展这一中心，努力为党分忧，为社会添彩，大力促进青年网络创业就业，团结带领青年做网络社会精神文明建设的生力军。必须坚持以青年为本、服务青年的工作定位。时刻把青年放在心中最高位置，努力为青年成长发展创造良好的网络环境，借助互联网服务青年的学习工作生活，通过网络维护青少年的合法权益。必须坚持把网络舆论引导摆在突出位置。充分发挥作为党领导的先进青年群众组织的思想政治优势、组织体系优势、联系青年优势、工作队伍优势、传播路径优势，动员广大团员青年把先进性和担当精神延伸到网络空间，主动弘扬真善美、抨击假恶丑，争做清朗网络的建设者和守护者。

三、深入学习宣传贯彻讲话精神，推动共青团网络新媒体工作全面提质增效

各级团组织要把讲话精神全面贯彻到共青团建网用网占网各项工作之中，努力构建“互联网 + 共青团”工作格局。要坚持正面引导，大力开展富有思想性、青年化、互动性的主题网络宣传活动，持之以恒在网上弘扬主旋律、传播

正能量。要落实青年思想引导产品化战略，将理论宣传、政策解读、榜样引路、团务知识等共青团宣传内容转化为适合网络传播、青年乐于接受的文化产品，推动党的主张在青年中入耳入脑入心。要深化网络舆论引导，加强网宣阵地联动、网宣队伍建设、网络舆论斗争等工作，在清朗网络空间中体现共青团和青年力量。要着眼推进“大众创业、万众创新”，深化农村青年电商培育、“创青春”青年互联网创业大赛等项目，积极利用互联网服务青年创新创业创优。要着眼网络人才培养，加强中国青少年新媒体协会、中国青年网络智库建设，积极联络网上正面意见领袖和网络组织，大力团结凝聚培养各方面青年网络人才。要积极创新工作方式，建好“青年之声”互动社交平台和“青少年维权在线”，借助新媒体密切共青团与广大青年的联系。要着眼网上共青团建设，扎实推进互联网行业团建和智慧团建工作。各级团组织和团员青年要认真学习、全面把握讲话的丰富内涵和精神实质，切实把思想和行动统一到讲话精神上来，努力为互联网事业发展、清朗网络空间建设贡献青春力量。各级团的领导机关负责同志要切实落实意识形态工作责任制，在各项工作中牢牢把握住青年思想引领这条红线、把握住运用网络新媒体手段增强对青年的吸引力凝聚力这把钥匙，把讲话精神落到实处。近期要围绕讲话精神组织一次专门的中心组学习或集体学习。团的宣传战线要发挥在构建全团大宣传格局中牵头抓总的作用，各部门各战线要真正动脑筋思考、花力气推动，共同把讲话精神学习好宣传好，把共青团网络新媒体工作推进好，并通过开设专题栏目、组织系列文章、制作可视化宣传产品等形式，迅速形成宣传声势，切实把讲话精神传递到青年中去。

共青团中央办公厅

2016 年 5 月 4 日印发

第三节 团安徽省委的主要经验

安徽团组织积极推进青年之声建设全力搭建互联网青年之家

“青年之声”是团中央书记处第一书记秦宜智同志亲自倡导创办的大型网络社交互动平台，团安徽省委高度重视、认真谋划，举全省各级团组织力量，集中推进“青年之声·安徽”平台建设，为解决全省各级团组织在“互联网+”背景下如何加强与青年沟通交流提供了有益探索。自2015年9月28日，青年之声·安徽正式开通上线以来，安徽“青年之声”组织共邀请专家37 137名，接受青年提问3 598条，累计回答青年问题5 181条，回答率达到106%，好评数达5 265个。

一、全省统筹构建多层级的服务平台和推广体系

如何在最短时间内将全省各级“青年之声”平台建设好并最大限度地推广到广大青少年中去呢？团安徽省委专门成立平台建设工作领导小组，出台详细工作方案，统筹整合各战线力量，集中力量率先建设省级平台。在建设过程中，通过社会化动员，建立各类服务联盟，同时不断向市县乡以及街道、学校、企业纵深推进。

省本级“青年之声”平台建设运行培训会举办后，各地市都陆续开展了培训，10月份至今几乎每周都要去地市或者高校企业开展一次青年之声培训。

“青年之声·安徽”的技术负责人介绍到。为了保持平台建设与运行的持续与稳定，打造一支专业、稳定的技术团队，在加快省级平台建设同时，团安徽省委专门制定了技术培训推广方案，积极开展业务培训。目前，省本级技术团队已经深入蚌埠、马鞍山、安徽大学、淮矿集团等20多家单位，开展技术指导培训，帮助各单位快速提升平台建设运行水平。

2015年12月16日，庐阳区三十岗乡三国遗址公园内人山人海，2016年安徽省文化科技卫生“三下乡”集中服务月活动正在火热举行，在共青团系统展台上，印有青年之声相关信息的宣传年历受到了现场群众的热烈欢迎。各地市也纷纷拿出绝活，淮北团市委利用濉溪中学新年联欢会的机会，在校园里开展青年之声推介活动，现场聚集超过800名学子，气氛热烈。与此同时，“青年之声·安徽”采取线上线下双重推介模式，在线上通过团属微博、微信、门户网站、安青网等新媒体平台集中开展“青年之声·安徽”平台的宣传推送，积极吸引原有团属媒体受众参与平台互动，在线下注重抓住高校青年学生等重点群体，通过直属高校团委和班级基层团委在学生中开展宣讲推介工作，发放宣传单页，并派出技术人员现场开展动员指导。

二、线上线下相结合青年服务触手可及

如何能把“青年之声”的工作落到实处呢？团安徽省委对这一点看得很清:必须要把线上解答和线下帮扶结合起来。

在线上，安徽“青年之声”实行专家在线轮班、工作人员24小时在线值班制度，让青年的提问在第一时间得到解答；在线下，安徽省各级团组织根据各自的情况创造性地举办了一批“青年之声”的线下服务和推广活动，推出系列线上线下深度结合的工作举措，综合运用网络新媒体等手段推进平台“进校园、进社区、进工厂、进农村”，逐步扩大平台覆盖面和知名度，进一步夯实线下服务联盟。

为解决基层群众看病就医难问题，帮助百姓在家门口就能得到名医诊疗，为人民群众送上健康大餐，2015年12月26日，淮北“青年之声”联合安徽

中医药大学团委志愿义诊活动走进濉溪县临涣镇，安徽中医药大学第一附属医院的6位专家教授参加此次义诊活动。现场有近百位群众到现场接受了义诊，他们对专家们的诊疗水平赞不绝口，期待专家们下一次“惠民义诊”活动。团市委书记张红君说：“青年之声·淮北”将抓好平台的线上线下工作，做到线上线下齐头并进，多层次、多渠道地为广大青年和群众提供更多优质、便捷的各类服务。

2015年12月8日，在“青年之声”安徽理工大学平台上，特种能源技术与工程专业2013级2班团支部书记章彬彬同学发出了一则“寻人启事”：“听说学校最近又有一位造血干细胞捐献者，他叫什么名字？还有他是哪个学院的？我想找他问问怎么才能捐献，要自己联系团委、医院还是所在地红十字会吗？”这条提问很快被安徽理工大学团委副书记彭晶注意到，立刻进行了详细的解答，并组织开展“向身边的向上向善好青年学习”主题团日活动，邀请到了“寻人启事”中提到的该校机械工程学院马晃晃同学，分享他捐献造血干细胞的经历和感受。在此次线下主题团日活动结束后，章彬彬表示：“这次活动的顺利开展，不仅使全班40名同学能够近距离学习身边的优秀青年典型，还增强了同学们对‘青年之声’平台功能的了解。”

另外，企业“青年之声”也不甘落后，中铁四局团委在“青年之声”的网页提问上了解到，基层青年员工普遍反映，建议青年情侣和新婚夫妻员工安排在同一个工程项目工作，方便交流感情，提升青年员工幸福感。他们线下第一时间与该青年所在单位团委以及公司人力资源部积极联系帮职工解决实际问题。中铁四局团委书记潘磊表示：“通过‘青年之声’平台，我们更方便了解一线青年的心声，通过线上积极答疑反馈、线下具体安排落实，更方便地为基层青年办实事、办好事，不断促进全局共青团工作水平的提升。”

安徽省积极打造网络新媒体团学工作平台

近年来，新媒体技术和互联网技术快速发展，对广大青年的生活方式、行为模式、思维方式和动员方式产生了广泛和深远的影响，对传统的共青团的工作方式提出了新的挑战和更高的要求。秦宜智书记2015年4月在中科大与安徽部分高校团干部座谈中指出，要积极用网，运用互联网思维理念、技术手段，改造团的传统工作，提升团的职能发挥，推动共青团工作线上线下互动融合，更好地服务青年、维护青少年合法权益。团安徽省委学校部积极落实秦书记讲话精神，迅速对安徽学校共青团新媒体工作作出战略安排，总结以往经验，积极探索“互联网+”背景下团学工作新模式，着力打造团学工作网络新媒体平台。

一、以大学生“三走”活动为切入点，逐步打造安徽省团学线上工作中心

团安徽省委学校部在总结往年“三走”活动经验基础上，创新性地将开展群众性体育运动和新媒体技术相融合，积极探索“互联网+”背景下“三走”活动新模式。引导广大学生“抓住微时间、借助微工具、利用微平台、进行微运动、积累微健康”。

2015年6月，在团中央网络影视中心的指导和帮助下，利用Myouth（掌上校园）平台，打造了深受学生欢迎的“盛夏跑步季”活动。该活动依托Myouth平台，将学生实际跑步里程通过计步软件实时同步到积分榜单中，营造了一种线上PK分享的氛围，鼓励大学生暑期线下坚持每日跑步锻炼。同时，通过“个人突破赛”“高校团体挑战赛”“强者路跑赛”“运动好心情签到分享”等线上线下联动，开展多样化、集娱乐和运动于一体的有奖竞赛跑步活动。由于活动突破了时间、空间限制，参与方式便捷，得到高校大学生的积极响应和热情参与，截至2015年9月6日，活动首批8所试点高校大学生累计跑步行程177 870.784公里，约绕地球赤道4.5圈。

目前，团安徽省委在对前一阶段活动进行全面总结的基础上，又联合省体育局等相关部门继续开展第二阶段“青春动能，悦无止境”校园跑步活动，将活动拓展到全省35所直属高校的108万在校大学生，旨在线下以校园分站赛形式提高活动影响力，线上继续以跑步里程PK、个人风采展示等单元版块，扩大活动覆盖面，引导和帮助大学生养成坚持体育锻炼的良好习惯，提升身体素质。

下一步，也积极谋划在“三走”活动带动下，待 Myouth 平台集聚大量学生群体后，适时加入思想引导、创业就业、志愿服务等内容，逐步打造安徽省学校共青团的线上工作中心，促进团学工作线上线下有机融合。

二、探索建立全省高校共青团新媒体工作阵地，实现团学工作网络新媒体战略转型

团安徽省委学校部积极思考如何在网络新媒体上联系青年、贴近青年、组织青年、引领青年、服务青年，更好地破解共青团组织两大课题，积极响应团中央“打造新阵地，实现团学工作网络新媒体战略转型”的号召，进行了深入研究与初步探索。一年来，依托省级新媒体平台——安徽团省委学校部腾讯微博和安徽省学生联合会微信公众平台，面向全省高校开展了 16 次种类丰富的线上活动，全省高校参与人次超 1 000 万，收到了良好效果。截至目前，省内各级高校团组织开通官方微博 1.4 万个，粉丝总数超 100 万人。全省高校各级团组织共开通官方微信平台 238 个，粉丝总数达到 80 万人。顺应网络新媒体的发展潮流，安徽省各高校积极拓展新媒体阵地，广泛开发使用掌上校园等校园 APP，共开发使用 APP110 个，覆盖在校大学生近 50 万人。另外，建立覆盖省市县三级包括高校系统在内的共青团网络宣传员队伍，总人数达 44 080 名，其中高校战线 15 388 人；同时积极组建 450 181 名网络文明志愿者组成的志愿者队伍，其中高校战线 153 985 人，“网军”队伍初步建立，新媒体网络平台初见端倪。

为充分运用高校资源和优势，加强对互联网背景下团学工作的深入研究，2015 年 7 月，团安徽省委、中国移动安徽分公司联合在安徽理工大学建立了安徽省学校共青团新媒体工作研究中心（此前，安徽省教育厅于 2013 年 1 月在安徽理工大学成立了安徽省高校大学生思想动态分析研究中心，经过两年多的运行，取得了一些研究成果和相关数据），中心成立后，下一步将专门致力推进学校共青团工作网络新媒体战略转型、研发移动互联网产品、加强校园信息化建设等工作，为今后学校共青团新媒体工作平台建设和运行提供了强有力的理论和技术支撑。

三、开展网络新媒体团学工作的几点思考

工作中我们发现，目前网络新媒体和团学工作相结合，各地都在设计工作项目，开展各项活动，但由于缺乏系统性的研究，设计工作项目科学化、合理化和可持续性较差，部分工作效果不尽理想；另外，各地互联网+团学工作创新的手段很多，但缺乏一个资源相对集中的平台进行凝聚，打造工作对象专一所属的网络平台，对整合资源、增加团学工作的针对性和有效性将发挥重要作用；其次，现存的一些网络平台覆盖面较窄，与基层普通青年直通互动渠道较少，难以了解把握青年需求，青年难以也不愿意与之沟通；再就是目前使用的一些网络平台基于团学组织主体操作，以工作落实、共享资料，普及知识为主，缺乏整合社会力量，对青年问题进行针对性、专业性指导。

通过近几年新媒体工作的探索与尝试，我们充分认识到，学校共青团网络新媒体工作只有领导重视、取得党政支持，各项部署才能顺利推进；只有紧扣战线工作，才能形成互促共进的工作局面；只有着眼青年需求，才能吸引青年广泛参加；只有紧跟时事热点，才能精准把握青年脉搏；只有坚持“眼睛向外”，才能形成协同推进的工作合力；只有不断改革创新，才能追赶新媒体的代际递变。

我们相信，青年之声作为联系青年的大型社交平台，能够有效实现各级团组织与广大青年直接联系互动，搭建党政联系青年的桥梁，给我们新媒体构建注入生机和活力，这也必将推进今后我们线上线下有机融合的青年工作新格局！

“青年之声”安徽学校工作战线互动社交平台建设计划

一、青年之声安徽学校工作战线互动社交平台建设概况

2015年8月19日，团中央办公厅印发《“青年之声”互动社交平台建设指导意见》。9月22日，安徽省的合肥工业大学、安徽大学、安徽农业大学、

蚌埠医学院4所高校被列为“青年之声”建设试点高校。2015年9月28日，“青年之声·安徽”互动社交平台上线。

2016—2017年，团安徽省委将对全省青年之声的运行模式、工作机制、发展路径等进行深入探索，逐步形成一整套系统科学的运行机制，进一步发挥青年之声的作用，全力搭建“线上线下，交流互通”的互联网青年之家。2016年，安徽省学校共青团新媒体工作研究中心持续对全省高校共青团战线青年之声互动社交平台建设情况进行调研，结果发现仍有少数高校存在思想认识不到位、运行模式不成熟、技术团队不健全、发展路径不明确、保障机制不完善等方面的问题。造成这些问题的主要原因包括：

1. 团安徽省委学校部目前尚未通过会议、文件等形式对“青年之声”互动社交平台建设工作进行正式的安排部署。多数高校团委未能将该平台的建设纳入2015—2016学年第一学期学校共青团工作要点，只是保存和试用了学校部通过微邦统一配发的账号和密码，大致了解了该平台的基本功能，没有对校、院、班三级团组织进行宣传推广。

2. 安徽团省委的省级技术团队在平台宣传推广过程中偏重线上团属新媒体平台，缺少线下培训指导。为了保持平台建设与运行的持续与稳定，必须打造一支专业、稳定的技术团队。但据了解，安徽“青年之声”的技术负责人仅深入安徽大学开展过技术指导培训，未能分地市或片区深入全省其他高校，帮助学校团组织和团干部快速提升平台建设运行水平。

3. 安徽学校共青团工作战线“青年之声”服务联盟与专家库尚未建成，亟待加强建设。各高校“青年之声”互动社交平台上“听—答—办”的完整服务闭环和“团帮青、专帮青、青帮青、政帮青”的线上线下服务模式需要一支专业队伍能够服务落地，形成全团联动、内外互动的服务保障体系，及时准确地为有困难和诉求的青年学生提供服务。这支队伍既需要有校领导、内专家学者、相关部门科室负责人，又需要有就业创业指导专家、政府相关部门工作人员，没有这样一支队伍，青年学生在学业、就业、创业等成才成长方面遇到的困难和困惑就难以及时得到帮扶和解答。

4. 各高校新媒体平台建设重点参差不齐，难以与“青年之声”打通。近年来，各类新媒体平台的交替衍生与多元发展，各高校共青团组织根据安徽理工大学实际，在平台建设重点的选择上呈现出不同的态度，在微博、微信公众号、微邦、Myouth、QQ 空间、网络社区论坛等平台上各有不同作为，取得了一些宝贵的经验，形成了相对成熟的工作模式，也培育了稳定的“粉丝群”“用户群”或“微矩阵”。但“青年之声”社交互动平台上线不到半年，对高校共青团组织来说相对新鲜、陌生，如何将微博、微信、微邦、Myouth 等新媒体平台纳入“青年之声”入口进行信息筛选与管理，打通团青互动渠道，是普遍面临的客观问题。

二、青年之声安徽学校工作战线互动社交平台建设工作计划

1. 进一步提高学校共青团战线对“青年之声”互动社交平台建设与推广工作的思想认识。加强组织领导，成立由团省委学校部主要负责同志牵头的“青年之声”工作领导小组，制发专门文件，明确“青年之声”高校互动社交平台建设目标、任务、要求，倒排平台建设工作推进时间表，统筹推进、督导考核平台各项建设工作，领导小组成员之间要形成责任分工、定期议事、工作协调等具体制度。

2. 进一步加强平台技术培训与指导。在 2015—2016 学年第二学期初，邀请省级青年之声平台技术负责人或团中央网络影视中心相关技术人员面向全省高校团委负责人（或分管书记）、基层团委（团总支）代表举办一场专题培训，安排“青年之声”建设试点高校介绍试点工作经验，指导各高校制定技术推广方案，利用校级团校、“青马工程”培训班开展业务培训，帮助各单位快速提升平台建设与运行水平。

3. 进一步加大平台宣传推介。鼓励各高校利用团属校园媒体或全校性大型活动现场发放“青年之声”书签、张贴宣传海报等形式进一步加大平台宣传推介力度。团省委学校部可以统一为各高校争取一定的社会化资源和经费进行支持，进一步扩大平台的覆盖面和知名度，为线上线下有机融合的平台服务体系形成营造氛围，夯实工作基础。

4. 进一步加快平台服务联盟与专家库建设。团省委学校部可以在团省委

省级层面通过社会化动员建立的服务联盟和邀请的专家资源基础之上，选聘一批能够为全省青年学生提供多元化的服务与帮助的专家、青年榜样或青年偶像，组建“青年之声”安徽高校学生成长服务联盟，建立值班制度，每周或每月固定时间进行“键对键”线上答疑，切实吸引有成长困难和诉求的青年学生到“青年之声”学校战线互动社交平台上来，增强青年学生对平台的黏性和喜爱。

安徽省学校共青团新媒体工作研究中心简介

一、研究中心成立背景

2015 年初，党中央印发《关于加强和改进党的群团工作的意见》（以下简称《意见》），首次鲜明提出了中国特色社会主义群团发展道路，深刻阐述了新形势下加强和改进党的群团工作的重要性和紧迫性，全面部署了当前和今后一个时期群团工作的主要原则、重点任务和政策措施。

2015 年 3 月 31 日——4 月 3 日，团中央书记处第一书记秦宜智来安徽调研时强调，贯彻落实中央《意见》，要以改革创新的精神谋划和推动共青团工作创新发展；要按照“坚定信念、用于担当、提升水平、善于发声”的要求，建设好共青团网络工作队伍。

2015 年 4 月初，安徽团省委强化机遇意识、问题意识、改革意识，踩准了时代脚印，发扬传统，弘扬新锐，砥砺前行，努力打造“互联网＋共青团”新模式，决定在全国学校共青团工作战线率先成立新媒体工作研究中心。希望提供“研究中心”的建设促进全省学校共青团网络新媒体工作相互借鉴、共同发展，提升全省学校共青团新媒体应用的影响力，为全省学校共青团组织提供具有指导与参考价值的新媒体工作资料、项目与课题研究成果。

在接到团省委在学校设立全省学校共青团新媒体工作研究中心的指示后，安徽理工大学党政主要领导、副校长叶醒狮以及相关职能部门和各学院对“研究中心”的筹建工作给予了大力的支持，团省委副书记杨正、学校部部长曹隽等领导也多次听取了“研究中心”的筹建工作报告和建设计划，对“研究中心”成立后的工作方向、工作目标和建设思路给予指导。

目前，安徽理工大学共青团新媒体工作联动和资源共享机制不断完善，共青团网络工作队伍建设、内容建设、平台建设和机制建设日臻成熟，并创办了共青团新媒体工作室。团中央、团省委等上级团组织以及《中国青年报》《中国教育报》《安徽青年报》等中央、省级新闻媒体多次向全国、全省进行推广和介绍了安徽理工大学的工作案例。一大批关心、关注共青团与青少年工作的团干部、学者、专家们在高校网络新媒体工作实践与学术研究方面积累了一批具有学术和应用价值的研究成果。这些都为“研究中心”今后的建设和发展奠定了一定的基础。

2015 年 7 月 2 日下午，安徽省学校共青团新媒体工作研究中心（以下简称“研究中心”）在安徽理工大学成立。安徽团省委、中国移动安徽有限公司、安徽理工大学领导出席成立仪式，代表三家单位为“研究中心”揭牌并现场签订了共建合作协议。根据政、企、校三方共建协议，三家共建单位将在推进学校共青团工作网络新媒体战略转型、促进青年创新创业、研发移动互联网产品、加强校园信息化建设等方面展开为期三年的合作。安徽理工大学还专门为“研究中心”提供了充足的场地、电脑、相机、宽带等办公条件，中国移动安徽有限公司淮南分公司也积极为“研究中心”提供技术、网络、资金等方面的支持。

二、研究中心成立一年来的工作情况

在团省委和安徽理工大学学校党政的直接指导下，“研究中心”成立一年来不断推进队伍建设，完善规章制度，加强合作共建，将“研究中心”努力打造成了一个服务全省、辐射周边、影响全国的学校共青团新媒体工作“智库”。

一是不断加强“研究中心”队伍和制度建设，汇聚力量，打造科学化、规范化、专业化的工作队伍和工作制度。成立了三方共管的组织领导机构，办公室主任由团省委学校部部长和安徽理工大学团委书记兼任。由安徽理工大学在安徽理工大学专家、学者和共青团工作干部中安排了 5 名专职研究员，团省委学校部面向全省高校、研究机构选聘10名熟悉青少年与青少年工作、网络新媒体、有讲授网络新媒体课程、出版网络新媒体专著或从事新媒体校园市场渠道工作经历的兼职研究员，中国移动安徽有限公司选聘1名兼职技术人员参与相关课题研究。2016年3月，“研究中心”2名专职研究员还受聘为全国学校共青团研究中心特聘副研究员（全国22名）、助理研究员（全国24名）。

在政、企、校三方共建协议文本的基础上，“研究中心”陆续制定了《安徽省学校共青团新媒体工作研究中心财务管理办法（试行）》《安徽省学校共青团新媒体工作研究中心办公室和各研究小组工作职责（试行）》《安徽省学校共青团新媒体工作研究课题管理办法》等管理和工作制度。

二是以“研究中心”为平台，围绕学校共青团新媒体工作理论和实践中的热点问题，组织力量开展应用对策研究。一年来，多次通过文件、专题会议动员全校共青团工作干部和关心共青团工作的专家、学者围绕“互联网+共青团”开展课题研究，已累计完成关于《“青年之声”安徽学校工作战线互动社交平台建设的建议报告》《互联网下高校共青团有效开展学生网络宣传思想工作理念创新与路径探究——基于神曲〈小苹果〉走红的研究与启示》《互联网环境下如何将中国传统节日融入高校共青团工作的研究》《安徽省‘互联网+青少年思想引导’的现状分析与调查研究》《互联网+视域下青少年舆论价值观传播引导机制研究》等专题研究报告10篇，为团省委、各级学校领导决策和制定工作规划提供一批具有参考价值的“金点子”和“好办法”。这些研究报告获2014——2015年度安徽省青少年和青少年工作暨“互联网+共青团”课题研究评审一等奖2项、二等奖3项、三等奖2项，获2015年度全国学校共青团优秀研究成果一等奖1项。

此外，“研究中心”专、兼职研究员还获批了2015年度全国学校共青团研究课题立项课题《利用中国传统节日开展高校共青团工作的现状分析及对策探讨》（张学森）、2016年度全国学校共青团研究课题立项课题《新媒体环境下高校共青团特色品牌项目区域协调培育机制与路径模式研究》（任少伟）和《高校大学生科技创新先进典型人物挖掘培育模式创新与实践探索》（陈冉）、安徽省2015年度高校人文社科研究重点项目《高校网络社会思潮传播的导向调控策略研究》（袁彦）、安徽省2016年度高校人文社科研究重点项目《行动的边界：自媒体环境下大学生政治参与的规范与引导——基于安徽高校的实证分析》（陈孝柱）、《浸润与建构：大学生社会主义核心价值观教育的网络文化境》（程秀霞）、2016年度淮南市社科类课题《新形势下网络舆论现状及监管引导策略研究》（彭晶）等国家、省、市级课题项目12项。面向全省学校共青团战线进行课题招标，资助2016年度安徽省高校共青团新媒体工作研究重点课题5项："高校共青团新媒体工作考核评价体系研究""基于新媒体的高校学生'第二课堂'成绩信息系统研发""微媒体使用与大学生的社会参与——基于安徽高校的实证分析""运用新媒体扩展大学生'三走'活动覆盖面和影响力研究""新媒体环境下高校共青团供给侧改革实施路径研究"。

三是积极加强与地方政府、兄弟高校以及省级、国家级科研机构的联系和交流，合力促建，不断扩大"研究中心"的影响力和权威性。一年来，"研究中心"分别选派8名师生参加全国学校共青团研究中心2016年工作座谈会暨特聘研究人员聘任仪式（团中央学校部主办）、共青团新媒体工作提质增效推进会暨第10期共青团网络舆论引导专题培训班（团中央宣传部主办）、2016年全国高校重点网络新媒体负责人培训班（全国学校共青团新媒体运营中心主办）、第四期全国青少年和青少年工作研究高级研修班（中国青少年研究会主办）、全国高校学生网络文明促进会联盟2016年年会（团中央学校部主办）、2016年安徽省学校共青团干部培训班（安徽团省委学校部主办）等培训与交流活动，与全国兄弟高校新媒体工作骨干和学者专家进行了充分的交流。"研究中心"还积极与淮南市委组织部、淮南市委宣传部、淮南市社会科学联合会、安徽省高校大学生思想动态分析研究中心、淮南市青少年网络思想政治教育研究中心等地方政府和科研机构进行联系，就青少年网络思想政治教育、校园网络舆论监管引导、高校意识形态工作达成了校地联合攻关开展课题研究的意向。

2016年7月至今，"研究中心"在全国学校共青团新媒体运营中心和团安徽省学校部的支持下，正加紧推进全国高校新媒体省级联盟的组建工作，已经确定主席团单位9家、吸纳会员近30家。

三、研究中心今后的工作计划

今后，“研究中心”将继续以服务政府、服务社会为宗旨，坚持问题导向，重视应用价值，通过深入研究，着重解决影响全省学校共青团事业持续健康发展和学校共青团新媒体工作成效的突出问题，为做好全省学校共青团新媒体工作提供决策咨询和信息服务。

1. 继续立足全省、放眼全国，吸纳、组建一支跨学科、多层次、相对固定的研究团队，进一步提高安徽省学校共青团新媒体工作研究水平。

2. 继续深入研究如何运用网络新媒体增强共青团工作思想内容的针对性和方式方法的适用性，夯实全省学校共青团的基础性战略性地位，为更好地服务青少年成长成才提供强有力的支撑和保障。

3. 继续加强与地方政府、兄弟高校以及省级、国家级科研机构的联系和交流，合力开展跨省跨市的区域性、典型性、代表性调查研究，力争推出一批在全国较有影响力和权威性的研究成果。